FORMAÇÃO EM TAROT TERAPÊUTICO

VOLUME 1
ARCANOS MAIORES

Veet Pramad

Dedico este trabalho a Eleodoro Ortiz, sem o qual este livro nunca teria sido escrito.

Esta edição é especialmente dedicada a Deva Mani.

Quero agradecer também a Jossina e a Oswaldo, que abriram seu acervo para mim. Ao Ticão, que colocou à minha disposição seu scanner e sua casa.

A Asmi, Júlio César Barbosa, Nonato e Fernando Molina, que me passaram as manhas e resolveram meus problemas de marinheiro de primeira viagem com os computadores.

A meus queridos Gurudev, Angelita, José Cesar e Deuzane, Deva Mani e Isabella Capozzi, pelo que eles sabem. A Mangala e Alok, pelo seu apoio, ouvidos e palpites.

ÍNDICE

Introdução. Nova Edição (Nov. 2017)

Faz 31 anos que o "Curso de Tarot. E seu uso terapêutico" foi lançado em Brasília como edição de autor em três edições independentes (1987, 1992 e 1994). Em 2003 a Madras Editora tomou frente das publicações fazendo 4 edições. Em 2017 estando agotada a edição de 2011 a Madras solicitou uma atualização na qual justamente eu já estava trabalhando e que entreguei em novembro de 2017. Sendo que em agosto de 2018 a Madras não publicou decidí rescindir o contrato e publicar de novo independentemente, só que desta vez como e-book. Quem queira saber mais ao respeito da história desta criatura pode encontra-la na minha página:

www.tarotterapeutico.info/esp_historia_livro.htm

Nestas três décadas o mundo do Tarot tem mudado muito. Em 1987, quando acunhei esse termo, falar em Tarot Terapêutico, isto é, falar em usar o Tarot com uma abordagem e propósito terapêutico era uma inovação quase subversiva condenada tanto por certos profissionais renomados do Tarot quanto por representantes do mundo da psicologia e da psicoterapia em geral, atrelados ao conceito tradicional de Tarot divinatório.

Hoje é com muito prazer que vejo o Tarot romper suas velhas prisões e são cada dia mais os tarólogos que fazem, ou dizem que fazem, um Tarot com abordagem terapêutica. É importante deixar claro o que é o Tarot Terapêutico.

O Tarot Terapêutico é um instrumento que tem como objetivo ajudar à pessoa a fazer as mudanças internas necessárias para ser mais ela mesma, condição básica da felicidade. Para isso trabalha na luz facilitando a conexão com a essência (finalmente a maioria dos desequilíbrios procede da desconexão com a essência), e na sombra identificando e ajudando a entender e desativar os caducos padrões de comportamento que desde o inconsciente manipulam e impedem a plena realização.

Vejo alguns tarólogos que chamam de terapêutico o que na verdade é um Tarot de aconselhamento centrado, não no consultante, mas nos problemas ou assuntos que este traz para a consulta. É claro que o Tarot pode dar conselhos úteis para minimizar ou até resolver certos problemas, mas enquanto não tornemos consciente nosso inconsciente, desativando aqueles padrões de comportamento caducos e neuróticos, continuaremos manipulados por eles e seguiremos atraindo as mesmas situações ou "problemas".

Os tempos estão mudando. Durante séculos fomos doutrinados segundo dois princípios:

1°) "Você tem que ser assim ou assado e desse jeito você será aceito pela família, a sociedade, Deus, etc.", "Seja "bonzinho" e obediente na terra e ganhará o céu".

2°) Sua vida depende de terceiros: a vontade de Deus, o destino, a sorte, etc.

O Tarot apareceu nessa época e, claro, incorporou não só imagens, mas também aspectos importantes dessa doutrina como por exemplo a mensagem da Força onde uma elegante mulher fecha a boca do leão ilustrando a virtuosa contenção das "baixas paixões" " ou no Pendurado: "Você está amarrado de pés e mãos, só pode submeter-se, resignar-se, sacrificar-se.

O capitalismo foi mudando a doutrina:

1°) "Você tem que **ter** isto e aquilo para ser aceito" enchendo de clientes oficinas de "auto superação", "abundancia", "O caminho do Sucesso" etc. estruturadas geralmente encima da teoria da PNL, mas influenciando menos as interpretações das cartas.

2°) Se você se esforçar e trabalhar dando o seu melhor para a empresa, sua vida melhorará. Este mandato também é válido para as igrejas evangélicas mudando a empresa pela igreja.

Na atualidade, mesmo que as doutrinas anteriores se mantenham, surge com muita força, especialmente nos meios terapêuticos

1°) o princípio de "Seja você mesmo" um de cujos iniciadores foi o próprio Crowley com sua consigna thelémica: "Tua única obrigação é fazer o que tu queres".

2º) a constatação de que construímos nossas vidas com base em nossas decisões e não nas decisões de terceiros, mesmo que ficou na moda afirmar que nossa vida depende das conspirações favoráveis ou não da Existência. A existência é um trilhão de trilhões de vezes o tamanho do planeta, somos uma partícula infinitesimal no espaço cósmico, se o planeta explodir em mil pedaços, a existência nem percebe. É muito ego aspirar a que Existência esteja de olho em mim. Esta constatação significa responsabilizar-se pela vida e a responsabilidade é o motor do crescimento. Se queremos fazer um trabalho terapêutico com o tarot, teremos que colocar como prioridade que o consultante assuma a responsabilidade pela sua vida.

Dada essa mudança de paradigma, precisamos adaptar o Tarot aos novos tempos. Para isso, é importante entender que atraímos o que precisamos para crescer, isto é, para tornarmos plenamente o que somos e continuaremos a atraí-lo até fazer as mudanças correspondentes, independentemente de se gostamos ou não do que atraímos, se o consideramos facilidades ou dificuldades. Nós o atraímos a partir do impulso inato de que todo ser vivo tem para tornar-se um ser completo, como eu explico com mais detalhes na Segunda Chave do bem-estar em http://www.tarotterapeutico.info/esp_videos.htm A vida não muda se não houver mudanças internas, é como tentar obter resultados diferentes fazendo sempre o mesmo. Se não desativarmos certos padrões de comportamento, eliminamos crenças e medos, curamos a criança ferida, etc. continuaremos a atrair as mesmas situações e o mesmo tipo de pessoas e as questões problemáticas reaparecerão ao virar da esquina. É por isso que o Tarot Terapêutico não se concentra em questões específicas, mas na pessoa que as vive. O Tarot Terapêutico vai, então, no amago da questão, sem precisar se concentrar ou se dispersar com problemas periféricos.

Tampouco podemos ler o Tarot com abordagem Terapêutica usando as interpretações próprias dos velhos tempos. Não podemos continuar dando ao Pendurado o significado de sacrifício, O Diabo ou somatório de todo o negativo que podemos juntar, a Torre a expressão da ira divina, etc.

Por isso é muito conveniente usar um Tarot limpo de moralismos e doutrinas ultrapassadas. Os Tarots mais usados atualmente, o de Marselha e o Rider Waite não são os melhores exponentes de adequação aos novos tempos. Eu, desde que o vi pela primeira vez em 1983 na Livraria Argentina de Madrid, me inclinei pelo Tarot de Thoth, criado por Crowley e desenhado por Frieda Harris um Tarot que nasceu em 1944 com a proposta de ser o Tarot para a Nova Era. Esta edição é produto de um ano de escrita, inspirada em novas percepções obtidas desde a edição anterior (2011) nos cursos presenciais, on-line e gravados em vídeos.

Assim, mesmo que nunca dividi as cartas como "boas" e "más", aqui estou catalogando-as como "comuns" e "sombrias". Comuns são aquelas que tem significados tanto evolutivos como involutivos, escolhendo uns ou outros em função da posição na Leitura Terapêutica. No entanto tem alguns arcanos menores numerados que mostrando só padrões neuróticos (involutivos), seu lado evolutivo consiste em entender e desativar dito padrão. Não são cartas "más", são cartas ótimas pois estão apontando exatamente para o que precisa ser trabalhado. A essas cartas dou o nome de "sombrias".

Outras novidades, que já se vislumbraram na edição anterior fazem referência à interpretação das diferentes posições da Leitura Terapêutica:

Momento Atual: Inicialmente eu identificava aqui os aspectos da vida que nesse momento eram prioritários para o consulente ou suas atitudes. Agora vemos que impulsos internos e questionamentos está vivendo. Parece-me muito mais eficiente, se nosso objetivo for terapêutico, esclarecer o processo interno do que identificar aspectos ou situações da vida.

Relacionamentos: Onde víamos como está o relacionamento ou o que o sustenta, vemos agora o que a pessoa pode aprender, valorizar ou desenvolver dela mesma, de maneiras agradáveis ou não, através do relacionamento. E se não estiver relacionando-se, dos relacionamentos anteriores. Também qual é a imagem que vende no mercado dos relacionamentos que me parece também muito interessante.

Nestas posições uma carta sombria mostra o padrão de comportamento neurótico que a pessoa está identificando e questionando, por ela mesma (Momento Atual) ou com a ajuda de um relacionamento (Relacionamentos).

Temos que entender as cartas do Método como uma sugestão, colocada com muito cuidado para não assumir a responsabilidade que o consulente, e só o consulente, tem pelas suas decisões. Qualquer coisa que pareça uma ordem ou imposição, especialmente com consulentes que querem agradar ou que têm tendência a absorver as opiniões ou expectativas dos outros, arruinaria o efeito terapêutico da consulta.

No Resultado Externo, não me parece terapêutico falar para a pessoa se vai se dedicar a esta ou aquela atividade, embora isso seja o resultado de todo um processo de crescimento. Qualquer tipo de previsão retira do consulente seu próprio poder pessoal para construir sua vida. Por isso me parece melhor falar da atitude interna com a qual ele vai encarar o mundo exterior. As cartas "sombrias", nesta posição, mostram uma situação geralmente pouco agradável que a pessoa atrai e que, de alguma maneira, a obriga a ter de aceitar e confrontar um padrão interno neurótico dando-lhe a oportunidade de compreendê-lo e desmanchá-lo.

Nesta edição mantenho as prescrições de essências florais de Bach e Califórnia, colocando um asterisco nas segundas para diferenciá-las das primeiras. No entanto quero frisar que as essências por si mesmas não transformam ninguém se não existem compreensões e ações concretas em direção a mudança. É como o aditivo que ajuda a gasolina a funcionar melhor o motor, mas sozinho não o move.

Uma vez que os Arcanos Maiores têm uma personalidade tão bem definida sem necessidade de reforços das correspondências cabalísticas e astrológicas, coloquei essas correspondências em letra menor. Eu não fiz o mesmo com os menores, porque para eles as correspondências são realmente importantes para definir seus significados.

O nome de algumas sephiroth ou esferas de emanação da Árvore da Vida, começa pela letra ח cujo som não existe em português, de maneira que acostuma ser substituída por Ch ou por H, induzindo erros de pronuncia.

Sendo que п (Jeth) tem o som do J espanhol, como pronunciado na Espanha, usarei essa letra nessas sephiroth. Entrar em https://es.forvo.com/languages/he/ para escutar a pronunciação correta das sephiroth em hebraico.

Considerando que as mulheres são a força motriz da Nova Era e que a maioria dos meus leitores são leitoras, decidi escrever este livro para a categoria de pessoa, isto é, feminina. Espero que nenhum homem se incomode.

Assim, o Tarot Terapêutico, colocando a ênfase no crescimento, protagonismo e responsabilidade do indivíduo, bem como no momento presente, rompe com a dinâmica do Tarot Tradicional focado nas circunstâncias e no futuro e levará muitos fãs e profissionais do Tarot, fora meus alunos, é claro, a vê-lo e usá-lo de uma maneira completamente diferente.

Este livro não é apenas um manual para ensinar a ler o Tarot com uma abordagem terapêutica, porque, como alguns leitores tem comentado, ao

Veet Pramad

mostrar aspectos desconhecidos, negados e conflitantes da vida do leitor, pode levar à pessoa a entrar em profundidade dentro de si mesma, dando a opção de curar episódios esquecidos que até que não emerjam à consciência nos manipulam.

Então, o "Curso de Tarot" não é apenas para ler, mas para viver.

Bom proveito. Com amor

Serra Grande (Bahia) Nov.2017

Capítulo I

O Uso Terapêutico do Tarot

Adivinhação e autoconhecimento: Duas visões excludentes

"Quem olha para fora sonha; quem olha para dentro acorda".
Carl Jung (1875-1961)

Atualmente, o Tarot é usado a partir de duas visões radicalmente diferentes: a tradicional que pode ser divinatória ou de aconselhamento e a de autoconhecimento. Existem diferentes modalidades de Tarot de autoconhecimento. Cabe destacar a linha Junguiana, a de Jodorowsky, a de Liz Green, etc. e a minha que, a partir de 1987, chamo de Tarot Terapêutico ou Psicoterapêutico. O objetivo do Tarot Terapêutico é ajudar a pessoa a ser ela mesma. Para isso trabalha na luz e na sombra. Na luz favorecendo a reconexão da pessoa com sua essência e na sombra buscando identificar, compreender e desativar os bloqueios, medos e outros padrões de comportamento que dificultam a sua plena realização.

Os cinco princípios do Tarot Terapêutico

1. Nossas vidas não são o produto das circunstâncias, mas sim de nossas decisões; somos plenamente responsáveis pela vida que temos. A vida é como uma estrada com duas mãos. A construímos a partir das decisões que tomamos quando avançamos em direção aos nossos objetivos (o caminho de ida) e das decisões a respeito de como acolhemos o que vem a nós (o caminho de volta) ou como diz Steve Beckman diz "você faz suas escolhas e suas escolhas fazem você"

2. Tomamos nossas decisões a partir de nossas crenças e padrões de comportamento, construímos nossa vida a partir de nossas crenças. Mas cuidado! Isso não significa que se eu acreditar em algo, isso vai acontecer, embora se eu não acreditar, muito provavelmente não vai acontecer. Por exemplo: se eu não acho que vou ganhar na loteria, não vou jogar e, claro, nunca vou ganhar, mas mesmo achando que vou ganhar, eu posso passar a vida jogando sem ganhar. Crenças ao contrário do teorema de Pitágoras são

cimentadas pelas emoções. A força de uma crença é proporcional à intensidade da emoção que sentimos quando adquirimos essa crença, geralmente na infância, seja uma crença inoculada: "Você tem que acreditar em Deus, porque se não vai ir para o inferno" ou uma crença produto de uma ou várias experiências. Uma crença ou decreto sustentado apenas por uma viagem mental ou do ego, sem uma profunda emoção não tem nenhuma força.

3. O principal obstáculo para atingir a realização em qualquer aspecto da vida somos nós mesmos, isto é, nossas resistências a mudar as crenças e os padrões de comportamento que não funcionam.

4. Atraímos o que precisamos para crescer (para tornarmos plenamente o que somos) e não os caprichos da mente. Todo ser vivo tem o impulso inerente para tornar-se completo. Cada semente que cai no chão para virar uma árvore, cada bebê um adulto completo, isto é, realizado, frutífero, saudável e feliz. Assim, por exemplo, se uma pessoa para crescer precisa aprender a dizer não, ela vai atrair propostas cada vez mais inaceitáveis. Esta é a segunda chave da série "Cinco chaves para o bem-estar" que pode ser vista na minha página www.tarotterapeutico.info português VÍDEOS.

5. Cada um de nós leva dentro de si os potenciais necessários para realizar-se em todos os aspectos e ser feliz.

> *"A felicidade e a fortuna são questões de escolha e não de sorte".*
>
> Osho (1931-1990)

A visão divinatória e a de autoconhecimento discrepam em várias questões fundamentais que devem ficar bem claras:

O Destino. Para Tarot Divinatório o objetivo é conhecer o futuro. Se podemos ler o futuro é que ele está pré-definido, escrito em algum lugar, *Maktub*, independente de nossa consciência, atos ou omissões, ficando assim reduzidos a observadores de nossa vida desde de um sofá mais ou menos cómodo. Para o Tarot de aconselhamento o objetivo é ajudar às pessoas a resolver seus problemas, focalizando-os, estudando-os e aconselhando. O objetivo do Tarot Terapêutico é ajudar à pessoa a ser mais ela mesma, em outras palavras, a ser feliz, coisa que só acontece quando somos plenamente o que somos.

Para Tarot Divinatório o centro da consulta são os fatos, as circunstâncias e as pessoas ao redor do consulente e para o Tarot de Aconselhamento são seus problemas e conflitos. Para Tarot Terapêutico o centro é o consulente, o indivíduo que vive essas circunstâncias, problemas e conflitos.

De acordo com o Tarot Divinatório o destino rege nossas vidas: "Se você nasceu para martelo do céu caem os pregos," de maneira que o Tarot acaba sendo um intermediário entre esse destino todo-poderoso e os simples mortais. Então, nada podemos fazer frente a esse destino plenipotenciário além resignar-nos a nossa sorte. Para o Tarot de Aconselhamento e o Terapêutico somos os cozinheiros do nosso destino. Para o 1º é o resultado de nossas ações e omissões e a partir delas podemos mudá-lo. É verdade, no entanto o Tarot Terapêutico considerando que nossas ações e omissões dependem de nosso nível de consciência afirma com Jung que "*O destino é o retorno de inconsciência.*" Quando precisamos para evoluir, perceber alguma questão interna, atraímos repetidamente circunstâncias que nos forçam a tomar consciência desta questão. Quando isso acontece e tomamos as iniciativas correspondentes a essa percepção, mudamos nosso destino. Já não precisamos atrair aquelas circunstâncias e atraímos outras. Continuando com Jung: "*Quando há consciência, há livre arbítrio. Quando não há consciência, há destino*". Nossa vida muda quando fazemos mudanças internas. Nossa capacidade de transformar nossas vidas, isto é, de criar o nosso futuro de acordo com os nossos desejos, é proporcional à nossa consciência. O Tarot Terapêutico é uma ferramenta para mudar o destino, ela nos ajuda a tomar consciência do que realmente está prejudicando nossa realização e mostra que atitudes precisamos tomar se quisermos nos libertar.

A Responsabilidade. Para o Tarot divinatório, o ser humano é um perfeito irresponsável. Que responsabilidade pode ter alguém cuja vida está amarrada ao destino, até o ponto de poder conhecer seu futuro? Liberdade e responsabilidade caminham juntas. Se insistirmos em mostrar para nossos consulentes que suas vidas são o produto de estranhas e imprevisíveis forças como sorte, azar, vontade divina, quando não de trabalhos de magia, contra as quais nada podemos fazer, estamos degradando-os à categoria de frangos de granja que nunca poderão libertar-se por si mesmos. E então chegam os salvadores.... Assim, transpassando a responsabilidade por nossas vidas para terceiros, nos mantemos num estado infantilizado. A felicidade e a fortuna dependem do nível de consciência com que fazemos as nossas escolhas e não dá sorte. O Tarot de Aconselhamento afirma que somos totalmente responsáveis pelas nossas decisões tirando-nos da rua sem saída onde nos pretendia enfiar o Tarot Divinatório, enquanto o Terapêutico nos coloca como responsável não só pelas nossas decisões, mas também pelas situações que vêm até nós porque na verdade, nós as estamos atraindo. Enquanto continuemos colocando a responsabilidade (ou a culpa) de nossa situação nos outros, ficaremos na estaca zero.

Geralmente o Tarot Divinatório responde às perguntas com um sim ou um não. Vai dar certo com esta pessoa, neste emprego? Vou passar o vestibular? Perguntas muitas vezes relacionadas com os outros: meu marido me trai? Meu sócio me rouba? O Tarot de Aconselhamento também funciona respondendo a perguntas geralmente relacionadas com um problema ou assunto específico e tenta dar soluções.

Em uma consulta de Tarot Terapêutico o consultante não faz perguntas. Uma pessoa não é um somatório de problemas geralmente relacionados com saúde, trabalho, dinheiro e relacionamentos. Um problema aparentemente econômico pode estar enraizado numa falta de autoestima e vice-versa. A grande maioria dos problemas, dificuldades e frustrações tem uma raiz: desconexão com nosso verdadeiro eu e um propósito: ajudar-nos a crescer. Então vamos para a raiz, deixemos que, sem formular nem pensar em alguma pergunta, o Tarot dê voz à essência do ser e nos mostre também as dificuldades internas da pessoa, as suas origens e como desativá-las, sejam elas, padrões de comportamento, crenças ou medos. Assim estaremos ajudando nossos consultantes a crescer e como consequência eles resolveram seus problemas e conflitos. Sem formular perguntas estas são respondidas. Podemos passar muitas sessões para tentar abrir o caminho para a realização dos objetivos dos nossos consulentes, especialmente se essas metas são viagens do ego ou da mente. Enquanto não estiverem em sintonia com eles mesmos, continuarão a aparecer novas dificuldades e problemas. Estas dificuldades internas podem se manifestar em diferentes níveis: profissional, econômicos, emocionais e para isso temos os Arcanos Menores mostrando exatamente como estamos internamente em relação a essas áreas da vida.

Em síntese:

	TRADICIONAL		TERAPÊUTICO
	DIVINATÓRIO	ACONSELHA-MENTO	
OBJETIVO	Conhecer o futuro.	Resolver problemas.	Ajudar à pessoa a ser ela mesma.
CENTRO	Os acontecimen-tos.	Os problemas.	A pessoa.
DESTINO	Está escrito.	Podemos mudá-lo com nossas ações.	É o retorno da inconsciência.
RESPONSA-BILIDADE	Não somos responsáveis.	Somos responsáveis pelas nossas decisões.	Somos responsables pelas nossas decisões y pelo que atraímos.
PROCEDI-MENTO	Responde a preguntas.	Responde a preguntas.	Não se formulam perguntas.

O Bem e o Mal. O bem e o mal não são verdades absolutas. O que é bom para uma pessoa hoje, pode não o ser amanhã. O que é bom para mim pode não ser para você. Quem pretende ajudar a curar a alma não pode trabalhar com verdades absolutas ou doutrinas.

Um jovem macaco, conta uma fábula oriental, chegou num rio e viu um peixe, pretendendo salvá-lo do afogamento tirou-o para fora da água e o peixe morreu. Não existem doenças e sim doentes. No entanto, considerar que existe um aspecto nosso, particularmente íntimo, que não foi atingido pelas manipulações e chantagens da programação familiar, a essência do ser humano, nossa bussola pessoal, pode nos ajudar muito no nosso trabalho. Essas considerações são alheias ao Tarot divinatório que geralmente toma emprestado seus conceitos de bem e mal das religiões oficiais, filtradas pelas próprias crenças do tarotista, doutrinando ainda mais seus consultantes e dificultando que eles sejam eles mesmos.

Podemos dizer que o Tarot Divinatório e o Terapêutico não são apenas diferentes, mas excludentes. O Tarot Terapêutico liberta e o Tarot Divinatório amarra. O Tarot Divinatório é anti-terapêutico. Quem oferece ambas abordagens não entendeu o que é o Tarot Terapêutico.

E vocês vão dizer: Mas como é que o Tarot Divinatório acerta em muitas ocasiões? Algumas pessoas esperam que a vida mude, sem fazer mudanças internas sem perceber qualquer coisa e, claro, sua vida é uma repetição mecânica. É por isso que o Tarot Divinatório acerta, para não mencionar que as previsões podem influenciar os consultantes.

O Tarot Terapêutico e o de Aconselhamento poderiam se complementar. Depois de fazer a Leitura Terapêutica o nosso consulente poderia ter alguma questão ou problema para a qual deseja orientação. Claro que vamos falar do assunto, no entanto a minha experiência pessoal com 30 anos de Tarot Terapêutico nas costas me mostra que em 99,99% dos casos não há perguntas e que 0,01% são mães que querem conselhos em relação aos seus filhos adolescentes.

No jogo de Tarot temos três grupos de cartas: os Arcanos Maiores são Arquétipos ou Princípios Universais presentes no inconsciente individual e coletivo que mudam com a evolução da humanidade. Representam também estados de consciência e suas manifestações práticas, que vão da potencialidade absoluta do Louco até a realização plena do Universo.

As Figuras da Corte ou Cartas da Realeza deixam de ser pessoas, homens e mulheres com determinadas características físicas ou psíquicas que vão aparecer ou desaparecer, trazendo alegrias ou desgraças, para virar 16 tipos de personalidade que, dependendo da posição na qual aparecem, indicam máscaras ou atitudes. Os 40 Arcanos Menores são expressões de nossa vida cotidiana em quatro aspectos: os de Paus (Bastões) ou de Fogo mostram como o consulente expressa sua energia, abrangendo tanto o mundo profissional como as manifestações instintivas y criativas. Os de Copas ou de Água mostram nosso estado emocional. Os de Espadas ou de

Ar indicam como está nossa mente e quais são seus mecanismos mais habituais.

Finalmente os Discos (Pentagramas, Ouros ou Moedas) ou de Terra falam de nossa relação com nosso corpo físico e com o mundo material em geral.

O Tarot e o ser humano

Observem como acabamos de estabelecer um paralelismo exato entre a estrutura do Tarot e a do ser humano que facilita a entrada em profundidade nos cantos obscuros da psique.

Os velhos sistemas de leitura como Presente, Passado e Futuro não servem se queremos colocar o centro da questão na autotransformação do ser: nos padrões de comportamento, sistemas de crenças, bloqueios e medos que precisam ser dissolvidos e nas atitudes a serem tomadas. Assim, desenvolvi em 1987 a Leitura Terapêutica a partir da tradicional Cruz Celta, sistema baseado em uma disposição de dez cartas, sendo que o número inscrito em cada carta indica em que ordem a carta foi extraída do baralho. A imagem da leitura continua sendo a céltica, mas os significados são outros.

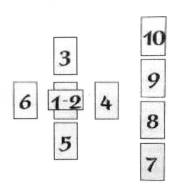

A Leitura Terapêutica

1 e 2 Momento atual
3 Resultado interno
4 Âncora
5 Método
6 Caminho de crescimento
7 Voz da Essência
8 Relacionamentos
9 Infância
10 Resultado Externo

Uma sessão de Tarot Terapêutico não é algo muito diferente de uma consulta com um profissional da saúde. Em primeiro lugar, não o visitamos porque sentimos curiosidade, mas porque estamos doentes, porque alguma coisa nos incomoda ou nos impede de realizar nossos objetivos.

Não ficamos satisfeitos com uma receita de um analgésico para nossa dor de cabeça nem com a promessa de nos sentirmos melhor tomando tal remédio. Queremos, em primeiro lugar, que nosso médico avalie nossos sintomas e identifique a doença. Do mesmo modo, no Tarot Terapêutico, as cartas do Momento Atual, que mostram as dificuldades pelas quais estamos passando, são os sintomas de uma doença formada por um conjunto de padrões de conduta programada, que podemos chamar de máscara ou *script*, denunciados pelas cartas da posição da Âncora.

Em segundo lugar, queremos saber as causas de nossa doença para não voltar a ficar doentes. Para isso, o curador quer conhecer nossos hábitos alimentares, saber se gostamos de nosso trabalho, se fazemos exercício, se estamos passando raiva em casa ou no trabalho, se nossas expectativas de realização pessoal estão materializando-se, se vivemos um forte conflito emocional, etc. Nossa dor de cabeça que sentimos pela manhã pode ser o sinal de alarme de um fígado intoxicado por altas taxas de gordura ou de raiva. Talvez estamos compensando nossas insatisfações profissionais e familiares com os prazeres da mesa. Precisamos limpar o fígado, alimentando-nos melhor e parando de acumular raiva. Tudo bem, mas tampouco ficamos satisfeitos. Precisamos descobrir as causas profundas que nos levam a aceitar situações com as quais no fundo não concordamos. Se não vamos até as raízes mais profundas do assunto, mudaremos, talvez, de compensações e sintomas, mas continuaremos insatisfeitos e doentes.

No Tarot Terapêutico temos as cartas da posição da Infância que mostram as origens inconscientes da Âncora, as causas profundas que nos levam à doença. Aqui tomamos consciência dos traços de personalidade adquiridos para obter uma certa aprovação familiar fundamental para a sobrevivência psíquica da criança. Nossas dificuldades e doenças não procedem de agentes externos, elas estão dentro e bem dentro de nós. Estes agentes externos: vírus, germes, chefe chato, corrupção, crise econômica, marido ou esposa, que infernizam nossa vida, podem agir no momento em que os permitimos, seja abaixando nossas defesas biológicas ou desvalorizando-nos.

O Tarot Divinatório geralmente coloca as causas de nossos problemas no mundo externo. Procura saber se nosso companheiro/a está nos traindo, se o sócio está roubando, se alguém jogou um mau-olhado em nossa loja. As soluções também são externas. Vai aparecer o homem/mulher de minha vida? Vou me casar com Fulano? Vou ganhar no loto?

Essa coincidência em colocar as causas dos problemas/doenças e suas soluções fora de nós e desligadas de nossos padrões de comportamento, sistemas de crenças e conflitos emocionais, parece muito com a visão futurológica do Tarot e as consultas de hospital.

O doutor se preocupará prioritariamente em cortar essas raízes, sugerindo atitudes, iniciativas e remédios que nos levem a recuperar a saúde. No Tarot Terapêutico, temos as cartas da posição do Método. O profissional sabe muito bem que o organismo é um sistema autointegrado que procura o equilíbrio continuamente, tendo seus próprios caminhos para o retorno à saúde. É mais correto, então, falar em ajudar o corpo a recuperar-se. Muitas vezes, esses caminhos são confundidos com os sintomas da doença e eliminados. Um exemplo é a gripe. Quando o sistema imunológico fica enfraquecidos os vírus, que sempre andam por lá, atacam. Nosso corpo se defende contra-atacando com os glóbulos brancos e aumentando a temperatura corporal pois estes funcionam melhor a uma temperatura mais elevada. Também perdemos o apetite, pois o corpo não quer gastar energia na digestão. Muitas vezes confundindo a febre com a doença forçamos nossos filhos a comer e aplicamos antitérmicos.

No Tarot Terapêutico, a tendência que o ser tem de recuperar sua saúde é expressada nas cartas da Voz da Essência. Uma vez que o diagnóstico é feito um médico não-alopático não prescrevera medicamentos para esconder os sintomas, mas vai trabalhar sobre as causas reais da doença para poder arrancá-la de raiz. Sugerira atitudes, iniciativas e remédios que nos levem a recuperar a saúde. Quando entendemos o conflito interno, as suas origens e manifestações, e temos um diagnóstico, é hora de agir, é hora da receita. No Tarot Terapêutico temos as cartas da posição do Método.

Também queremos saber do doutor a evolução do nosso quadro clínico e quais os resultados do processo. Tudo isso é mostrado pelas cartas do Caminho de Crescimento e dos Resultados Externo e Interno.

Resumindo:

Consultório de Tarô Terapêutico	Consultório Médico
Momento Atual	Sintomas
Âncora	Doença
Infância	Origens da doença
Método	Receita
Caminho de Crescimento e Resultados	Evolução do quadro

É claro que podemos dispor várias cartas para cada posição, como veremos no Cap. IV, formando assim um mapa do processo que o indivíduo está vivenciando, dando as orientações precisas para que dê uma bela guinada na vida.

Capítulo II

A Grande Viagem

O Caminho da Vida

Abordar os Arcanos Maiores é uma grande aventura. Encará-los com um método sistemático, estudando cada carta por meio de seus símbolos e correspondências cabalísticas, astrológicas e numerológicas, poderia parecer, aos não iniciados, uma leitura árida, enquanto fornecer uma lista de significados práticos deixaria o leitor perguntando-se: mas de onde vem tudo isso?

Eis a razão deste capítulo: suscitar, com cada Arcano Maior, determinadas reverberações internas que facilitem uma visão pessoal das cartas. Vendo como estas refletem nossas vidas e que aspectos e atitudes de nós mesmos aparecem nelas, iremos conhecendo-as mais facilmente e teremos um referencial mais vivo quando, a partir do capítulo 6, iniciarmos o estudo sistemático.

Consideraremos a sequência dos Arcanos Maiores como o processo de individuação, a Grande Viagem do ser humano à procura de si mesmo e de sua realização pessoal, e cada uma das 22 cartas como um estado de consciência que vai desde a absoluta potencialidade do Louco até a realização pessoal, plena consciência ou síntese final do Universo.

Esta abordagem estaria muito dificuldada, e como em muitos baralhos antigos e em alguns modernos, colocássemos O Louco no final da sequência como Arcano XXII e não no início como Arcano Zero. Nessa posição, O Louco entrará em contato com cada uma das 21 cartas restantes, que serão desafios e provas por meio dos quais ele irá se transformando. O Louco é o recém-nascido, puro, espontâneo e inocente. É a criança EPATIPIC: espontânea, presente no presente, alegre, total, inocente, perceptiva, imprevisível e capaz de maravilhar-se. Representa o estado potencial das coisas.

Alguns autores lhe atribuem o significado de inconsciência, como a antiga pedagogia que considerava a criança como uma tela em branco a qual tem que encher a cabeça de conhecimentos e regras. Nada mais falso. O bebê sabe muito bem o que quer e o que não quer (melhor do que muitos adultos), de que gosta e de que não gosta; ele não duvida, age desde referenciais internos profundos, tais como seus instintos, que, salvo graves problemas intrauterinos, conservam-se intactos. Sua memória corporal, que ainda não foi bloqueada por tensões psicofísicas, engloba as lembranças de toda a sua evolução. Estaremos, então, mais perto da verdade se dissermos que o bebê age a partir do inconsciente e assim vai tornando-se consciente, em vez de afirmar que é inconsciente. É óbvio que o bebê desconhece o mundo tão complexo ao qual chegou, a mente dos adultos e suas neuroses. Ainda não sabe que em 1987 consumiram 1,3 milhão de dólares por minuto em gastos militares, enquanto, no mesmo minuto, 30 crianças morriam de fome[1].

Realmente, o bebê, que acabou de encarnar neste nível de evolução chamado planeta Terra, não precisa saber de nada disso para crescer saudável e feliz. O que precisa é de amor e apoio.

Da mesma maneira que uma semente tem em si mesma todos os elementos para transformar-se em uma árvore, precisando apenas de água e terra fértil, o recém-nascido é um ser perfeito, integrado e completo, que se desenvolve a partir de uma estrutura energética central nos aspectos físico, emocional e mental e de um átomo divino no plano espiritual. Nada está faltando. A verdadeira sabedoria está dentro do bebê. A escola e a universidade são apenas detalhes informativos, frente ao amor insubstituível, para afirmar-se, para desenvolver seus potenciais, para desabrochar, para lembrar o que já sabe.

Assim, como mostra a carta de Crowley, o bebê-Louco chega sorrindo, maravilhado diante do desconhecido, livre de medos, preconceitos e bloqueios emocionais, vivendo a eternidade em cada momento. A partir dessa absoluta potencialidade, O Louco começa a entrar em contato e a desenvolver em si mesmo uma primeira polaridade, começa a expressar-se de duas maneiras fundamentais que se correspondem com os dois princípios básicos que operam no Cosmos: o Princípio Masculino, a ação, ou Yang e o Princípio Feminino, a receptividade, ou Yin que, no Tarot, são: "O Mago" e "A Sacerdotisa". A primeira expressão Yang do recém-nascido é o pranto ou o sorriso, no momento do nascimento. Um ou outro dependerão, fundamentalmente, se for o bebê que nasce, e sua mãe, devidamente auxiliada, que dá à luz, ou se é o doutor que faz mais um parto[2]. De fato, embora não exista ainda memória cognitiva, em inúmeros casos o primeiro trauma do indivíduo é seu nascimento.

Depois vai mamar, relacionar-se e comunicar-se, gritar de alegria ou chorar de fome ou de frio, descobrir pouco a pouco o que o rodeia, vai criar, transformar uma lata em um tambor, vai descobrir seus limites e tentar

---

[1] De « World Military and Social Expenditures » (1983) Washington D.C.: World Priorities
[2] . Ver: *Nascer sorrindo ou nascer chorando,* de Frederic Leboyer.

superá-los; isto é, vai sair de seu espaço interior para agir no mundo exterior. Tudo isso é expressão do Mago, Arcano I.

A Sacerdotisa, Arcano II, o Principio da Receptividade, leva o bebê à interiorização. Ele fica quieto, tranquilo e silencioso; às vezes, com os olhos bem abertos como se enxergasse através do que olha um mundo que está além da visão dos adultos, talvez em outro tempo, talvez interior; ou então chupando dedo, totalmente receptivo e conectado consigo mesmo. Nesses momentos, a criança nos surprende com uma expressão de serenidade e sabedoria que apenas os Iluminados conseguiram resgatar.

Enquanto o bebê vai se manifestando nessas duas polaridades, também vai entrando em contato com o mundo mais concreto, o que pode e não pode fazer, o mundo das regras, e das expectativas dos outros. Este contato acontece por intermédio da mãe e do pai que são "A Imperatriz" e "O Imperador", Arcanos III e IV, respectivamente.

Os pais são os que mais influenciam a vida de cada um, pelo que fazem e pelo que deixam de fazer. São mais importantes para nosso desenvolvimento que os irmãos, a escola, os amigos, a sociedade, o sistema econômico, a nacionalidade, as "boas" ou "más" companhias, a classe social ou a religião, até o ponto de determinar em alto grau o futuro da criança, tal como diz o ditado: "Tal pai, tal filho".

Apesar dos esforços que podemos fazer para reverter a programação familiar, é muito difícil acabar com ela, como afirma Eric Berne, parafraseando o "Panchatantra", um dos textos hindus mais antigos: *Estas cinco coisas tereis de vossos pais, seis anos depois de sair do útero: A duração de vossos dias, vossa sorte, vossa riqueza, vossa instrução e vosso túmulo".*

São os pais quem "karmatizam" à criança, colocando-a no nível de evolução que tinha alcançado na vida anterior[3].

A mãe / Imperatriz é a primeira que dá a forma e, portanto, limites a esse ser. Faz com que ele entre no mundo da polaridade vida e morte: dá-lhe a possibilidade de nascer e, ao mesmo tempo, assina sua sentença de morte.

Desde o útero, a mãe influi enormemente no desenvolvimento físico e psíquico de seu filho, aceitando-o ou rejeitando-o, amando-o mais ou menos, e/ou criando expectativas que interferem no crescimento da criança.[4]

---

[3] . Ver "O karma" em www.tarotterapeutico.info português PUBLICAÇÕES ARTIGOS
[4] . Em experiências de regressão ao útero com homossexuais de ambos os sexos, 90% deles entraram em contato com o desejo intenso de suas mães de que fossem do sexo que originalmente não eram.

A mãe pode sentir-se premiada pelas forças da Vida, que lhe confiaram a gestação e os cuidados de um ser perfeito, por meio do qual ela tem a possibilidade de resgatar sua própria perfeição, ou castigada com a obrigação de assumir durante décadas a responsabilidade de criar um ser humano. São muitas as mulheres que não desenvolveram seu instinto materno, que não se sentem maduras para assumir tamanha responsabilidade ou que estão em um momento em que as prioridades são outras. Muitas delas optam por dar continuidade à sua gravidez condenando seu filho a uma vida de miséria emocional e/ou econômica marcada pela rejeição, o abandono, a desvalorização ou a culpa, obedecendo, assim, à pressão social e, especialmente, à religiosa, que saloniza o aborto, mas nada faz para dar qualidade de vida às crianças que nascem.

O bebê percebe muito bem, mesmo antes de nascer, nos últimos meses no útero, como muda sua vida, se tem ou não o amor de sua mãe. Uma mãe amorosa e nutritiva (e não só de leite) é, para a criança, como um colete salva-vidas para alguém que caiu de um barco no oceano sem saber nadar.

Infelizmente para a humanidade a maioria das mulheres, especialmente as casadas, sentem-se frustradas consequência de um sistema machista, que há milênios massacra a mulher de todas as formas possíveis. Elas foram obrigadas a renunciar à sua individualidade e liberdade, à realização de seus sonhos e ao desenvolvimento de seus potenciais, ao seu prazer e à sexualidade, para serem aceitas numa sociedade cujos princípios e valores elas não inventaram e conseguir a aparente segurança, *status* e proteção que o macho e a sociedade machista dizem que dão. Muitas deixaram de lutar pela sua felicidade e dignidade e fizeram de sua renúncia e sofrimento um mérito que tem o aplauso de todas as religiões, também patriarcais; disseram "sim" para o sistema que as oprime e "não" para si mesmas. Isso gera tanta raiva que danifica sua capacidade de amar e as deixa sentindo rancor e desejo de vingança. Inconscientemente, segundo a Lei do galinheiro[5], transbordam esta carga negativa em cima dos mais fracos, que são geralmente seus filhos, para os quais resulta difícil abrir seus corações e, de um modo ou outro, transmite-lhes sua frustração.

"Se a raiva de todas as frustradas do mundo se juntasse,
imediatamente o planeta explodiria, com mil vezes mais força que

---

[5] Lei do galinheiro: A galinha que está em cima faz cocô sobre a galinha que está embaixo.

se o fizesse pela explosão simultânea de todas as armas que os machos acumularam".   Doro Ortiz

Vejamos como se dá essa programação nos diferentes planos:

1º – No plano corporal/instintivo: Para o bebê dentro do ventre materno, seu corpo, o corpo de sua mãe e o mundo é tudo a mesma coisa. Quando nasce, sente como se tirassem uma parte dele mesmo, com a qual até aquele momento se identificava, especialmente se o mandam para o berçário ou a incubadora. Em muitas culturas (andina, amazônica, oriental), o bebê é envolvido em uma manta ou pano e amarrado nas costas de sua mãe, continuando, até que aprenda a andar, em contato físico estreito com ela, de maneira que este processo de separação se dá de uma maneira muito mais gradual e menos traumática.

Também, sem pretender negar a eficiência higiênica da fralda, esta cria uma área onde o bebê não tem possibilidade de tocar-se, passando a mensagem de que aquela área do seu corpo não lhe pertence, especialmente se na hora do banho não é permitido que a criança a explore. E se proibimos algo estamos criando uma fixação encima desse algo. Depois que a criança abandona as fraldas, continua-se insistindo para que a área genital/anal não seja mostrada ou manuseada. Também se inocula a vergonha, coisa que a criança nunca tinha tido antes.

Como qualquer filhote de mamífero, a criança é curiosa, quer descobrir o mundo que a rodeia e se sente especialmente fascinada pelos elementos fogo, terra e água nas suas mais variadas formas: barro, chuva, charcos, fogueiras, e pelos outros animais. As iniciativas que a criança toma neste sentido geralmente são reprimidas pela sua mãe, que apreendeu de sua mãe que a terra era suja ou nojenta, a água não tratada e a chuva fonte de enfermidades, e o fogo é só para apagar nas velas do bolo de aniversário. O banho cotidiano que tanto prazer dá à criança é reduzido a uma obrigação, rápida e programada. Em geral, tudo aquilo que atente contra o princípio quase divino da limpeza é evitado. As funções biológicas como comer e beber são reformuladas e transformadas em rituais que tiram o prazer que toda satisfação biológica acarreta. Fazer xixi e cocô também é regrado. Em definitiva, a expressão instintiva é podada e manipulada, deixa de ser espontânea e é preenchida de nojos, vergonhas e medos.

2º – No plano emocional: Uma característica do bebê e da criança pequena é a sua espontaneidade emocional. A mãe frustrada que também foi impedida de ser espontânea, tem sérias dificuldades para aceitar as manifestações da individualidade da criança e tolerar suas iniciativas, pois inconscientemente entra em contato com a raiva e a dor que sentiu quando isso aconteceu com ela. Quanto as pessoas mais reprimem seus impulsos naturais para obedecer a normas, mais se sentem ofendidas quando alguém faz o que bem quer. Embora não o queira conscientemente, a mãe pode acabar dizendo para seu filho/a nas entrelinhas: "Eu renuncio, me humilho e obedeço, você tem de fazer a mesma coisa. Você não pode ser livre, feliz e sentir-se amada, assim como eu não sou livre, não sou feliz, nem me sinto amada".

O bebê é o protótipo do egoísmo, seus pais, só existem na medida em que atendem e satisfazem as suas necessidades vitais, pois a força maior que move qualquer ser vivo é a necessidade de sobrevivência. Apesar de, a cada cinco segundos, morrer uma criança de fome, geralmente os pais fazem todo o possível para nutrir, abrigar e proteger seus filhos. Quando o bebé/criança sente que suas necessidades de sobrevivência estão garantidas transborda amor, prazer, e alegria e os adultos ficam babando ao redor. Mostra que o estado natural do ser é o prazer e o amor. Se ele é correspondido amorosamente, seu nível de satisfação aprofunda-se, sente-se nutrido em outros níveis mais sutis e se afirma em seus direitos básicos que são:

O direito à vida, que é desenvolvido ou negado desde os últimos meses de gestação até os primeiros seis meses. Quando a criança vê sua vida ameaçada nessa época, desenvolve uma **estrutura de defesa de caráter esquizoide** que se caracteriza por um corpo longilíneo, mãos e pés frios, olhos sem vida, cabeça desconectada do tronco, desconexão com as emoções (não sente) e se defende por meio da intelectualização. Está mobilizado pelo medo de morrer.

O direito de ter suas necessidades básicas de alimento e de amor satisfeitas, que se dá nos primeiros dois ou três anos de vida, especialmente na fase do aleitamento. Se este direito não for preservado, a criança sente medo de ser abandonada e desenvolve uma **estrutura de defesa de caráter oral** com um corpo magro, peito deprimido e frio e músculos flácidos. Psicologicamente permanece apegada às pessoas, sugando sua atenção, pois se sente incapaz de ser independente. Está mobilizada pelo medo de ser abandonada.

O direito de ser independente, isto é, de se auto afirmar opondo-se a seus pais. Este direito se vivencia também a partir dos 18 meses, quando a criança aprende a dizer "não". Se isso não é permitido, pois a mãe é controladora, super-protetora e mártir, a criança perde a capacidade de tomar iniciativas independentes. Quando a criança se auto afirma, a mãe a faz sentir-se culpada ou a humilha. A criança registra "se eu for livre, você não me amará", e desenvolve uma **estrutura de caráter masoquista** com corpo baixo, grosso e musculoso, nádegas frias e a pélvis projetada para frente. Acumula raiva a qual é incapaz de expressar, pois seu maior medo é explodir. Será um lamuriento, que aparentemente se submete, mas não internamente, de maneira que permanece em conflito.

Os dois próximos direitos são vividos em uma fase posterior, quando começa a afirmação da sexualidade da criança. Os três primeiros direitos estão vinculados à mãe, os dois próximos, o papel fundamentalmente é do genitor do sexo oposto.

O direito de ter autonomia, isto é, de não estar subjugado ao que os outros querem dele. Este direito se vivencia entre os 2 e os 6 anos e é perdido quando o pai é veladamente sedutor. A aceitação é condicionada a que a criança se deixe seduzir, fazendo os caprichos narcisistas do pai e se sinta manipulada por este, perdendo assim sua liberdade. Ela registra "posso ser aceito se eu deixar você me controlar". Para se defender, inverte os papéis e manipula seu pai tornando-se também sedutora. Desenvolve uma **estrutura de caráter psicopática** que se caracteriza por um corpo com o peito estufado com grande carga energética, pélvis estreita e fria e pernas finas e frias, assim como os super-heróis americanos. Psicologicamente, precisa controlar os outros intimidando-os ou seduzindo-os. Não se conecta com a sexualidade, como é o caso de muitos ditadores, políticos e gângsteres, a não ser que a sedução especificamente sexual seja a maneira de controlar o outro. Nega as emoções, especialmente as de origem sexual. Está mobilizado pelo medo de ser controlado e a sua característica mais marcante é a falsidade e uma acumulação de energia na própria imagem.

O direito de querer, isto é, de se mobilizar para conseguir seus anseios de uma forma direta e aberta, ligado ao complexo de Édipo, em que se mistura o amor, o prazer erótico e a sexualidade infantil[6]. Rejeições ao contato físico por parte do pai do sexo oposto ferem sua autoestima e fazem com que a criança se sinta traída na expressão de seu amor. Para se proteger, a criança controla a expressão de seus sentimentos (sente, mas não expressa) e registra que se entregar é muito perigoso, pois corre o risco de ser rejeitada. Desenvolve uma estrutura de caráter rígido. As costas ficam rígidas e a pélvis se inclina para trás. Os sentimentos se separam da sexualidade e frequentemente aparece uma linha transversal no umbigo que separa o tórax do abdômen. Para compensar a autoestima ferida, torna-se um adulto orgulhoso, ambicioso e competitivo. Está mobilizado pelo medo de se entregar.

Os pais precisam sair da identificação com o papel de pai ou mãe que os leva a ver seu filho/a como "meu filho/a", aceitando-o ou rejeitando-o segundo a maneira como este encaixa seu comportamento com a ideia de

---

[6] A sexualidade infantil não é uma sexualidade genital, ela engloba o corpo todo.

"meu filho/a". "Filho meu faz isso e não faz aquilo". Precisam ver que por trás de suas ideias há um ser que se desenvolve a partir de sua própria natureza.

Essa expectativa de que o filho/a seja assim ou assado lhes impede também receber o amor que a criança lhes dá, perdendo assim a possibilidade de sentir-se amados e de resgatar sua criança não programada.

Transformar este pequeno egoísta em um indivíduo solidário que saiba compartilhar seu ambiente com os outros é uma tarefa de artista que exige saber colocar limites, fundamentalmente saber dizer "não" com amor suficiente para que a criança não se sinta rejeitada, pois para sua mente infantil se seus pais não a deixam fazer o que quer e como quer é porque não a amam. Então esses "nãos" devem estar arroupados em suficientes "sins" para que isso não aconteça.

A mãe frustrada tampouco sabe lidar com a expressão emocional natural da criança e apesar de, no melhor dos casos, procurar fingir, tentando preservar a espontaneidade de seu filho, este percebe perfeitamente o que agrada e o que não agrada a sua mãe. O problema aparece quando a mãe condiciona a aceitação da criança a que ela se comporte de uma determinada maneira. O bebé-criança sabe instintivamente que para garantir a sua sobrevivência, e a sobrevivência é a força maior dos seres vivos, precisa ser cuidado, nutrido, protegido e aceito pela família. Quando a expressão de um aspecto ou talento gera uma resposta de rejeição, condena, crítica ou violência o instinto de preservação se desengatilha, e manda para a sombra aquele aspecto oi talento, e o bebé-criança deixa de ser espontâneo e começa a fingir, parando de fazer e expressar o que desagrada a mamãe e fazendo e expressando o que lhe agrada, pelo menos quando está na frente dela. Assim alguns aspectos e talentos da criança atrofiam-se, outros traços de sua personalidade se desenvolvem exageradamente e certos padrões de comportamento são enxertados.

A aceitação[7] ou a não aceitação vai determinar as atitudes futuras da criança. Se se sente aceita ela se aceitará a si mesma e chegará à adolescência e à fase adulta conectada e tomando iniciativas a partir de seus centros instintivo, emocional e mental. Valorizará seus impulsos e emoções, suas ideias e ideais e não pretenderá parecer-se com os estereótipos que os meios de comunicação colocam como modelos, nem sofrerá por se sentir diferente deles.

---

[7] Ver a 1ª Chave para o bem-estar: Aceitação plena em www.tarotterapeutico.info português VIDEOS

No entanto, aceitar a criança tal como ela é, não significa falar sim a tudo, e satisfazer todos seus caprichos. A criança não pode fazer tudo o que bate na telha, pode ser perigoso. Aceitá-la significa valorizá-la e valorizamos aquilo a que dedicamos nosso tempo. Não se trata de valorizá-la se pensa ou atua como nos parece correto e desvalorizá-la se pensa ou atua como nos parece incorreto. Trata-se de valorizá-la sempre e isso quer dizer usar nosso tempo para conversar, para mostrar-lhe as consequências de seus atos, para colocá-la o mais possível em contato com a realidade, para passar-lhe nossa experiência, mas não para meter-lhe opiniões ou princípios morais que são nossos, pertencentes a outra época. O que mais quer a criança é a presença amorosa de seus pais e é quando falta que ela começa a pedir caprichos, especialmente se for deixada muito tempo na frente da TV.

Na maioria das vezes, os pais não têm tempo ou amor suficientes para fazer isso, existem outras obrigações. Conversar, informar, orientar, escutar, compartilhar momentos é substituído por ordenar, chantagear, ameaçar, premiar e castigar. A criança passa pela amarga experiência de comprovar que expressar suas emoções e seguir seus impulsos são coisas que a levam a sofrer, sentindo-se rejeitada, desvalorizada ou abandonada. Quanto mais espontânea é, acaba sofrendo mais. Assim, a criança acaba ligando ser ela mesma com sofrer e ainda acreditando que não merece carinho nem atenção e que seu amor não vale nada. Seu ser se enfraquece, perde confiança em si mesma e no mundo, deixando de guiar-se pelos seus sentimentos.

Esse sistema educativo de prêmios e castigos faz entre outras coisas com que o prazer que aparece naturalmente, quando a criança atua espontaneamente, desapareça, e seja substituído pelo pseudo-prazer de ser premiado, se seguir os padrões de conduta entre os quais o mais sagrado é obedecer.

"A obediência não precisa de inteligência. Todas as máquinas são obedientes. A obediência tira-lhe o peso de qualquer responsabilidade, pois esta fica com a fonte de onde a ordem vem. A desobediência é uma grande revolução. É assumir responsabilidade sobre si mesmo. " Osho

O prazer que vem de dentro pode ser perigoso, pois pode trazer castigos ou rejeições e vai ficando cada vez mais relegado ao âmbito do impossível. A criança vai se convencendo de que não merece esse tipo de prazer, que só merece aquele que vem de fora, resultado de adequar-se às expectativas familiares: "Se você se comportar, vou comprar-lhe um chocolate". E assim foi inventado o *happy hour*. Como cantou Vinícius de

Moraes: "os bares estão cheios de homens vazios (do verdadeiro prazer) porque hoje é sábado". Quem assim foi programado tem dificuldade para escolher atividades profissionais que lhe proporcionem prazer e fica dividido de segunda a sexta, em uma atividade profissional desprovida de prazer, mas que lhe proporciona o dinheiro para, de sexta a domingo, comprar compensações.

A criança vai ficando carente de amor e aprovação e começa a fazer qualquer coisa para consegui-los: obedece a ordens absurdas, esconde suas emoções, aprende a fingir e a mentir porque o caminho direto para conseguir o que quer foi interditado. Começa a manipular, encena os papéis mais incríveis para receber atenção, mesmo que seja com o chinelo na mão, pois para a criança é muito mais doloroso ser ignorado que apanhar.

A criança perde o contato com seu amor e fica achando que amar é obedecer, que amar é agradar, que amar é sacrificar-se, renunciar. "Como nosso Senhor Jesus Cristo, que tanto nos amou, que renunciou à sua própria vida e se deixou crucificar para salvar-nos", repetem pastores e padres. Assim a criança vai transformando-se em alguém que não é e nunca foi traindo seu verdadeiro ser para, no melhor dos casos, conseguir apenas umas migalhas de aprovação. E a vovozinha diz: "Parece que o Zezinho está mais comportado".

3º No plano mental: Desde que nasce, o bebê tem uma enorme capacidade de estar atento a tudo o que acontece ao seu redor. Embora não tenha informações prévias a respeito do mundo ao qual acabou de chegar, ele tem uma altíssima percepção que o faz enxergar coisas que passam totalmente despercebidas para os adultos. Embora se fale que a mente da criança demora sete anos para se desenvolver, ela assimila informações a alta velocidade, pois tem duas vezes mais sinapses cerebral que o adulto.

A mente tem outras funções fora a racionalização, e uma delas, a percepção, está até tal ponto ela e o subtexto implícito. Antes que a criança aprenda a falar, os pais veem como ela percebe tudo e compreende o que se fala para ela.

Quando a criança cresce e especialmente quando começa a falar, o pai se aproxima mais dela. Para o pai é mais fácil se comunicar verbalmente com a criança, pois a capacidade instintiva de comunicação apenas com o olhar que a mãe tem, a capacidade de saber o que a criança quer, o que dói, sem a necessidade de palavras, é algo que o pai pode desenvolver, mas que a princípio ele não tem.

Se a criança tiver um certo nível de carência emocional e a mente funciona parcialmente desconectada das emoções originais e instintos, porque se manter em contato com eles traz dor e frustração, no momento que o canal de comunicação se amplia através da fala, a criança cria a expectativa de que nessa aproximação com seu pai, ela possa receber o apoio, a atenção e o amor para curar suas carências e torna-se mais receptivo a ele esse "gigante onipotente".

No entanto se a sociedade patriarcal degradou a mulher a categoria de fêmea parideira e empregada doméstica, também transformou o homem em uma formiga que compete, às vezes de maneiras nada éticas, com as outras formigas.

O pai em vez de colocar a criança sobre seus ombros e levá-la para passear, deixando que esta elabore suas próprias ideias a respeito do mundo, vai colocando na sua cabeça infantil, suas ideias, seu ponto de vista, sua visão do mundo, suas crenças, suas manias. Ideias que refletem o que o seu pai é ou o que teria gostado de ser. Isso não seria um problema, se a criança não estivesse carente. Quanto mais carente está a criança ela com mais fome ela engole sem mastigar as palavras de seu pai, buscando a aceitação.

O Raio Pesado

Que poderíamos dizer da qualidade dessas ideias, se durante séculos o homem teve de competir, negar sua sensibilidade, esconder suas emoções, envolver-se em atividades que nada tinham a ver com a sua essência, endurecer-se perdendo a ternura, impor-se sobre os outros explorando-os, conformar-se com o pseudo-prazer das compensações, negar-se a si mesmo para encaixar nos moldes socialmente aceitos? O homem aceitou também a sua frustração, embora tente mantê-la anestesiada com o poder e com o que o dinheiro compra. Em muitos casos ficou egoísta, estéril, covarde, rígido e babaca. O pai, quando não é omisso, mostra o caminho "certo", dá os objetivos "práticos" e deixa a criança "preparada" para a vida. O pai, com a sua atitude, ajuda a justificar e possibilitar a existência dos exércitos e o falso progresso que destrói o planeta.

Inicialmente, a criança percebe o texto, o subtexto a emoção subjacente e isso dói, de maneira que para não sofrer vai reduzindo a resolução de seu sensor perceptivo. O mesmo acontece quando seus pais lhe mentem, em muitos casos, a criança percebe que estão mentindo e isso dói tanto que prefere acreditar na mentira. Assim acaba negando suas próprias percepções e opta por engolir o que falam os outros, não só seus pais: "É pelo seu bem", "Dói mais em mim ter que punir você ", mas também religiosos, professores, publicidade, TV, etc. Para de indignar-se com as injustiças e abusos, abandona seus ideais. Se não mudar, será incapaz de peneirar a informação. Os comerciais ou as promessas de campanha dos políticos terão a mesma credibilidade que sua experiência direta ou que um relatório científico e, provavelmente, não terá critérios próprios.

Resumindo, podemos dizer que, por meio do trabalho da Imperatriz e do Imperador, O Louco enfraqueceu seu Eu, até o ponto em que perdeu sua espontaneidade e ficou com medo de tomar iniciativas e expressar ideias próprias. Já não acredita mais em si mesmo, pensa que não merece amor, perdeu seu entusiasmo e a capacidade de maravilhar-se pela vida e trancou seus instintos. Transformou-se em um frustrado, em um mendigo de atenção, em um monstro incapaz de entregar-se e amar.

"Sou uma criança, esse monstro que os adultos construíram com seus medos". Jean-Paul Sartre (1905-1980)

Pode tentar ocultar todos esses traços com qualquer fantasia, sem saber que tudo o que escondeu

São quatro os fatores principais que possibilitam essa sinistra transformação:

A sensibilidade, abertura e entrega amorosa da criança.

A necessidade de amor e aprovação que ela tem para poder sobreviver.

A superioridade física dos pais.

A dependência material da criança.

Podemos observar umas mudanças interessantes na programação infantil nas últimas décadas. Quando a mulher deixa os cuidados da casa, marido e filhos como principal prioridade para lançar-se ao mercado de trabalho, iniciando um processo de independência econômica, intelectual e sexual; quando as jovens priorizam seus estudos (e hoje elas são a maioria na maior parte das faculdades) e profissão a casar-se e ter filhos, estão colocando a primeira pedra da Nova Era. Antes desse salto, a mãe estava muito mais presente em casa e, em geral, o pai também. A educação era mais repressora, os pais acreditavam piamente que sabiam e deviam criar seus filhos como eles mesmos foram criados, geralmente por pais ainda mais autoritários. A residência familiar pertencia aos pais e se fazia o que os pais queriam, e, se alguém não estivesse feliz, pois ali estava a porta. Os filhos tinham medo de seus pais, geralmente mais do pai, e isso era chamado de respeito. Os filhos queriam ficar independentes o mais rápido possível para sair de casa e ter seu próprio espaço e liberdade. A família ficava mais tempo junta, especialmente quando não tinha televisão; os filhos podiam sentir em alguns momentos muita raiva de seus pais, mas, ao mesmo tempo, viam que estes estavam disponíveis para fazer coisas juntos, isto é, eram vistos, atendidos, orientados, cuidados, embora também reprimidos, castigados ou surrados.

Na sociedade atual, os pais quase não estão em casa, ganhar dinheiro ocupa quase todo o dia, os pais chegam estressados e cansados cada noite. As crianças e adolescentes passam o dia todo na escola e em outras atividades organizadas e chegam em casa também cansados. Mesmo assim, passam mais tempo em casa que seus pais e vão se apoderando de alguns espaços, enquanto seus pais estão fora. Os pais têm pouquíssimo tempo para seus filhos, que se sentem abandonados e ocupam o tempo livre com a televisão, os videogames e outros artefatos que estimulam o consumismo e a violência. Os pais, que optaram por dedicar seu tempo a ganhar dinheiro, desconhecem seus filhos e se sentem culpados por não lhes dar mais atenção, de maneira que compram todos os seus caprichos e não colocam limites. Os filhos sentem-se abandonados e vão acumulando doses de rancor, dor e carência. Como não podem ter o que no fundo querem (o amor, a presença e a atenção de seus pais), transformam-se em verdadeiros tiranos caprichosos, achando que têm todos os direitos e nenhuma obrigação. Como em casa têm todas as mordomias e inclusive liberdade, pois os pais quase não estão lá para reprimi-los, aferram-se ao lar familiar antes de enfrentar a aventura da independência lá fora.

Agora, O Louco vai encontrar-se com o Hierofante, o Arcano V, que traz as doutrinas com as quais a sociedade dá o toque final á falsa personalidade que a criança foi obrigada a adquirir. O Hierofante é o poder ideológico, os fundamentos religiosos, filosóficos e "científicos" que ajudam a sustentar o poder econômico, o Sistema, O Imperador.

O Hierofante abençoa os exércitos de jovens que o velho Imperador manda para a morte. Um dia não muito distante, o Hierofante do Ocidente morava no Vaticano. Hoje são os meios de comunicação, o Quarto Poder que fabrica a informação e a pseudocultura massificada e massificante, anticriativa e idiotizante, que, acabando com a sabedoria popular, impõe sistemas de valores alheios a cada povo. "Valores" especialmente decadentes, crenças pasteurizadas, destiladas nas agências de inteligência internacional, a partir de elementos judaico-cristãos.

A criança e o adolescente privados de seus referenciais internos caem nas garras desses mercadores de sonhos. Para encher seu vazio de identidade, os jovens procuram alguma coisa, algo para "ser alguém", mas só podem tomar aquilo que está disponível no mercado. Assim, começam a consumir lixo, andrajos com os quais tentam reconstruir sua autoimagem, mais simples ou mais sofisticada, mais alternativa ou clássica, mais Ipanema ou mais Nova York, mais barata ou mais cara, porém sempre falsa e cuja representação nunca poderá dar gratificações profundas e duradouras.

Por outro lado, os critérios de seleção de andrajos já foram facilitados pelos pais. A criança / adolescente podem aceitá-los ou, igualmente desligado de si mesmo, podem procurar os opostos em uma revolta de forte caráter autodestrutivo. Assim, o Ser verdadeiro vai ficando preso, tal como a inspiração do artista deixa ver no diamante ao lado.

Para encobrir essa terrível sensação de medo, fraqueza, mediocridade, frustração e falta de amor, o jovem veste-se de orgulhoso, de especial, de invulnerável, de herói, de mártir, de sábio... Já está pronto para ocupar um posto na sociedade, para ser um militar, um funcionário submisso e obediente, um político corrupto, um padre ou pastor, um bandido, um Zé inguém ou um Fulano de Tal, um número, um conjunto de rótulos... Já está civilizado, é uma ovelha no rebanho dos sem vontade própria, sem emoções aparentes, sem critérios próprios, sem um corpo próprio, já que até sua estrutura corporal foi viciada com múltiplas tensões, como mostra Alexander Lowen em *O Corpo Traído* de Summus Editorial.

No *Tao Te King* está escrito: "O Ser e o Não Ser se engendram mutuamente", isto indica não só que toda qualidade contém seu oposto em maior ou menor grau, mas também mostra que quando intensificamos um aspecto da realidade estamos, na verdade, fortalecendo seu oposto. Em outras palavras, quando empurramos o pêndulo para a direita, estamos criando uma força que o levará inexoravelmente para a esquerda. Aplicando essa lei a nosso assunto, podemos concluir que, quanto maior é a programação, também maior é a necessidade de resgate do Ser verdadeiro. O ponto de maior robotização é o início da libertação.

Quando aceitamos nossa ignorância, quando a mente se rende e diz: "desisto de ter uma explicação para tudo", estamos dando o primeiro passo para a verdadeira sabedoria.

Quanto mais programados estamos, menos energia disponível temos, já que a estamos utilizando para bloquear-nos, de maneira que menor será o fluxo vital e, portanto, será menor também o prazer e a alegria que seremos capazes de sentir. A programação é uma ameaça para as Forças da Vida. Quanto maiores são o bloqueio e a confusão, também será maior nossa necessidade vital de achar uma saída e, portanto, a possibilidade de encontrá-la será também maior. Quando perguntados os sete sábios da Grécia a respeito de qual é a força maior, a resposta foi unânime: "a necessidade".

No nível social, podemos dizer que quanto mais alienante é o *status quo*, mais luminosas são as faíscas de beleza e de consciência que, atravessando todas as barreiras do pensamento, ajudam-nos a nos manter vivos e vibrantes. Os poetas, músicos e artistas em geral, com sua linguagem sutil, conseguem tocar nossas fibras sensíveis, favorecendo nosso contato interno e ajudando-nos a sentir prazer.

Uma dessas luzes é a carta do chefe índio Seatle ao presidente dos Estados Unidos quando, em 1854, o governo pretendia comprar o território da tribo:

> *"Como podereis comprar ou vender o céu, o calor ou a terra? Se possuíssemos a frescura das águas e a fragrância do ar, de que maneira V. Ex.ª. poderia comprá-las?... Se nós vendemos nossa terra, vós deveis vos lembrar e ensinar a vossos filhos que os rios são nossos irmãos.... Sabemos que o homem branco não entende nossos costumes. Para ele, um pedaço de terra é igual ao pedaço de terra vizinha, pois ele é um estranho que chega e se apossa da terra que precisa. A terra não é sua irmã, mas sua inimiga e, uma vez conquistada, o homem branco vai mais longe. Sua insaciabilidade arrasará a terra e a transformará em um deserto.... Pensaremos, portanto, na vossa oferta de comprar nossas terras. Mas se decidirmos a aceitá-la, eu porei uma condição: o branco deverá tratar os animais selvagens como irmãos...Ensinai também a vossos filhos aquilo que ensinamos aos nossos: "que a terra é*

nossa mãe". Dizei a eles que a respeitem, pois tudo o que acontecer
à terra, acontecerá também aos filhos da terra."

Grande é o poder da beleza. O poder da verdade é maior, mas é preciso algo ainda mais poderoso para conseguir abrir alguma fenda na sinistra armadura da falsa personalidade. Se a programação foi gravada a sangue e Fogo (ameaça, castigo, crítica, culpa, abandono, rejeição, etc.), será preciso algo que mexa com nosso sangue (emoções) e nosso Fogo (instintos) para que alguma coisa aconteça. A paixão, na qual o amor e o desejo instintivo se complementam, é o melhor abre-latas. Não é uma surpresa que a próxima carta da sequência seja Os Amantes, Arcano nº VI. Quando O Louco se apaixona, não só começa a ver o mundo de outro modo, mas também começa a ver a si mesmo com outros olhos. O fato de que exista alguém que o ame tal como ele é, que o escute com atenção, que não lhe exija um determinado tipo de comportamento e que não tente manipulá-lo, faz com que O Louco aumente sua autoestima, comece de novo a gostar dele mesmo, a acreditar nele mesmo, em suas ideias, em seu amor, ampliando os limites aos quais a programação o tinha confinado.

Apaixonado, ele acha a coragem necessária para lutar pelo que quer, vai abrindo-se, tira a gravata ou o sutiã psíquico e se entrega cada vez mais ao amor e à paixão. Quando está amando pode ser total, no aqui e no agora. Sente que está sendo autêntico consigo mesmo, pode se deliciar com os momentos felizes e, inclusive, pode transcender. Pode chegar a sentir que não está amando somente uma pessoa, às vezes, seu amor vai além da sua amante. O Louco surpreende-se amando o pôr do sol, os filhos do vizinho parecem-lhe adoráveis, da vontade de dar um beijo no português da padaria[8]. Em algum momento, pode sentir-se unido em amor ao Universo todo. Esta sensação extasiante o leva a sentir-se também conectado consigo mesmo e isso o deixa pleno de gratidão.

Por meio do amor, O Louco tem encontros reais consigo mesmo, sua amante é a porta para sua primeira recuperação. Sua energia vital multiplica-se imediatamente e intui que sua vida poderia ser bem diferente. Chega a se perguntar: Este estado de prazer que estou vivendo procede de meu relacionamento amoroso e sexual ou é a expressão de algo muito meu, que sempre esteve aqui dentro e que posso resgatar sempre que quiser?

Aí o grande dilema: tentar dar continuidade a esse momento, em que a espontaneidade e a paixão levam à felicidade, assumindo o direito de seguir

---

[8] Letra de "Telegrama" de Zeca Baleiro

os impulsos mais íntimos, ou continuar a rotina mecânica, escravizante, mesquinha e sem prazer. Essa eleição entre ser ele mesmo ou continuar sendo marionete da programação é o momento de consciência dos Amantes.

Essa alternativa libertadora é algo muito perigoso para o sistema, que se mantém enquanto tem escravos para alimentá-lo. Na verdade, o mais perigoso para o sistema é o Amor, especialmente quando chega acompanhado de uma sexualidade[9] livre e consciente. Por isso, a libertação sexual foi sempre reprimida por qualquer tipo de poder.

Assim, a sociedade patriarcal, dos gregos até os nossos dias, considera o amor como *"uma doença que enfraquece os homens* (não as mulheres*), minando-lhes a inteligência, quebrando a força de vontade, tornando-os depreciáveis e dignos de lástima"*. (Ovídio 43 a.C. - 17 d.C.)

Não é por acaso que, estando no poder, personagens tão reacionários como Reagan, M. Tatcher, e João Paulo II, a AIDS tenha se transformado em uma séria ameaça para a humanidade, impondo um comportamento mais puritano e levando muitas pessoas a voltar à segurança da família tradicional que, questionada faz séculos, se vê assim reforçada, como coluna e célula básica do sistema.

Os Amantes levam O Louco a uma opção fundamental: ter de escolher entre dois caminhos.

Por um lado, a aventura e o risco que supõe se jogar no desconhecido, entregar-se ao novo, ser espontâneo com o prazer e o perigo subsequentes; por outro lado, a segurança de permanecer na área de conforto do conhecido: as rotinas, o autocontrole, o medo, os velhos padrões de comportamento.

Mudar significa abandonar um esquema de vida, de autoimposições, mas que dão segurança e proteção. Mudar significa fazer as malas para uma viagem, na qual tanto o itinerário como o destino não estão muito claros. Interiormente, O Louco percebe que para trilhar seu verdadeiro caminho precisa desvencilhar-se do peso morto, desapegando-se de aquilo que não lhe satisfaz. Sabe que deve abandonar aquilo que não lhe satisfaz. Para isso, sobe no Carro, Arcano VII da sequência.

Ainda não realizou seu potencial nem consegue ser espontâneo todo o tempo; não sabe muito bem que direção tomar, só quer manter o estado de plenitude e prazer que conheceu. Como os Cavaleiros do Rei Arthur, sai à procura do Graal, sem saber que está dentro de si mesmo. Deixará as mordomias de Camelot, abandonará os apegos externos para lançar-se à

---

[9] . Ver: *A Revolução Sexual*, de Wilhelm Reich.

aventura de descobrir-se, embora continue carregando sua armadura de medos, bloqueios e mecanismos de defesa.

Esse vislumbre de felicidade que O Louco teve por meio da paixão pode ser conseguido por outros caminhos, como a meditação, o encontro com um Ser Iluminado, o uso ritual das chamadas plantas de poder, ou também com algumas experiências na fronteira entre a vida e a morte.

No momento em que O Louco abandona suas prisões-proteções externas, suas rotinas mais sufocantes, e se joga na vida, inevitavelmente terá que confrontar e ajustar-se a novas situações que na verdade ele atrai para crescer e terá que encontrar a maneira mais adequada de expressar seus impulsos internos mantendo-se fiel a si mesmo e sem entrar em atrito com o mundo externo. Assim o andarilho entrou no âmbito do Ajustamento, (A Justiça) arcano n° VIII. Antes, esse ajustamento não era possível porque as rotinas e hábitos de comportamento não deixavam fendas por onde entrar uma situação catalizadora de sua transformação. Mas agora que está mais aberto e disponível pode produzir-se, O Louco tem um encontro com seu próprio carma do mesmo jeito que um feroz consumidor de álcool, carnes e laticínios terá de submeter-se, algum dia, a uma dieta desintoxicante se quiser da continuidade a uma nova fase de vida com saúde. Neste encontro O Louco elimina fricções consigo mesmo e com o mundo para continuar seu crescimento mais equilibrado e fluido.

É possível que, para o caminhante, os efeitos imediatos deste ajuste não sejam agradáveis e pode sair muito abalado desse encontro, quando não, profundamente desestruturado. Algumas de suas máscaras vão cair, especialmente aquelas que escondiam sua vulnerabilidade; então compreenderá que não pode continuar seu caminho de crescimento, enquanto não se conhecer melhor. Para isso, O Louco entra em contato com o Arcano IX: O Ermitão.

Assim dirigie sua atenção para dentro, começa a se estudar, é sua primeira interiorização voluntária e consciente depois da Sacerdotisa. Muda seu foco, deixa de colocar a responsabilidade de suas dificultades, angustias e sufrimientos no mundo externo para colocá-la em si mesmo, percebendo que si algo mexe com ele é porque tem uma área sensível, pois se não a tivesse esse algo não mexeria. Esta actitud analítica de responsabilização pela sua vida o leva a usar as ferramentas terapêuticas a seu alcance mergulhando no seu inconsciente, identificando seus medos, bloqueios e antigas feridas, sus desejos proibidos, tal vez "inconfesáveis" investigando na sua infancia as orígens do que inibe sua evolução. Aí vai centrándo-se, pode abrir seu coração ao mundo e a sua atitude se torna nutritiva e ajudar a outras pessoas com que aprendeu de si mesmo e as técnicas que usou.

Esse é um ponto muito perigoso, já que O Louco pode usar suas descobertas para seguir adiante, transformando sua vida, ou deixar que seu ego se apodere delas e, convertendo-as em doutrinas, comece a vendê-las ou a usá-las para autopromover-se. Isso representaria um retrocesso até o Hierofante. Um Hierofante talvez mais alternativo e moderno, mas sempre um fanático vendedor de receitas.

O Louco, mais centrado e consciente, deixa sua relativa solidão de anacoreta produto da fase introspectiva anterior para voltar ao mundo, ao agito, isto é, ao Arcano X, A Fortuna, ou, se preferir, a Roda da Fortuna. Ele, que pertenceu a esse mundo competitivo e agressivo, degradado e degradante – que no budismo tibetano se conhece como A Roda do Samsara, a inércia da inconsciência que cegamente nos arrasta ao fundo do poço do sofrimento –, hoje é capaz de vê-lo desde fora. Já não se deixa hipnotizar com as bandeiras gloriosas, a Copa do Mundo, com as "maravilhas da tecnologia", nem com o sensacionalismo dos meios de comunicação. Já não morde a isca, vê a loucura autodestrutiva dos humanos, os escravos escravizados mantendo no poder os escravos escravizadores. Essas e outras percepções reafirmam sua individualidade e seu centro. O Louco percebe que pode viver no mundo sendo ele mesmo e que cada situação pode ser aproveitada como uma oportunidade, não só para aprender, mas para polir sua expressão mais autêntica e verdadeira. Vivendo a energia da Roda da Fortuna, O Louco começará a ver quão maravilhoso e único ele é. Ele se descobrirá como um ser bonito, sensual, cheio de vida, potenciais e merecimentos.

Valorizará mais sua própria harmonia, começando a respeitar-se e considerar-se, a gostar de seu corpo, de suas maneiras mais íntimas, de sua sexualidade. Isto é, O Louco começará a amar-se, entrando no estado de consciência do Arcano XI, tradicionalmente chamado "A Força", rebatizado por Crowley como "Lust", cuja melhor tradução seria "Tesão". Este é um estado de integração dos lados racionais e animais. Identifica, respeita e acolhe o que vem do lado animal: emoções, instintos, impulsos vitais e necessidades biológicas e corporais, dando-lhes com a mente uma expressão adequada. Esta integração cria autoestima, autoconfiança, alegria de viver, energia, vitalidade e entusiasmo. O Louco se sente bonito, sensual, sexy, criativo, cheio de vida, potenciais e merecimentos, e diz: "Eu me amo e gosto de mim."

Acentuando este processo de auto aceitação O Louco mergulha no arcano nº. XII: O Pendurado que ilustra o princípio de entrega. Em 1º lugar a entrega a sua natureza, aceitando-se plenamente, independentemente das opiniões alheias. Já não é preciso fingir, não quer mais ser o que não é para ganhar a aceitação dos outros. Na medida em que se entrega ao que é, pode entregar-se á vida e ao mundo, porque enquanto ele não se aceite se fizer algo "para" o mundo na verdade o vai fazer para ganhar a aceitação no mundo, não vai ser um ato de amor, mas de comércio, será dar para receber. O "eu amo e eu gosto" do Entusiasmo pode transbordar e se torna um "eu te amo e eu amo o mundo".

"Me celebro e me canto a mim mesmo. E o que eu diga agora de mim o digo de ti, porque o que eu tenho tu tens. E cada átomo de meu corpo é teu também." Walt Whitman (1819- 1892)

Nos Amantes, O Louco se apaixonou por uma pessoa, e teve vislumbres de felicidade, que mesmo momentânea, possibilitou no Carro, abrir um novo ciclo. No Tesão a integração de seu lado animal lhe deu força e coragem para entregar-se amorosamente a si mesmo, a vida e ao mundo no Pendurado. No próximo arcano: "A Morte", de nº XIII, o amor lhe permite confrontar os medos que o mantinham preso a velhos padrões de comportamento necessários para ser aprovado na infância dando assim um grande salto na sua autotransformação. O amor é a força transformadora por excelência, a energia que leva à evolução do Universo, da sociedade e do ser humano.

No Arcano XIII, O Louco vive a morte de seu robô, amedrontado repetidor de padrões. Suas defesas começam a quebrar-se, e pelas fendas aparece a essência divina do Ser. Irradiando amor, abre a tampa da garrafa-programa, libertando as primeiras borbulhas de sua fragrância mais íntima. Essa libertação, embora possa ser algo repentino, na verdade, é o fruto de todo um processo – não isento de esforço e muitas vezes de dor – que começou nos Amantes e exigiu um confronto sem concessões com a programação infantil.

Nesses momentos, a essência do ser permeia as manifestações do Louco. Sua natureza mais autêntica está fluindo, tomando formas e expressões concretas. Essa é a fase de consciência que chamamos "Arte", Arcano XIV, ou Temperança em outros baralhos, pois tudo aquilo que flui como uma expressão espontânea do ser é, sem dúvida, arte. O caminhar transforma-se em uma dança, a palavra em poesia, o silêncio em meditação. Cada gesto está impregnado da divina beleza que tem a essência do ser.

Esta é a segunda iniciação (2 x 7) do Louco, caracterizado pela integração de opostos. No nível profissional faz de sua diversão seu trabalho, o que lhe dá esse prazer que vem de dentro quando expressamos nossos talentos, a sua maneira de trabalhar e fazer dinheiro. Descansa trabalhando pois que esforço é necessário quando fazemos o que gostamos?

Esta carta ilustra o *wu-wei* dos sábios taoístas o fazer sem fazer, a ação sem ação, o movimento desde a calma interior, livre de expectativas com os resultados.

Deixa de estar dividida, de segunda a sexta fazendo o que não gosta para ganhar dinheiro e de sexta a domingo gastando o dinheiro para comprar prazer para passar a semana inteira com prazer e dinheiro. Em um nível mais interno integra suas polaridades, o masculino com seu feminino.

O Louco, transformado pelo Amor e a práxis, entra no 3º septenário de cartas aonde vai resgatar plenamente aqueles aspectos seus que foi obrigado a reprimir. Começa por seus instintos, as forças que nos mantem vivos como indivíduos e como espécie, representados pelo Arcano XV: O Demônio. Aqui o desafio do Louco é permitir que os impulsos se expressem espontaneamente, que desabrochem e voltem a ser as raízes de sua força vital. Os instintos foram, durante séculos e também na atualidade de forma mais sutil, negados, reprimidos ou sublimados, rodeados de tabus, considerados fonte de dor e doenças, exilados nas mais profundas masmorras do inconsciente, para depois serem manipulados e usados pela propaganda e os meios de comunicação em benefício do sistema. Esse resgate libera tanta energia que permite remover velhas prisões, tudo o que sufoca e limita, sejam externas (vínculos profissionais, compromissos familiares, restrições financeiras, relacionamentos onde o amor desapareceu) ou internas (o ego). Aqui O Louco para de vender a sua liberdade e sua vida em troca da suposta segurança que as prisões aparentemente fornecem.

Na Estrela, arcano XVII, O Loco recupera sua percepção que foi ofuscada por um sem fim de crenças, princípios, valores e preconceitos que como cortinas lhe impediam ver a realidade externa e interna e agora, percebendo sua não funcionalidade e consequências, joga-os para longe, deixando seu intelecto receptivo, acordado, realista e intuitivo. A partir daqui, está com a força e percepção suficiente para identificar, compreender e integrar as características e talentos de seu ser que teve que esconder, primeiro da família depois do mundo e, finalmente de si mesmo, no baú da sombra do inconsciente, no seu encontro com a Lua, arcano XVIII, tem que enfrentar os medos de voltar a passar por situações de rejeição, abandono, culpa, críticas, ameaças, condenas ou violência física, em definitiva de sofrimento pelas que atravessou quando expressou na infância esses aspectos e talentos. Enquanto não aceitar e integrar a sua sombra vai ser continuamente manipulado por tudo o que foi acumulado no baú por mais que decrete que é um ser de luz, que abrace árvores, nade com golfinhos ou recite mantras. Ou como fala Jung: *"Ninguém se ilumina fantasiando figuras de luz, mas tornando consciente sua obscuridade".*

E, mergulhando no mais profundo das trevas, O Louco atinge a luz: O Sol, Arcano XIX: A Consciência que se manifesta em dois níveis. O primeiro é o nível da individualidade, onde O Louco diz: "Eu sou eu, um ser único, irrepetível e, portanto, especial. Uma vez que alcançou o 1º nível, pode chegar ao 2º: a espiritualidade, onde somos todos iguais. O Grande Espírito, o Princípio Criador, a Divindade[10] ou como gostemos de chamar permeia tudo o que existe.

Aqui O Louco resplandece, pois tomou contato com a eternidade, conseguiu atravessar todos os véus que escondiam o ser de luz que é, sempre foi e será. Aqui O Louco diz: "Eu sou divino".

No Eão, O Julgamento em muitos baralhos, arcano XX, está entre O Sol, a consciência e o Universo, a realização final. Ela representa o momento em que o indivíduo com a consciência alcançada no Sol e depois de integrar sua força instintiva no Demônio, sua liberdade na Torre, sua percepção na Estrela e sua sombra na Lua preenche de amor e apoio sua criança ferida, aquela que saiu da infância carente e insegura e não cresceu. Aquela criança cujas manipulações não deixavam o adulto trazer sua consciência para a realização e materialização concreta de suas potencialidades.

No Universo, arcano XXI, 3ª iniciação (3 x 7) O Louco culmina sua tarefa, realiza suas potencialidades, vai até às últimas sínteses, concretizações e consequências. Isso implica uma transcendência. O Louco alcança um novo ciclo na espiral da evolução. Então, apenas resta celebrar, livre e feliz, o êxtase da dança da Vida.

44

Capítulo III

O que é o Tarot? Origens e História

Revirando as Páginas do Tempo

A maneira mais fácil de responder a esta pergunta é fazendo uma descrição:

O Tarot é um baralho de 78 cartas, também chamadas Arcanos ou Mistérios, integrado por três grupos:

1º – 22 Arcanos Maiores

2º – 16 Figuras da Corte

3º – 40 Arcanos Menores

Os Arcanos Maiores são maravilhosos quadros de alto valor simbólico, expressão das forças que estão operando no nível Macrocósmico, permeando simultaneamente o Universo, o Sistema Solar, nosso planeta, a sociedade, o ser humano e cada partícula da existência.

As Figuras da Corte são 16 tipos de personalidade obtidos através da combinação dos quatro elementos – Fogo, Água, Ar e Terra – e estruturados em quatro famílias – Paus, Copas, Espadas e Discos. São o Cavaleiro, a Rainha, o Príncipe e a Princesa, na disposição matriarcal do Tarot de Crowley, e Rei, Rainha, Cavaleiro e Valete, na patriarcal da maioria dos baralhos.

Os 40 Arcanos Menores, ou cartas numeradas do Ás até o Dez, estão também estruturadas em quatro séries – Paus, Copas, Espadas e Discos – e representam aspectos do comportamento humano. Os Paus mostram como estamos energéticamente, como administramos nosso fogo, em seus três niveis: instintividade, creatividade e espiritualidade. As Copas ilustram diferentes estados emocionais. As Espadas são mecanismos ou estados da mente. E os Discos ou Ouros mostram nossa relação com o mundo material: corpo físico, bolso, conta bancaria e patrimônio.

A descrição serve, mas a pergunta continua no ar: O que é o Tarot? Muitas respostas têm sido dadas:

✗ É uma arte de adivinhação.

✗ É uma visão simbólica do Cosmos*.

✗ É um compêndio de conhecimentos esotéricos.

✗ É um caminho de crescimento espiritual.

✗ É um legado de outras civilizações.

✗ É uma representação simbólica da Árvore da Vida.

✗ É uma ilustração das forças da Natureza.

✗ É um instrumento de autoconhecimento.

Todas essas respostas podem ser verdadeiras, algumas até se complementam, porém elas limitam a resposta que estamos procurando, que parece abranger algumas delas e provavelmente muitas mais. A própria necessidade de resposta nos leva a uma mudança de abordagem, já que nos acontece o mesmo que aos físicos do início do século XX: quanto mais reduzimos o campo ocular procurando precisão, o Tarot esvanece-se, como uma partícula subatômica ante o microscópio eletrônico.

Zé Lógico tem de descer do jegue Cartesius, abrir bem os olhos para ver e a sensibilidade para sentir, lembrando das palavras de Don Juan: "Tentar reduzir esta maravilha que nos rodeia a uma realidade mensurável é uma grande besteira".

Na Idade Média era: "Isto é dogma de fé, acredita ou morre". Depois, com a virada do pêndulo e entrada no século das luzes passou a ser: "Só é verdade, só é objeto do conhecimento aquilo que pode ser quantificado e demonstrado cientificamente".

De maneira que os fenômenos cujas propriedades não se conseguiam medir foram considerados meras projeções subjetivas que deveriam ser excluídas do domínio da ciência. Assim, o riquíssimo mundo da Astrologia, talvez a cosmovisão melhor elaborada do mundo antigo ocidental, foi reduzida pela nova ciência newtoniana as três insípidas leis de Kepler.

A humanidade foi se acostumando, com seus cientistas na cabeça, a ver o mundo como um conjunto de objetos ilhados e neutros que cumprem mecanicamente certas leis matemáticas, até o ponto de olhar ao próximo e a nós mesmos como se fôssemos seres previsíveis e programados, sem amor, sem originalidade, sem iniciativas nem espontaneidade, sem beleza, sem sensibilidade nem sentimentos, sem prazer nem possibilidade de transcendência. Uma pena, não é? E o pior é que qualquer um que fique fora desses parâmetros é considerado perigoso. É melhor desistir de conceituar o Tarot e aproximar-se dele usando os símbolos como pontes. Assim, encontraremos um conjunto de paralelismos entre as cartas e as ideias fundamentais, mitos e lendas das culturas antigas como da Índia védica, o Egito faraônico, a Grécia clássica, o Taoísmo chinês, a Cabala hebraica, o Gnosticismo, etc.

O Tarot é frequentemente chamado *O Livro de Thoth*. Alguns autores acreditam que Thoth introduziu o Tarot no Egito. Este foi um personagem mítico, a quem os antigos egípcios atribuíam a invenção dos hieróglifos, da linguagem e da astrologia, e que foi colocado no panteão dos deuses com a tarefa de transportar as almas dos que acabaram de desencarnar para o outro lado do rio que separa o mundo dos vivos do mundo dos mortos. Em quase todas as grandes civilizações existiram personagens equivalentes a Thoth, como Hermes na Grécia, Mercúrio em Roma, Anhuman na Índia, Quetzalcoalt no México, etc. São instrutores de povos que, divinizados, simbolizam os princípios e conhecimentos que passaram adiante. Thoth foi um ser humano? Para nosso estudo, esta resposta não é fundamental. Poderia ter sido um alto iniciado, um mensageiro da Atlântida que desembarcou, ou talvez pousou no Egito, com a missão de passar para uma nova civilização uma tradição que estava por se perder.

Outros estudiosos afirmam que foram os ciganos que inventaram o Tarot. Há dúvida de que essas tribos chegaram à Europa com o Tarot embaixo do braço, mas foram eles que o popularizaram no Velho Mundo. Mas bem antes que os ciganos armassem suas barracas em Barcelona, Paris e Marselha, nas primeiras décadas do século XV, já existiam evidências da presença de jogos de cartas na Europa. Um monge alemão, chamado Johannes, escreveu em Brefeld, Suíça, uma carta que se conserva no Museu Britânico, em que comentava: *"Um jogo de cartas chegou até nós neste ano de 1377. Quatro Reis, cada um sentado em um trono real e levando um símbolo na mão..."*

Giovanni Coveluzzo, historiador italiano de finais do século XV, escreveu a história de sua cidade natal Viterbo. Para isso, recolheu crônicas de seu ancestral, Nicholas de Coveluzzo. Giovanni escreveu: "No ano de 1379, chegou do país dos sarracenos (nome que os cristãos da Idade Média e do Renascimento davam aos muçulmanos) um jogo de cartas que eles chamam *naib"*. A palavra carta tanto em latim *naibi* como *naibe*, em hebreu, significam também "bruxaria" e"predição".

Em 1387, as cartas eram conhecidas na Espanha, já que se conserva um decreto do Rei Juan I de Castela que, naquele ano, proibiu o jogo de dados, xadrez e cartas. Dez anos depois, o prefeito de Paris também as proibiu, permitindo seu uso aos domingos e feriados. No entanto, não existe evidência nenhuma de que esses jogos de cartas fossem Tarots.

O baralho, que durante muito tempo foi considerado o mais antigo, do qual se conservam 17 cartas, foi feito para a coroa francesa, tal como consta na contabilidade do rei Charles VI, em 1392: *"Dado a Jacquemin Gringonneur, pintor, por três jogos de cartas ... para o Senhor Rei...56 soles parisienses"* Sabemos agora pelo Laboratório de Pesquisa

O Papa e o Julgamento do Tarot de "Gringonneur"

dos Museus do Louvre que as 17 cartas são de finais do século XV ou início do XVI. Se conservam na Biblioteca Nacional de Paris. Originalmente não têm títulos nem números, mas, pelo desenho, podemos identificar 16 Arcanos Maiores e o Valete de Espadas. A obra de Gringonneur, provavelmente um jogo de cartas comúm, se perdeu, no entanto, as 17 cartas continuam sendo conhecidas como o Tarot de Gringonneur.

Com o início do Renascimento, o ar começa a mudar na Europa. A Igreja Católica deixa de ter hegemonia política, cultural e econômica e surgem, na Itália, poderosas famílias donas da terra e do comércio com o Oriente aberto por Marco Polo. É sob o amparo e patrocínio desses mecenas que aparecem os primeiros Tarots dos quais realmente temos evidências históricas.

Em 1415, encontramos em Veneza um Tarot de 78 cartas, com 22 Arcanos Maiores e as quatro séries de Figuras da Corte e Arcanos Menores. Em Bolônia surge "Il Tarocchino", com 62 cartas.

Tarot Florentino

O Tarot florentino, também da época, consta de 97 cartas: 56 Arcanos Menores e 41 Arcanos Maiores, sendo 17 da sequência clássica, 12 signos zodiacais, os quatro elementos e as virtudes cristãs. Observem que o Cavaleiro de Espadas é um centauro.

O mais conhecido é o Tarot de Visconti-Sforza, que apareceu em Milão, em meados do século XV, provavelmente em 1432, ou 1441 segundo outras fontes, presente de casamento de Francesco Sforza e Blanca María Visconti, obra do miniaturista Bonifacio Bembo (1420 - 1480), um baralho policromático. De suas 78 cartas O Diabo, A Torre, O Três de Espadas e O Valete de Ouros se perderam e foram redesenhadas para possibilitar sua comercialização. Esse jogo deu lugar a pelo menos 15 baralhos diferentes, nenhum dos quais está completo.

É comum acusar o fanatismo religioso da eliminação dos primeiros baralhos. Se consideramos que esses Tarots aparecem no seio da aristocracia italiana, a cujas mesmas famílias pertencia a alta cúpula da Igreja,

Louco, Mago e Sacerdotisa do Visconti Sforza

dificilmente podemos acreditar que a Igreja condenara o uso do Tarot. Os sermões de Bernardino de Siena contra a sodomia e os jogos de cartas nada tinham a ver com o Tarot.

Contrariamente à ideia de que em algum momento surgiu o Tarot, com suas 78 cartas, e que seu uso trivial deu lugar ao baralho comum, com seus quatro naipes, as evidências históricas indicam que primeiro apareceram as cartas do jogo, como vimos pelos decretos de Juan I de Castilla e o prefeito de París, a carta do monje Johannes, as crónicas de Giovanni Coveluzzo, e as contas do rei francés. Depois foram incorporando cartas especiais chamadas Triunfos que bem podiam ser os deuses gregos, os signos zodiacais ou já no Visconti Sforza personagens da sociedade da época (O Imperador, A Imperatriz, O Papa, etc), virtudes católicas (A Justiça, A Fortaleza, A Temperanza), etc. ou Arcanos Maiores.

Seria interessante perguntar-se quais foram as fontes de inspiração de Bembo e de otros anônimos autores dos primeiros tarots italiano. Se existiu um fio condutor entre o antigo Egito e o final da Idade Média, entre as doutrinas e rituais pagãos e os primeiros Tarots, esse fio foi o Gnosticismo que, surgindo nas províncias orientais do Império Romano, alimentou-se não só do Cristianismo *in loco*, mas também das doutrinas hindus, caldeias, persas e egípcias, junto com a filosofia da Grécia clássica e o conhecimento cabalístico hebraico.

Alexandria foi o centro da cultura gnóstica no século II d.C. Com os incêndios de suas bibliotecas durante a campanha de César nos anos 48-47 a.C., depois, no ano 391, pelos cristãos sob o comando do Imperador Teodósio I, o Grande, e, finalmente, sua destruição total no século XII pelos muçulmanos, a humanidade perdeu seu melhor legado cultural e talvez a possibilidade de saber alguma coisa concreta a respeito da origem do Tarot.

Passou um século e meio para que aparecessem os baralhos que se tornaram os mais conhecidos da época e que continuam sendo usados: Os Tarots de Marselha, que segundo Pierre Camoin, membro de uma família tradicional de impressores de Tarot, surgiram nessa cidade em 1604. São 78 cartas, seus 22 Arcanos Maiores levam título, exceto A Morte, e numeração romana, com exceção do Louco. Não poderia ser de outra maneira, pois o zero não existe nesta grafia.

Eram impressos usando-se carimbos de madeira, de maneira que depois cada pessoa os coloria segundo sua própria inspiração. Do século XIX para frente já foram feitos por máquinas.

Se os Tarots dos. XV eram usados pelas finas maõs da aristocracia italiana, a partir do século XVII, foi popularizado pelos ciganos, que o utilizaram como um sistema de adivinhação, lendo com ele "a boa fortuna". Se foi usado com outros fins é algo que ignoramos. Foi Court de Gebelin (1728 - 1784), pastor da Igreja Reformada, maçom e arqueólogo francês, que resgatou o Tarot para as elites da intelectualidade europeia. E, em 1781, oito anos antes da Revolução Francesa, editou seu famoso ensaio em nove volumes: O Mundo Primitivo Analisado e Comparado com o Mundo Moderno.

No primeiro volume, fala do Tarot assim: *"É o Tarot tudo o que resta das magníficas bibliotecas do Egito. Formado por 77 ou 78 quadros, divididos em cinco séries, cada uma mostrando coisas tão variadas quanto divertidas e instrutivas... Os 22 Triunfos*

Gebelin e seu Pendurado

representam os líderes espirituais e temporais da sociedade, as forças físicas da agricultura, as virtudes cardinais, o matrimônio, a morte e a ressurreição. ...Além dos Triunfos, esse jogo se compõe de quatro séries de naipes: Espadas, que representam os faraós e toda a nobreza militar; Varas ou Paus, que representam os agricultores; Copas, que mostram a classe sacerdotal; e as Moedas, que representam os comerciantes".

Gebelin estava convencido de que o Tarot procedia do Antigo Egito, e que os ciganos eram descendentes dos egípcios. Embora as palavras cigano e egípcio, especialmente em inglês (*gipsy* e *egipcian*) sejam muito parecidas, hoje sabemos que os ciganos procedem do estado de Rajestão (Índia), de onde foram expulsos pelo conquistador muçulmano-mogol Timur Lenk no século XII. A caminho da Europa, alguns passaram pelo Egito, de onde absorveram costumes e conhecimentos, mas não são descendentes dos antigos egípcios.

Considerar o Egito como o lugar de origem das ciencias esotéricas era uma ideia muito comum na França pré-revolucionária. Só quando foram decifrados os hieróglifos egípcios, com o descobrimento pelos arqueólogos que acompanhavam o exército de Napoleão, durante a conquista do Egito (1798-1799), da Pedra Roseta (dicionário esculpido em pedra de grego, arameo e os hieróglifos egípcios), essa teoria foi descartada.

Gebelin acreditava que a palavra Tarot era formada pelos vocábulos egípcios *Tar*, que significa "caminho", e *Ro* ou *Rog*, que significa "real". Tarot seria "Caminho real". Curiosamente, o *Tao Te King* pode-se traduzir também como "Caminho Real".

De qualquer maneira, e embora Gebelin estivesse errado em algumas de suas suposições, com a publicação de *Le Monde Primitif...*, o Tarot se converteu em um dos métodos mais apreciados pelos esotéricos e magos da época. Gebelin morreu em 1874, deixando também um baralho muito parecido com o de Marselha, embora tenha diminuído muitos detalhes, trocado títulos e até colocado O Pendurado em pé.

Etteillá, pseudónimo de Jean-Baptiste Alliette (1738-1791), discípulo de Gebelin, estudioso dos pitagóricos, criou um baralho: "O Tarot do grande Eteillá" e desenvolveu um trabalho divinatório durante a Revolução Francesa que lhe granjeou fama, discípulos, clientes (por exemplo Mª Antonieta) e bastante dinheiro. No seu livro "A arte de ler as cartas", o primeiro que fala explicitamente do uso divinatório do Tarot as cartas levam números árabes, de maneira que o Louco, com o título de "A Locura" leva o número Zero.

Já no século XIX, Alphonse Louis Constant (1816 -1875), mais conhecido por Eliphas Levi, também francês, abade da Igreja Católica, cabalista, filósofo e, segundo Crowley – que se considerava sua encarnação posterior – um grande humorista, vinculou em seu *"Dogma e Ritual de Alta Magia"* os 22 Arcanos Maiores às 22 letras do alfabeto hebraico, fundamentando-se em certos manuscritos que o teriam colocado em contato com

*O Louco de
Etteillá*

a tradição gnóstica. A partir daí, Levi considerou o Tarot como de origem hebraica e os 22 Arcanos Maiores, formas pictóricas da Árvore da Vida.

O Caminho da Serpente

Segundo os cabalistas, o Universo surgiu como sucessivas emanações do Nada. De um Nada que não é a ausência total de qualquer coisa, mas a potencialidade mais absoluta. Essas emanações são as Esferas de Manifestação ou sephiroth.[11] Desde a primeira (Kether - a Coroa) que representa os primeiros hálitos da manifestação até a décima (Malkuth - o Reino) que simboliza o Universo mais denso, temos dez esferas dispostas em três colunas formando a Árvore da Vida. As 22 linhas que unem as dez sephiroth são os chamados Caminhos da Árvore e se correspondem com as 22 Letras do alfabeto hebraico.

Percorrer todos e cada um desses Caminhos, a Senda da Serpente[12], desenvolve poderes mágicos. Para evitar que pessoas alheias à escola iniciática tivessem acesso a tais poderes, a Cabala Prática era mantida no segredo. Como a relação entre os Arcanos e as Letras poderia fornecer pistas, a tradição antiga, e também Levi mostravam uma sequência diferente. Nela, a primeira letra, Aleph, não se corresponde com a primeira carta, O Louco, mas com O Mago, a segunda carta. Estabelecida uma correspondência entre os Arcanos e as Letras, deduziremos uma relação direta entre os Arcanos e os Caminhos. A Cabala Prática estuda os Caminhos como sucessivas iniciações que levam o caminhante desde as ataduras mais rígidas da matéria, em Malkuth, até a iluminação ou fusão com a totalidade, em Kether. Em seu "Dogma e ritual..." Levi oferece versões interessantes do Carro e especialmente do Demônio.

Quando o clero soberano deixou de existir em Israel; quando todos os oráculos do mundo se silenciaram na presença da Palavra que se fez Homem, falando pela boca do mais popular e gentil dos sábios; quando a Arca se perdeu, o Santuário foi profanado e o templo destruído, então os mistérios de Ephod e do Theraphim já não foram mais registrados sobre ouro e pedras

---

[11] Ver Apêndice 4, Introdução à Arvore da Vida.
[12] Também existe o Caminho da Flecha, que citamos na carta da Arte.

preciosas, senão que foram escritos, ou melhor figurados, por certos sábios cabalistas, primeiro sobre marfim, pergaminho e sobre couro dourado e prateado e depois sobre simples cartões, que sempre foram objeto de suspeita para a Igreja oficial, uma vez que continham uma perigosa chave para seus mistérios". Eliphas Levi

Levi e seu Carro e Diabo

E falando em cartões, na Idade Media eram muito usados como recurso mnemotécnico, cartões que representavam momentos chave de uma estória, como por exemplo da Paixão de Cristo, tanto na rua pelos trovadores quanto nos claustros pelos monges. Tem quem diz que esses cartões originaram os primeiros Tarots.

Outro grande estudioso do Tarot foi Gerard Encause ou Papus (1865-1917), médico francês, Rosa-cruz e fundador da ordem maçônica dos Martinistas, apresentou suas conclusões em seu livro "O Tarot dos Bohemios". Elaborou um baralho baseado no Tarot de Gebelin, comdesenhos de inspiração egípcia e seguindo a relação Arcanos - Letras do *Dogma e Ritual...*

Diagramou as 78 cartas em torno ao Tetragramaton. Este é um complexo simbólico formado pelas letras que compõem o nome de Deus em hebreu: Yod, He, Vau e de novo He, isto é, Jehovah. O ocultismo hebraico sustenta que os poderes e propriedades de cada ser estão contidos em seu nome. Assim a pronúncia exata do nome de Deus era mantida em segredo e só pronunciada pelo Supremo Sacerdote, uma vez ao ano, no meio da gritaria ensurdecedora do povo. Yod representa o Princípio Masculino, ativo ou dinâmico. Corresponde às cartas de Paus e aos Cavaleiros de Crowley ou Reis dos outros baralhos. Diz-se que todas as letras procedem de Yod. A primeira, He, representa o Princípio Feminino, passivo ou receptivo.

Papus, seu Imperador e o Tetragramaton

Corresponde às Rainhas e à série de Copas. Vau é o fruto das duas anteriores e a ponte entre os dois Princípios. Corresponde à série de Espadas e aos Príncipes de Crowley ou Cavaleiros dos outros baralhos. A segunda He marca a passagem de um ciclo completo para outro e se relaciona com as cartas de Discos ou Ouros e com as Princesas de Crowley ou Valetes em outros baralhos.

Na virada do século, os doutores Woodman, Woodford e Wynn Westcott, membros da loja franco-maçônica *Quator Coronati*, encontraram em uma livraria londrina um livro que continha uns manuscritos com as bases para a fundação de uma sociedade esotérica e as correspondências entre os 22 Arcanos Maiores e as letras hebraicas. Só que dessa vez, Aleph, a primeira letra, estava atribuída ao Louco e não ao Mago. Também tinha umas notas que poderiam ter sido escritas pelo próprio Eliphas Levi, quando este visitou a Inglaterra. Se essas notas fossem realmente do cabalista francês, indicariam que este realmente conhecia outra sequência de correspondências diferentes das expostas em seu "Dogma e Ritual..." A partir dessas correspondências, deduzem-se novas correspondências com os signos astrológicos, os planetas e os elementos.

"O Tarot,... é o mais perfeito instrumento de adivinhação. Pode ser usado com total confiança por causa da precisão analógica de suas figuras e de seus números. De fato, os oráculos deste livro são sempre rigorosamente verdadeiros, e até mesmo quando não prediz coisa alguma, sempre revela algo que estava oculto e dá os mais sábios conselhos para quem o consulta." Eliphas Levi

Nos mesmos documentos, mencionava-se como autoridade no assunto a Fraulein Spregel, com cuja autorização foi fundada em 1886 por Mac Gregors Mathers (1854-1918), Westcott e Woodman a ordem da Golden

Dawn (A Aurora Dourada). A esta fraternidade, cujo propósito principal era a obtenção da iluminação e do poder mágico, pertenceram, durante anos, personalidades como Arthur Edward Waite (1857-1942), o poeta irlandês William Butler Yeats (Prêmio Nobel de Literatura em 1923), a atriz Florence Farr, a pintora Pamela Colman Smith, Lady Frieda Harris, Bram Stoker, autor de *Drácula*, os cabalistas Paul Foster Case e Dion Fortune, Aleister Crowley, entre outros.

Crowley (1875-1947) foi iniciado na Golden Dawn com o nome de "Perdurabo" – o que perdura. Em 1899, atingiu o grau de Practicus e, com as novas correspondências Arcanos/Letras, dedicou-se ao estudo do Tarot, chegando a escrever um livro: "*O Tarot da Golden Dawn*".*

Aleister Crowley e Fieda Harris

Em 1900, Mc Gregor o nomeia líder da ordem na Inglaterra, apesar da oposição de membros mais antigos, especialmente de Waite e Yeats. Em julho do mesmo ano, viaja para o México, procurando o contato com entidades espirituais astecas. Realiza curas e escala montanhas, que, com o xadrez, era sua paixão. Já em 1901, atravessa o Pacífico chega em Sri Lanka, onde Allan Bennet, seu tutor na Golden Dawn o instrui na prática da ioga, *pranaiama* e mantras, e vive uma experiência espiritual: Dyana descrita por Crowley como "*a união entre o sujeito e o objeto da meditação em uma explosão de música e luz, muito superior a qualquer harmonia terrena*".

Continua pela Índia e Burma, onde realizou estágios com os budistas. Em 1902, liderou uma expedição ao Chogo Ri (K-2), no Himalaia, cujo relato pode ser encontrado no "Espírito da Solidão" de seu livro *Confissões*. Em novembro, encontra Mc Gregors em Paris, e, em 1903 compra uma casa na margem do lago Ness onde trabalha com "O Livro Da Magia Sagrada" de Abramelin o Mago.

Estela da revelação

Em 1904 desembarca com sua companheira, Rose Edith Kelly, no Cairo, onde retoma o trabalho de magia invocando Thoth, Iao e Hórus.

No dia 18, Rose recebe em sonhos uma mensagem de Hórus que os leva ao museu de Boulak, onde o reconhece sob a forma de Ra-Hoor-Khuit, pintada sobre a "Estela da Revelação", da XXVI dinastia. El número do registro dessa figura era o 666, número da Besta do Apocalipse, nome iniciático que Crowley usava naquela época. Durante os dias 8, 9 e 10 de abril, Aiwass, ministro e mensageiro de Hoor-paar-Kraaat, o Senhor do Silêncio, outra forma de Hórus, ditou em perfeito inglês para um Crowley atônito, o texto que anuncia uma nova lei para a humanidade:

"A lei é o amor, o amor sob vontade."
"Fazer a própria vontade é a totalidade da lei."

Esse texto conhecido como *O Livro da Lei* tem três capítulos. No primeiro, é Nuit, o Princípio Feminino que expõe a doutrina para a Nova Era pela boca de Aiwass. No segundo, é Hadit, o Princípio Masculino e no terceiro é o próprio Hórus. Essas entidades nomeiam Crowley como seu profeta e o incumbem de divulgar sua mensagem.

Em 1937, Crowley convida uma artista, Lady Frieda Harris, para elaborar um Tarot para a Era de Aquário. Desde 1938 até 1943, Frieda pintou, sob a direção de Crowley, o Tarot de Thoth. Inicialmente, este pretendia criar um baralho seguindo a tradição dos modelos marselheses, mas Frieda conseguiu convencer Crowley a realizar algo totalmente original.

Aventuraram-se em campos mais sublimes e profundos do que aqueles permitidos pelos antigos modelos; procuraram incorporar os últimos descobrimentos da física, relacionando-os com a antiga tradição esotérica e cabalística. Em 1944, foi publicado pela O.T.O. (*Ordo Templi Orientis*) britânica uma edição limitada em 200 cópias do *Livro de Thoth*, que incluía as imagens das cartas nas suas ilustrações. As aquarelas originais, só foram publicadas, como cartas em 1966, isto é, 19 anos depois da morte de Crowley.

"A tarefa deste escriba tem sido a de preservar os caracteres essenciais do Tarot, que são independentes das mudanças periódicas das Eras e atualizar aqueles caracteres dogmáticos e artísticos que ficaram ininteligíveis".   Crowley

Assim, A Papisa e O Papa tornam-se A Sacerdotisa e O Hierofante; O Arcano XI: A Força foi rebatizada como *"Lust"*, e A Temperança e O Julgamento passaram a chamar-se "A Arte" e "O Eão", respectivamente.

Nesse trabalho, foram dadas explicitamente as correspondências dos manuscritos de Londres. Cada Arcano Maior recebeu uma correspondência astrológica deduzida a partir da atribuição da carta com a letra hebraica e cada Arcano Menor, recebe uma dupla atribuição astrológica, com um planeta e um determinado signo. Cabe destacar também que os Discos não são mais aquelas moedas ou pentagramas inertes dos baralhos antigos senão discos giratórios que mudam de forma e de cor.

Waite e Pixie

Outro Tarot muito popular é o *Rider-Waite*, pintado por Pamela Colman Smith (Pixie) (1878-1951), sob a direção de Arthur Edward Waite, publicado em 1910.

As correspondências não aparecem explicitamente, no entanto apresenta uma cena da vida cotidiana em cada um dos Arcanos Menores (deixando de fora os Ases), facilitando assim a compreensão de seus significados, embora os esteja reduzindo. Assim lhe pareceu a André Breton, autor junto com León Trotsky do "Manifesto Surrealista" quando Jodoroswki o mostrou em Paris: - "Acaba com a profundidade do símbolo mostrando algo tão obvio".

Nesse baralho se inspiraram muitos outros autores, entre os quais cabe destacar Salvador Dali. Apesar de Waite ter se quedado parcialmente, ancorado em velhas ideias (especialmente nas cartas do Demônio, da Força e do Juízo) sendo a cabeça do pensamento cabalista-cristão, suas opiniões ao respeito do Tarot são interessantes:

"O verdadeiro Tarot é simbólico. Uma vez compreendido o significado oculto de seus símbolos, as cartas transformam-se em uma espécie de alfabeto que é capaz de um número infinito de combinações e faz sentido em todas elas. O Tarot incorpora as representações simbólicas das ideias universais, nas quais estão todos os subentendidos da mente humana. É nesse sentido que o Tarot contém a doutrina secreta, que é a percepção, por uns poucos, das verdades encerradas na consciência de todos, muito embora elas não tenham sido reconhecidas claramente pelas pessoas comuns".   *A. E. Waite (1857 - 1942)*

Muitos baralhos têm visto a luz nos últimos tempos, coisa típica de uma época de revelação de todo o oculto e também de consumismo selvagem. Outros Tarots atuais, produto de um estudo sério, são, entre outros, o *Tarot de Aquário* (1971), o de *Balbi* (1976), o *Tarot Mitológico* (1988), de Juliet Sharman Burke e Liz Greene, e o *Mother Peace*, de Vicki Noble e Karen Vogel que mantém uma estrutura clássica.

Não é possível deixar de destacar o excelente trabalho de Ma Deva Padma (Susan Morgan): o *Osho Zen Tarot* publicado junto com um livro em 1994. Vemos tanto nos belíssimos desenhos como nos comentários de cada carta um intento extraordinariamente bem-sucedido de traduzir em uma linguagem contemporânea e integradora os imemoriais Arcanos.

Assim, não parece que essa cosmovisão tenha sido o invento de uma pessoa só. No entanto, não seria descabido pensar que poderia ter surgido em uma reunião de sábios, tal como o cabalista e padre católico P. F. Case afirma que existiu em Fez (Marrocos), cidade que, depois da destruição da biblioteca de Alexandria, se converteu em um grande centro cultural do Ocidente, por volta do ano 1200.

Tentando dar uma resposta à pergunta com que iniciamos este capítulo, poderíamos dizer que o Tarot é a expressão plástica de arquétipos universais, presentes no inconsciente coletivo da humanidade que aparecem, de uma maneira ou de outra, quando homens e mulheres especialmente intuitivos conseguem captá-los. Podemos dizer que o Tarot tem dois lados: um imortal, sem princípio nem fim, essencial, arquetípico, que podemos chamar de lado interno, e o outro externo, que são as formas particulares que adota, dependendo das circunstâncias históricas e do uso que fazemos dele.

Capítulo IV

Ritual e a Leitura Terapêutica

Abrindo o Jogo

Para atingir um bom nível de profundidade e eficiência com o Tarot, não basta ter lido uma montanha de livros. Embora uma base teórica firme e clara seja sempre necessária, é imprescindível uma boa dose de intuição para que a leitura seja algo vivo e não só um compêndio de significados colocados em uma ordem mais ou menos afortunada.

A intuição é algo que podemos desenvolver de muitas maneiras. Está relacionada com o terceiro olho ou Chakra Ajna, situado entre as sobrancelhas, conhecido também como "A Roda do Comando". É o centro intelectual, a base da mente, da visão psíquica ou clarividência e da intuição. Esse centro é ativado pelo mantra OM. Quando a vibração sonora do mantra golpeia o céu da boca, este vibra, fazendo com que o movimento vibratório se expanda por toda cabeça. Com a prática, podemos direcioná-la para cima, por um canal que em um ponto determinado se ramifica. Uma parte continua ascendendo até o Chakra Sahasrara e a outra se defasa 90 graus e continua para frente até o terceiro olho.

O Ajna chakra também se ativa com o som iiiiiii......pronunciado enquanto inspiramos. Outra maneira de desenvolver a intuição é lendo as cartas, embora no início seja necessário o uso de livros ou apostilas para interpretá-las.

Este capítulo contém uma série de orientações práticas destinadas a ajudar o principiante a realizar suas leituras. Com o tempo, cada tarólogo desenvolverá seus próprios métodos.

O Baralho

A escolha do Tarot é fundamental. Suas imagens penetram no inconsciente e vão fazer ressoar nossos arquétipos internos. O critério principal para escolher um baralho é sentir uma forte atração por ele, que dependerá muito de sua expressão gráfica. Temos de gostar muito de nosso baralho e nos sentirmos inspirados com ele nas mãos. Um baralho que cause medo ou rejeição não deve ser usado nas leituras, mas é importante estudá-lo para descobrir e trabalhar aquelas áreas sensíveis de nosso ser, que são mexidas por tais imagens.

Também é importante que as relações entre as cartas, números, letras, signos, planetas e elementos sejam coerentes, pois enriquecem muito o conteúdo das cartas e permitem entrar, pela porta do Tarot, no mundo fascinante da Astrologia, Numerologia e Cabala.

É melhor ganhar um baralho que o comprar, pois isso mostra sincronicidade: a pessoa atrai o Tarot que vem ao encontro de seu crescimento. Mas isso não quer dizer que se queremos um tarot vamos a esperar, ou pedir, que alguém nos dê de presente.

Personalização do baralho

Uma vez com o Tarot na mão, o primeiro passo é personalizá-lo, isto é, magnetizá-lo com nossa energia. Para isso, existem muitos métodos. Um deles é dormir sete noites consecutivas com o baralho embaixo do travesseiro, próximo ao cerebelo. Depois pode passar uma noite velando as cartas, como Dom Quixote fez com suas armas, especialmente se a Lua estiver cheia. Nessa hora a pessoa espalha as cartas num pano de seda roxo ou azul-escuro, de aproximadamente 1m x 1m. Essas são as cores mais Yin do espectro, mais receptivas e conservadoras, que protegerão melhor o baralho. O baralho deve estar sempre envolvido nesse pano, que abriremos só na hora das leituras, dispondo as cartas sobre ele.

Colocaremos primeiro os Arcanos Maiores, depois as Figuras da Corte e finalmente os Arcanos Menores, deixando cada grupo uma meia hora impregnando-se do luar. Depois embaralhamos até que a ordem em que as cartas vieram de fábrica, tenha sido completamente alterado. Enquanto embaralhamos estabeleceremos um compromisso com o nosso tarot, de preferência em voz alta: *"Meu querido Tarot, eu me comprometo a cuidar de você, mantendo você longe de energias pesadas e involutivas, e peço que você me ajude a ajudar as pessoas que se consultam a ser mais elas mesmas"*.

O tarólogo não é só o guardião da joia, cuidando-a e protegendo-a das energias densas, mas também seu animador, aquele que lhe empresta sua alma. Com o uso do Tarot, o leitor pode ir resolvendo os mistérios de sua própria vida, esclarecendo seus pontos obscuros. Encontrará orientações que lhe ajudarão a resolver seus próprios desafios e também poderá ajudar os outros. E o amor que coloca nessa tarefa se derrama nos seus consultantes e no mundo. Por este trabalho, o tarólogo não só pode como deve cobrar, embora sem fazer do dinheiro sua prioridade. Se alguém tem facilidade para ler as cartas, sente-se bem quando o faz e com seu trabalho ajuda os outros, o melhor que pode fazer é dedicar seu tempo a aperfeiçoar-se e fazer de ler o Tarot sua profissão. Também as pessoas acabam dando mais valor àquilo que pagam. Ainda quem coloca no bolso corre menos perigo de colocar no ego. Assim o tarólogo pode se estabilizar economicamente e fazer descontos ou trocas quando achar apropriado, sem se vangloriar por isso.

Se o tarólogo precisa mostrar as cartas em aulas ou conferências é conveniente dispor de um segundo baralho que não precisa ser magnetizado nem guardado em um pano de seda e pode continuar na embalagem original. É conveniente não mostrar o baralho das consultas desnecessariamente em bares ou ambientes pesados ou a pessoas densas ou negativas (A não ser nas leituras), já que sua qualidade vibratória pode ser afetada.

O pano participa da mesma energia das cartas e deve ser tratado com o mesmo cuidado. É preferível guardar o baralho envolvido no pano, dentro de uma bolsa ou uma caixinha de madeira (de preferência artesanais), ou embrulhado em um cobertor de lã que abriremos junto com o pano.

O Lugar

Embora possamos ler o Tarot em qualquer lugar que tenha um astral limpo, é recomendável dispor de um lugar específico. A energia que geramos quando realizamos uma consulta também carrega o local. Podemos criar um pequeno templo cuja energia favorecerá as leituras subsequentes. Sempre que for possível, é importante ter um quarto dedicado exclusivamente para a leitura do Tarot ou atividades afins. Em tal espaço procuraremos nosso lugar de poder. Para isso, é preferível tirar todos os móveis e depois deitar no chão, rodar e se arrastar até achar o local onde nos sentimos melhor. Sentados nele, giraremos 360 graus para encontrar a orientação ideal. Definida a posição da leitura, colocaremos nela uma mesa redonda – sem esquinas, para que a energia circule melhor – e baixa, pois assim tem-se a opção de se sentar no chão, num banquinho de meditação japonês ou em uma cadeira, em cima da qual abriremos o pano de seda. Também pode ser no chão, em cima de um carpete ou cobertor.

No mato, existem locais que possuem uma vibração especialmente favorável para esses propósitos: cachoeiras, rios, grandes árvores, rochas, lagos, etc. Nesse caso é importante conectar-se com os elementais do lugar. Quando colocamos Tarot nesses lugares, em domicílio ou em qualquer lugar que não seja aquele que tínhamos preparado para isso, é conveniente colocar um cobertor embaixo do pano.

Não acho adequado encher nosso consultório com imagens de deuses, santos, profetas, maestros espirituais ou símbolos esotéricos que podem causar projeções em nossos clientes que atrapalham a compreensão da leitura. Sugiro ter apenas plantas, imagens da natureza ou uma fonte que gera *prana*, limpa a energia do local e proporciona um agradável e relaxante rumor de água circulando. Podemos usar os quatro elementos sob diferentes formas, como velas, copos com água, cristais ou até uma adaga, sempre que seja um de cada e sejam colocados de maneira discreta. Quanto mais objetos colocamos em um lugar, a energia circula menos, e é fundamental que nosso consultório esteja sempre bem ventilado.

Tampouco me parece conveniente usar incensos ou aromaterapia, pois não sabemos se nossos clientes gostam ou se são alérgicos a eles.

A Leitura

Uma consulta de Tarot é um assunto de duas pessoas: o leitor e o consulente. Não é conveniente a presença de terceiros, especialmente de pessoas próximas do consulente, já que sua energia pode interferir na magnetização do baralho e, algumas vezes também, na receptividade deste durante a leitura. Um intérprete pode ser aceito. Uma vez iniciada a sessão, leitor e consulente devem abster-se de qualquer outra atividade, como fumar, comer, atender a telefonemas, etc., para colocar toda sua atenção na leitura. Antes de cada consulta, o leitor deve se preparar interiormente, deixando fluir seu amor, aceitando todas as situações de sua vida, colocando de lado seus problemas particulares e seus desejos, com exceção de ajudar o consulente.

Toda leitura deve começar com um bom relaxamento, que pode ser obtido com uns minutos de respiração profunda. Não adianta começar uma leitura com o consulente inquieto e ansioso; é preferível ajudá-lo a serenar-se e centrar-se antes de qualquer coisa. Nenhum objeto, como chaves, óculos, carteira, celular, etc., devem ser colocados sobre o pano de seda. Também é melhor que o consulente e o leitor deixem os sapatos fora da sala de leitura. O leitor deve evitar que o consulente fale compulsivamente, induzindo interpretações pouco objetivas. Isso não quer dizer que o leitor deva fechar os olhos para as mensagens corporais e energéticas que o consulente passa e que acostumam complementar o que as cartas revelam.

Previamente à leitura o leitor escolheu uma carta para representar o consulente, que chamaremos de "carta testemunha". A carta testemunha é uma ponte entre as cartas e o consulente. Usaremos uma das Figuras da Corte, que, representam 16 tipos de personalidade, tal como vemos no capítulo 9 na seção Figuras da Corte e a Carta Testemunha.

Pediremos então ao consulente que, sentado comodamente, se presentei com um minuto e meio de férias. Não lhe diremos que mentalize preguntas (que podem ser não tão centrais ou profundas) mas que busque um volume respiratório o mais agradável possível e coloque sua atenção em disfrutar de sua respiração. Assim a pessoa estará totalmente presente no presente (ninguém consegue respirar no passado ou no futuro) e irá para dentro, de maneira que depois quando magnetizar as cartas o fará desde seu centro possibilitando que o tarot fale em profundidade da persona e não de questões periféricas. Durante esse minuto e meio o tarólogo embaralha seis vezes as cartas para que estas percam os restos de magnetizações anteriores e, quando acabamos, entre uma consulta e outra, embaralhamos outras seis vezes.[13] Se sentirmos que o baralho está muito carregado, daremos nele

---

[13] . Assim, são 12 o número da totalidade e do completo as vezes que embaralhamos.

umas sopradas frias, isto é, fazendo o bico da boca por onde sopramos do menor tamanho possível. Assim já estamos prontos para invocar.

A Invocação

Sugiro que o tarólogo, enquanto o consultante se concentra na sua respiração, faça um mantra, de preferência "Om mani padme om", com o objetivo de sossegar sua mente, deixar de lado tudo o que não for a consulta, e abrir a intuição.

Existem inúmeras invocações e cada um deve achar a sua. A minha é: "Divina Presença Eu Sou em Mim! Pela força do Amor eu te invoco e te peço que por meio destas cartas, eu possa dar as orientações e informações que (nome do consulente) está necessitando para conhecer-se melhor, ser más ele mesmo (ou ela mesma) y ser feliz". Anos atrás eu agregava: "A nossos guias e mestres, eu invoco e peço que formem conosco um campo de energia comum". Depois deixei de fazê-lo porque percebi que estava passando a responsabilidade da consulta para terceiros, encobrindo assim minha insegurança de iniciante.

A Magnetização

Concluída a invocação, durante a qual o consulente estava com sua atenção dirigida para a respiração e com os olhos fechados, o leitor explicara os passos seguintes:

O consultante, sem cruzar as pernas, tomará as cartas com as duas mãos e as colocará no seu colo, sem tocar com elas o corpo nem a mesa. Reduzirá seu campo visual a cartas e braços e visualizará ou imaginará que cada vez que seu coração pulsa, emite uma onda luminosa cheia de energia que desce pelo braço esquerdo penetrando e energizando as cartas. Essa onda volta pelo braço direito com um mínimo de energia fechando assim o circuito. Como ondas do mar que vêm do oceano (coração), quebram na praia deixando na areia (as cartas) sua energia e voltam para o mar suavemente. Essa operação demorará um minuto e meio durante o qual a energia vai acumulando-se nas cartas e formando ao redor delas uma bola de luz que fica más intensa na medida em que novas ondas chegam às cartas. É conveniente que o consulente não predefina mentalmente a cor da energia senão que deixe que seja a que sair.

Na continuação, o consulente respirará três vezes, colocando as cartas com a imagem do Arcano encostada em cada um dos centros seguintes: Hara, dois dedos embaixo do umbigo; Anahata Chakra, no plexo solar ou boca do estômago; Vishuddha Chakra, na garganta; Ajna Chakra ou terceiro olho, entre as sobrancelhas; Sahasrara Chakra, na coroa da cabeça. Não colocamos as cartas no plexo cardíaco pois já mandamos energia do coração. Podemos relacionar esses cinco centros com a vontade instintiva, as emoções, a criatividade, a mente e o espírito.

Cada respiração consta de quatro partes: a) Inspiração profunda, sentindo o ar ocupando todo o corpo da cabeça até os pés. b) Retenção durante um segundo, visualizando ou imaginando que toda a energia do ser se concentra e ilumina o centro, onde estão colocadas as cartas. c) Expiração lenta, levando a energia acumulada para as cartas. d) Retenção durante um segundo, visualizando a energia vibrando nas cartas.

Às vezes, pode ser interessante que a pessoa coloque as cartas e respire em algum lugar específico de seu corpo físico, onde possa existir algum problema. Una vez explicado como se faz a magnetização, o tarotista colocará o maço frente ao consulente e lhe pedirá que antes de pegá-lo friccione durante uns segundos as palmas das mãos para aumentar o fluxo de sua energia nelas.

Como embaralhar

Agora o consulente devolverá as cartas ao leitor e este irá embaralhá-las, fazendo três séries de quatro movimentos. Os três primeiros são iguais: dividindo o baralho em duas metades, mais ou menos iguais, e inclinando-as para dentro — como vemos nas figuras a seguir.

É importante não as empurrar, para que seja só a força da gravidade, que, como sabemos, é uma constante, e a energia do consulente, os fatores que determinam a ordem final das cartas e, portanto, a leitura.

O quarto movimento de cada série consiste em segurar o baralho com uma mão e inclinando-o, pouco a pouco, deixamos que as cartas comecem a cair na outra mão. Assim, as últimas serão as primeiras e vice-versa, tal como vemos na Figura ao lado. Acabados os doze movimentos, o leitor entrega as cartas novamente ao consulente, pedindo-lhe que coloque a mão esquerda sobre elas por alguns segundos enquanto manda três ondas de luz do coração para as cartas. Com a mesma mão, o consulente cortará uma vez para a esquerda. O leitor fechará o baralho e o colocará, sempre com a mão esquerda, no seu lado esquerdo.

São dois tipos de energia que o baralho recebe:

A do consulente durante a magnetização que, uma vez acabada a consulta, deve ser eliminada, embaralhando 12 vezes (o número da totalidade) as cartas ao melhor estilo carteado.

O segundo tipo de energia, muito mais sutil, é a energia de amor que, em cada invocação, o baralho recebe. Esta não se elimina, mas vai se acumulando, tornando o baralho em uma bateria de alta energia sutil, como um poderoso talismã, que em cada consulta irradia energia de amor e de cura.

Resumindo:

	TARÓLOGO	CONSULENTE
Antes do consulente chegar	Calcula e tira a Carta Testimunha	
Com o consulente presente	Embaralha estilo crupier 6 vezes. Invoca	Se conecta consigo mesmo por meio de sua respiração.
	Explica cómo o consulente vai magnetizar as cartas	Escuta
	Calcula as Lições de Vida e Desafios	Magnetiza as cartas
	Embaralha 12 vezes deixando cair as cartas	
		Corta
	Abre o jogo e interpreta	Escuta e comenta
Despois da lectura	Fecha o jogo. Embaralha estilo crupier 6 vezes	

A Leitura Terapêutica

Esta é uma ressignificação terapêutica que desenvolvi a partir da tradicional Cruz Céltica, um sistema baseado em uma disposição de dez cartas (11 com a carta testemunha), sendo que o número inscrito em cada carta indica a ordem que foi tirada do baralho. Vejamos cada uma das dez posições:

Momento atual (1 e 2): Aqui temos as posições 1 e 2. Tradicionalmente, essas cartas são chamadas de "Cruz Dinâmica", um par de forças cuja resultante dinamiza a vida da pessoa. Elas mostram o

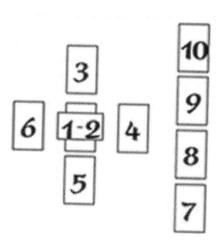

momento que a pessoa está vivendo, e/ou a atmosfera atual. Na Leitura Terapêutica, na qual o que interessa são as questões internas, vemos com que impulsos internos a pessoa está fazendo contato neste momento, seus conflitos internos e questionamentos, as fichas que estão caindo, o assunto ou tema interno que está aflorando à superfície ou a manifestação da Âncora no Momento Atual.

Às vezes, uma das cartas nos mostra o gancho com a Âncora e a outra identifica uma tendência ou atitude de libertação. Às vezes, podemos ver na segunda carta os efeitos da primeira, algo que talvez não tenha manifestado ainda, mas que já está incubado.

Âncora (4): Tradicionalmente revela o passado, mostrando situações, fatos ou atitudes que de alguma maneira influenciam o momento presente, mostrando as bases do assunto, ou da situação atual em um momento distante. Na Leitura Terapêutica é a "Âncora", pois, assim como uma âncora, prende o barco ao escuro fundo do mar e não lhe deixa zarpar até que seja levantada. Nela estudamos o aspecto mais sombrio da personalidade do consulente, aquele conjunto de traços psíquicos que o acorrentam à sua programação, isto é, ao seu passado, e que constitui um nó a ser desfeito para que a pessoa se transforme, cresça e amadureça. Geralmente, essa âncora está no inconsciente e, como um *iceberg*, só é visível uma pequena parte. Esse conjunto de traços pode se cristalizar em uma máscara com que a pessoa se fantasia e se esconde para não encarar a realidade nem a si mesma. Essa posição é um dos eixos principais da leitura. Podemos dizer que mostra o obstáculo fundamental que deve e pode ser superado, para poder avançar no caminho da realização pessoal.

Geralmente esta carta tem duas leituras: por excesso e por falta. Como vamos saber qual é a opção mais adequada? Para as Figuras da Corte e os Arcanos Menores a presença ou falta de elementos (Fogo, Água, Ar e Terra) no mapa astrológico da pessoa nos ajudará muito. Em todos os casos as cartas da Infância e a Voz da Essência serão indicadores importantes. Quando não conseguimos decidirmos por uma opção determinada, sempre podemos perguntar ao consultante: Esta carta pode interpretar-se assim ou assado. Qual bate mais? Em 90% dos casos a pessoa vai dizer as duas. Por isso estávamos em dúvida. No entanto as cartas "sombrias" que identificam um mecanismo neurótico só tem uma: por excesso, pois a falta de um mecanismo neurótico nunca será um padrão de comportamento que impede o crescimento. Alguns tarólogos consideram estas cartas como ruins dentro da velha visão de dividir tudo em bom ou mau. Na visão terapêutica não existem cartas boas e más. A aparição de uma carta "sombria" (e se tem sombra é que tem luz em algum lugar) é o primeiro passo para entender e desativar o mecanismo neurótico que a carta ilustra.

Voz da Essência (7): Tradicionalmente é a carta do carisma (algo profundo e inerente ao ser). Na Leitura Terapêutica, veremos quais são as necessidades mais importantes e urgentes do Ser interno, a voz da essência, seu grito de socorro, pedindo atitudes coerentes com sua realidade interior, saúde e bem-estar. Os Arcanos Maiores nesta posição indicam que arquétipo o Principio Universal necessita deixar de projetar, resgatar, desenvolver e integrar.

Infância (9): Segundo a tradição vemos aqui as emoções mais íntimas, os medos, as esperanças, os sentimentos e desejos ocultos do consulente. Alguns autores estudam aqui os fatores inconscientes que influenciam o consulente no momento presente. Como esses fatores são fundamentalmente a programação infantil, que desde o inconsciente continua nos manipulando, na Leitura Terapêutica veremos nessa posição a infância. Na infância estão as origens da âncora. Mesmo em uma infância que podemos considerar feliz, existiu algum tipo de programação, e aí está o foco para o qual aponta a carta. Veremos aqui: **a)** Os aspectos e talentos que a criança teve que reprimir e os padrões de comportamento que teve de adotar para ser aceita. **b)** Os pais e o ambiente familiar.

Se aparece uma Figura da Corte com Ar (Espadas e Príncipes) se referira mais aos pais que ao aspecto que foi reprimido ou estimulado. As considerações que vimos na Âncora para identificar a opção a ser escolhida também funcionam aqui. As cartas sombrias mostram mecanismos neuróticos inoculados pela família.

Relacionamentos (8): Faz referência aos relacionamentos e informa de: **a)** As atitudes ou compreensões internas que são estimuladas, de uma maneira agradável o não, pelo relacionamento atual ou anteriores. **b)** A imagem que o consulente vende no mercado dos relacionamentos amorosos para tentar satisfazer suas necessidades de carinho, atenção e sexo, se expondo o menos possível. Esta imagem pode mostrar a manifestação da Âncora no mundo dos relacionamentos amorosos. c) O que a pessoa espera de um relacionamento amoroso. Com esta posição completamos as cartas do diagnóstico.

Método (5): Na Cruz Celta tradicional temos aqui a base da questão levantada pelo consulente. Na Leitura Terapêutica mostra o método de trabalho a seguir, as atitudes a tomar ou deixar de tomar para desativar os bloqueios da âncora, satisfazer a demanda da essência, e fortalecer e desenvolver a própria individualidade. É óbvio que, se a pessoa não fizer nada, a Âncora ficará mais forte, no entanto isso não deve ser usado como uma ameaça.

Como as interpretações das cartas são muito parecidas na Voz da Essência e no Método, estudaremos os significados de cada carta em ambas posiciones juntas.

¡Cuidado! Nestas posições nunca diremos que a pessoa tem que SER isto ou aquilo. É anti-terapêutico falar: você tem que ser mais amorosa, mais tolerante, mais simpática ou menos briguenta, ciumenta ou impulsiva. Pois se ela tenta fazer isso "na marra" em primeiro lugar será mais uma máscara e em segundo lugar está criando e reforçando justamente a qualidade oposta, segundo a lei do pêndulo. Se reprime um determinado aspecto seu, este vai para a sombra e desde ali manipula à pessoa continuamente e talvez um dia explode. Terapêutico, seria pedir-lhe que identifique e trabalhe as dificuldades internas que não lhe permitem ser amorosa, tolerante, etc. que identifique porque determinadas situações ou pessoas a levam a brigar, a ter crises de ciúmes ou a explodir. Terapêutico é identificar e desativar as causas de determinadas condutas e não fazer um esforço para desenvolver uma conduta que pareça mais adequada.

Também não podemos colocar o Método como uma ordem, pois nosso consulente pode sair do consultório falando: "Vou fazer isto porque o tarólogo mandou" acabando com a qualidade terapêutica da consulta cujo primeiro requisito é responsabilizar ao consulente pela sua vida e suas decisões. Este precisa entender, que em função do que foi dito no diagnóstico, é necessário fazer ou deixar de fazer o que o Método sugere.

Caminho de crescimento (6): Conhecida tradicionalmente como a carta do futuro aqui é o "Caminho de crescimento", é o caminho que hoje está detrás da porta que o consulente abre com as chaves que apareceram nas posições anteriores, especialmente entendendo a Âncora e fazendo alguma coisa concreta na direção mostrada pelas cartas do Método e da Voz da Essência. E falo "hoje" porque se a pessoa espera meses para começar a trabalhar-se não está garantido que o que apareceu no Caminho de Crescimento fique esperando. Em nenhuma hipótese, leremos essa carta como o que inexoravelmente cai de paraquedas na vida do consulente. É importante fazer o consulente compreender que seu destino esteve, está e estará em suas mãos e que, com atenção, intenção e conexão consigo mesmo, ele pode mudar sua vida. As cartas comuns indicam que a pessoa está começando a desenvolver as qualidades de dita carta e as sombrias que o consulente está tomando consciência do padrão neurótico que essas cartas mostram e começando a mudar.

Resultado interno (3): Chamada "Coroa" na Cruz Céltica, indica o mais sublime e elevado estágio que o consulente pode atingir. Como isso está no lado interno, preferi chamá-la de "Resultado interno". Aqui vemos com as cartas comuns as qualidades ou potenciais que foram resgatados e com as sombrias os mecanismos neuróticos que foram dissolvidos. Embora, às vezes eu use nesta posição o verbo no presente ou no passado, estamos falando do futuro.

Resultado externo (10): O que é o Resultado Final na Cruz Céltica aqui é o "Resultado Externo": a atitude interna do consulente diante do mundo. Cartas sombrias indicam que o consultante pode atrair uma situação externa que o leva a ter que encarar o padrão neurótico indicado pela carta e lhe dá a chance de libertar-se dele. Aqui podemos fazer um "truque": colocamos a carta no Método para que a pessoa comece a trabalhar esse padrão neurótico desde já de maneira que quando chegue a situação esteja mais preparada para tirar proveito dela.

Algumas frases feitas que podem ajudar na hora de interpretar:

Momento Atual: Você sente o impulso interno de...; Você está se questionando...; Está tomando consciência de...; Sua atenção está dirigida para...

Âncora: A dificuldade interna que impede seu crescimento e que você deve e pode eliminar é...

Infância: Para ser aceitada você teve que...; Você teve que se adaptar a um ambiente de...

Relacionamentos: a) Este relacionamento ajuda você a perceber...; b) A imagem que você tenta passar nos seus relacionamentos amorosos é...

Voz da Essência: Sua essência está pedindo que você perceba..., que você trabalhe tal padrão...; que desenvolva tal atitude...

Método: O Tarot sugere fazer..., deixar de fazer..., tomar tal atitude..., perceber...

Caminho de Crescimento: Como consequência de usar as chaves que apareceram nas posições anteriores você começa a ...

Resultado Interno: Você identificou, entendeu e desativou as dificuldades internas para...

Resultado Externo: Você encara o mundo com a atitude interna de...; Você atrai uma situação externa que o obriga a encarar e dá chance de resolver...

As cartas não devem ser lidas na ordem em que foram colocadas sobre o pano. Operaremos assim: Com as dez cartas em suas respectivas posições, levantaremos as do diagnóstico, isto é, as da Voz da Essência, Âncora, Momento atual, Infância e Relacionamentos, nesta ordem para que o primeiro contato seja com a essência do consultante. As colocamos sempre direitas, sem se importar com o fato de que algumas aparecerão invertidas. A interpretação de cada carta dependerá de sua posição e da atmosfera criada pelas outras cartas.

É importante ver as cartas como um todo, buscando uma complementação dentro de uma unidade harmônica que faça sentido, isto é, só vamos iniciar a interpretação quando todas as cartas do diagnóstico ficarem à vista. Começaremos a ler por onde fique mais claro, geralmente pela Voz da Essência e depois vamos desenrolando o fio da meada. Podemos tirar segundas cartas para as posições abertas, de preferência Voz da Essência e Âncora, colocando a mão esquerda sobre o baralho e pedimos mentalmente três vezes a carta que desejamos para complementar ou ampliar a leitura. Por exemplo: "Quero mais uma carta para a Âncora". Cortamos, sacamos a carta e deixamos o maço como estava.

Feito o diagnóstico, levantamos o resto das cartas e interpretamos a carta da posição do Método, depois leremos o Caminho de Crescimento e finalmente os Resultados Interno e Externo.

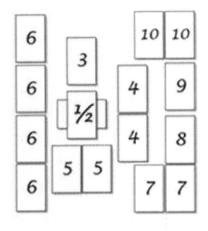

Podemos sacar mais cartas para estas posições, por exemplo, três para o Caminho de Crescimento, em cujo caso as pedimos e sacamos juntas obtendo assim uma visão mais exata da evolução do quadro da pessoa.

Se tivermos uma grande maioria de Paus, podemos pensar que toda a história gira mais em cima de questões profissionais; se é de Copas, serão as questões emocionais as que precisam ser trabalhadas; se são as Espadas, o crescimento passa por desativar certos mecanismos e crenças mentais e se for de Discos (Ouros - Pentagramas) é o corpo físico e as questões financeiras quem pede atenção.

Quando temos muitos Arcanos Maiores, isto é, mais de 8 com 20 cartas na mesa, todos os planos vão ficar envolvidos.

Não acho conveniente ter mais de 20 cartas sobre a mesa. Boa informação não significa muita informação, mas aquela que pode ser bem usada.

Concluída a leitura preguntaremos a nosso consultante se tem alguma pergunta ou comentário. Em 99,9 % dos casos não tem perguntas e em muitos casos responde que as perguntas que trazia já foram respondidas.

Quem se interessa numa consulta de Tarot Terapêutico não traz perguntas do tipo Fulano, me ama?; Vou a ser feliz com Beltrano?; ¿Vai aparecer minha alma gêmea?; ¿Vou passar no vestibular?; ¿Como vai rolar este emprego? etc. mas com questões assim: O que tenho que entender y que mudanças internas preciso fazer para: relacionar-me de um jeito mais fluido, prazeroso e nutritivo?; crescer profissionalmente?; sentir-me melhor?; melhorar minhas finanças?

Sendo estas questões centrais na vida da pessoa são respondidas pela Leitura Terapêutica sem necessidade de ser formuladas.

Caso aparte são as mães que perguntam sobre seus filhos adolescentes. Podemos tirar três cartas. Uma que mostra como está a criança, outra que indica o que ela no fundo quer e uma terceira que sugere uma determinada atitude ou ação da mãe, isto é, Momento Atual, Método e Caminho de Crescimento.

Capítulo V

A Estrutura do Tarot e suas Correspondências

Existem muitas hipóteses sobre a origem do Tarot, e também múltiplas tentativas de achar para ele uma estrutura própria que lhe dê a consistência de um sistema que se explica e se sustenta por si mesmo. No entanto, todas essas tentativas têm usado conceitos procedentes de outros sistemas, como a Numerologia e a Cabala, para chegar à elaboração de sua visão estrutural particular.

À primeira vista, vemos que, deixando fora os 22 Arcanos Maiores, as 56 cartas restantes – 16 Figuras da Corte e 40 Arcanos Menores – estão distribuídas em quatro séries ou naipes: Paus, Copas, Espadas e Discos (também chamados Ouros, Moedas ou Pentagramas), que correspondem aos quatro elementos da tradição ocidental (Fogo, Água, Ar e Terra).

Vemos em muitos Tarots que os Arcanos Maiores estão relacionados com números, letras hebraicas, caminhos cabalísticos e planetas ou signos astrológicos. Essas correspondências tomadas de outros sistemas de conhecimento muitas vezes enriquecem notavelmente os significados das cartas, mas sempre temos de levar em conta que são apenas correspondências e não identificações. Por exemplo, dizemos que a Lua está atribuída à Sacerdotisa, mas isso não significa que A Sacerdotisa seja a Lua.

"É interessante esclarecer um sistema mediante os conceitos de outro, mas insistir em fazer que concordem só produz mutilações inúteis". La Via del Tarot. Jodorowky.

Sistema Cabalístico

A Árvore da Vida da Cabala é um complexo simbólico que representa de cima para baixo o processo de manifestação do Universo, por meio de dez sephiroth, esferas ou emanações do Princípio Criador.

De baixo para cima temos o processo da espiritualização do ser humano, a procura de suas origens espirituais. Essas dez esferas, como vemos ao lado, estão unidas por 22 caminhos, cada um deles atribuído a uma letra hebraica.

Resulta fascinante a correspondência que encontramos entre a estrutura do Tarot e a Árvore da Vida:

71

ÁRVORE DA VIDA	TAROT
22 Caminhos	22 Arcanos Maiores
Dez sephiroth numeradas do Um ao Dez que se manifestam nos quatro mundos cabalísticos: *Atziloutz* (Mundo da Emanação/Fogo), *Briah* (Mundo da Criação/Ar), *Yetzirah* (Mundo da Formação/Água) *Assiah* (Mundo da Ação/Terra)	Dez cartas numeradas do As até o Dez para cada um dos quatro naipes: Paus/Fogo, Copas/Água, Espadas/Ar e Discos/ Terra.

As 16 Figuras da Corte têm características tão específicas que podemos considerá-las uma ponte entre os Arcanos Maiores e os Arcanos Menores. MacGregor Mathers, fundador da Golden Dawn, deixou escrito que as figuras não estão exatamente em cima das sephiroth, mas a seu lado. Robert Wang, seu discípulo, explica essa ideia indicando que as cartas não se correspondem totalmente com as sephiroth, mas são a extensão de suas qualidades. Crowley atribui as Figuras da Corte a quatro sephiroth, como vemos na ilustração ao lado.

Podemos colocar as 78 cartas sobre a Árvore da Vida, segundo a ilustração a seguir:

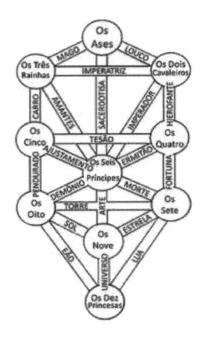

Correspondências astrológicas dos Arcanos Maiores

A partir desta primeira relação dos Arcanos Maiores com os Caminhos Cabalísticos e as Letras Hebraicas deduziremos suas atribuições astrológicas. Nas duas primeiras colunas da tabela a seguir, colocamos os 22 Arcanos Maiores na sua sequência tradicional[14] e as 22 letras. Atribuímos, segundo os manuscritos que deram origem à Golden Dawn, à primeira carta, O Louco; à primeira letra, Aleph, e assim sucessivamente.

As 22 letras hebraicas podem ser distribuídas em três grupos:

Três Mães – א *Aleph*, מ *Mem* e ש *Shin* – que definem a estrutura dialética teses – antíteses – sínteses.

Sete Duplas – ב *Beth*, ג *Guimel*, ד *Daleth*, כ *Qaph*, פ *Phe*, ר *Resh* e ת *Tau* – porque têm duas pronunciações, uma forte ou dura e outra suave. Como regra geral, estas sete letras sempre se pronunciam de uma forma dura quando estão no início da palavra. Na escrita, o som duro é especificado por um ponto que no interior da letra chamado *Dagesh* (בּ גּ דּ כּ פּ רּ תּ).

Cuidado para não confundir as sete duplas com as cinco letras – כ *Qaph*, מ *Mem*, נ *Nun*, פ *Phe* e צ *Tzaddi* –, que se escrevem e têm um valor numérico diferente, dependendo se estiverem no início, no meio ou no final da palavra. Nessas cinco letras temos uma mãe (מ *Mem*), duas duplas (כ *Qaph* e פ *Phe*) e duas simples (נ *Nun* e צ *Tzaddi*).

Doze Simples – ה *He*, ו *Vav*, ז *Zayin*, ח *Chet*, ט *Tet*, י *Yod*, ל *Lamed*, נ *Nun*, ס *Samek*, ע *Ayin*, צ *Tzaddi* e ק *Kof* – que têm apenas um som.

Assim, os três Arcanos Maiores que correspondem com as três letras mães recebem a atribuição dos três elementos principais: Ar, Água e Fogo, respectivamente. *"As três Mães no Universo são o Ar, a Água e o Fogo..."*, *Sefer Yetzirah* embora também possam ser atribuídos a Urano, Netuno e Plutão.

As sete cartas relacionadas com as sete letras duplas são atribuídas aos sete planetas individuais: Mercúrio, a Lua, Vénus, Júpiter, Marte, Sol e Saturno. *"Sete Duplas... e com elas formou sete planetas no Universo,..."*. O *Sefer Yetzirah*

E as 12 cartas restantes, relacionadas com as 12 letras simples, são atribuídas aos 12 signos do Zodíaco. *"12 elementais... e com elas formou 12 constelações no Universo..."*. *Sefer Yetzirah*

Por outro lado, as Letras Hebraicas correspondem aos Caminhos Cabalísticos da Árvore de maneira que, para cada Arcano Maior, temos também um Caminho Cabalístico conforme tabela anterior.

Juntando tudo:

---

[14] Ou seja, sem trocar a Força e a Justiça entre si, como o fez Waite.

Nº	Arcano Mayor	Letra Hebraica			Correspondencia Astrológica		Caminho Cabalístico
0	Louco	א	Aleph	Boi	Muda	Ar ♅	11°
I	Mago	ב	Beth	Casa	B V	☿	12°
II	Sacerdotisa	ג	Guimel	Camelo	G[15] J[16]	☽	13°
III	Imperatriz	ד	Daleth	Umbral	D Th[17]	♀	14°
IV	Imperador[18]	ה	He	Janela	H [19]	♈	15°
V	Hierofante	ו	Vau	Prego	V	♉	16°
VI	Amantes	ז	Zayin	Espada	Z	♊	17°
VII	Carro	ח	Jeth	Cerca	J[20]	♋	18°
VIII	Ajustamento	ל	Lamed	Canga	L	♎	22°
IX	Ermitão	י	Yod	Mão	I	♍	20°
X	Fortuna	כ	Qaph	Palma	Q J	♃	21°
XI	Tesão	ט	Teth	Serpente	T	♌	19°
XII	Pendurado	מ	Mem	Água	M	Água ♆	23°
XIII	Morte	נ	Nun	Peixe	N	♏	24°
XIV	Arte	ס	Sameck	Suporte	S	♐	25°
XV	Demônio	ע	Ayin	Olho	Muda	♑	26°
XVI	Torre	פ	Pe	Boca	P F	♂	27°
XVII	Estrela	צ	Tzaddi	Anzol	Tz	♒	28°
XVIII	Lua	ק	Kuf	Nuca	K	♓	29°
XIX	Sol	ר	Resh		?[21] R[22]	☉	30°
XX	Eão	ש	Shin	Dente	Sh	Fogo ♇	31°
XXI	O Universo	ת	Tau	Cruz	T Z[23]	♄	32°

Sistema Numerológico de Base Sete

Nos Arcanos Maiores, este sistema deixa a 1ª carta da sequência fora (O Louco) e divide as 21 cartas restantes em três Septenários:

---

[15] G de gato, não de Gilberto.
[16] Este som não existe em português. É o J inglês de *January* ou dj em francês.
[17] Th inglesa em '*the*'.
[18] Crowley trocou a letra e o caminho do Imperador pelos da Estrela. Ver na seção Letra hebraica da Estrela no capítulo VIII: O 3º Septenário.
[19] H inglês aspirada como em *home*.
[20] J espanhol de *Jueves*. Este som não existe em português.
[21] Este som se perdeu.
[22] R de amor.
[23] Z espanhol, ou Th inglês na palavra *thing*.

Louco							
1º Septenário	Mago	Sacerdo-tisa	Imperatriz	Imperador	Hierofante	Aman-tes	Carro
2º Septenário	Ajusta mento	Ermitão	Fortuna	Tesão	Pendurado	Morte	Arte
3º Septenário	Demô-nio	Torre	Estrela	Lua	Sol	Eão	Univer-so

Certos autores consideram cada Septenário uma área de experiência. As cartas do 1º Septenário representariam o processo masculino e consciente de afirmar-se e criar a própria estrutura pessoal, emocional, mental, corporal e energética para encarar com autonomia e eficiência o mundo e a vida prática. Aqui estão os grandes arquétipos, Jung o chama de "O Reino dos Deuses". No segundo Septenário, feminino e subconsciente, vamos para dentro, aprendemos a nos entregar e a nos conhecer. Primeiro tem de construir uma personalidade independente para poder se entregar, tem de conquistar alguma coisa para poder dar. Jung o chama de "O Reino da consciência do ego e da realidade terrestre". O terceiro Septenário, denominado por Jung "O Reino da Iluminação e da Autorrealização", é superconsciente, transpessoal e transcendente.

Segundo eles cada carta representaria no nível de seu septenário o princípio manifestado nos números do Um a Sete ou sete etapas do septenário. Os Arcanos Menores, incluindo as Figuras da Corte, são divididos em quatro séries de 14 (7 x 2) cartas cada uma, o que equivaleria a numerar as Figuras da Corte com os números 11, 12, 13 e 14, respectivamente.

	1: Impulso	2: Polari-dade	3: Fructifi-cação	4: Estruc-turação	5: Procura de sentido	6: Escolha	7: Realiza-ção
1º septenário: desenvolvimento da autonomia	Mago	Sacerdo-tisa	Impera-triz	Impera-dor	Hiero-fante	Aman-tes	Carro
2º septenário: contato com o ser interior	Ajuste	Ermi-tão	Fortu-na	Tesão	Pendu-rado	Morte	Arte
3º septenario: espiritualidade	Demô-nio	Torre	Estrela	Lua	Sol	O Eão	Univer-so
	Ases	Dois	Três	Quatro	Cinco	Seis	Sete
	Oito	Nove	Dez	Cava-leiros	Rai-nhas	Prínci-pes	Prince-sas

Os Cavaleiros, Príncipes e Princesas do sistema matriarcal de Crowley correspondem aos Reis, Cavaleiros e Valetes ou Pajens da tradição patriarcal (Marselha, Waite, etc.).

Sistema Numerológico de Base Dez

Esse sistema deixa fora a primeira e a última carta da sequência de Arcanos Maiores (O Louco e o Universo) e divide em dois grupos de dez, as vinte cartas restantes. Incorpora as quatro séries de Arcanos Menores numeradas, agrupando-as também em dez graus.

	1 O Inicio	2 O Receitivo	3 A Explosão	4 A Estabilidade	5 A Mudança	6 A Escolha	7 Ação	8 A Perfeição	9 A Crise	10 O Fim de um ciclo	
O Louco	Mago	Sacerdotisa	Imperatriz	Imperador	Hierofante	Amantes	Carro	Ajustamento	Ermitão	Fortuna	O Universo
	O Tesão	Pendurado	A Morte	A Arte	O Demônio	A Torre	A Estrela	A Lua	O Sol	O Eão	
	Os Ases	Os Dois	Os Três	Os Quatro	Os Cinco	Os Seis	Os Sete	Os Oito	Os Nove	Os Dez	

As Figuras da Corte ficam de fora dessa disposição.

Considerações finais: No início, podemos ficar mais atraídos pela estrutura numerológica de base dez com a qual estamos mais familiarizados desde a escola, no entanto, esta não inclui as Figuras da Corte. Por outro lado, a estrutura de base sete é muito reducionista, pois nos leva a considerar, deixando O Louco de fora, os 21 Arcanos Maiores como uma série de 7 cartas em três planos diferentes. Embora encontremos pontos comuns entre os Arcanos Maiores, cada um deles representa um Princípio diferente, um estado de consciência diferente. Falar, por exemplo, que O Imperador, O Tesão (A Força) e A Lua representam o princípio da Estruturação em três planos diferentes, parece-me forçar demais os significados de cada carta, assim como vincular as Figuras da Corte aos números 4, 5, 6 e 7.

Por isso, prefiro o sistema cabalístico que não só integra as 78 cartas, mas também permite obter novas atribuições, como são as astrológicas. De todos modos os Arcanos Maiores têm uma personalidade tão forte a partir de seus símbolos que não necessitam de atribuições cabalísticas ou astrológicas para chegar nos seus significados.

Os significados das Figuras da Corte estão perfeitamente definidos pelas combinações dos quatro elementos consigo mesmos. Onde sim as correspondências com a Árvore da Vida serão muito uteis é com os Arcanos Menores, dando-lhes estrutura e significado.

Capítulo VI

O Louco e o Primeiro Heptenário

O Louco

Títulos		Número	Letra hebraica	Caminho cabalístico	Atribuição astrológica	Princípio Universal
Marselha Waite Crowley Osho Zen	O Louco	Zero O vazio O não manifestado	א Aleph Boi A Muda	11° Kether Jokmah	Ar *Prana*, a mente. ♅ Urano A originalidade, o imprevisível	A Potenciali-dade absoluta no ponto de iniciar a manifesta-ção

Títulos: No Tarot de Marselha, o título desta carta é *Le Mat*, tradução de *Il Matto*, dos Tarots italianos, que significa "O Bobo" ou "O Louco". Crowley insinua, baseando-se na forte influência egípcia que ele vê no Tarot, que Mat poderia muito bem proceder de Maat,[24] a deusa-abutre que, segundo essa tradição, tem o pescoço espiralado e, fecundada pelo vento, gera todas as espécies animais. O título esotérico do Louco é "O Espírito do Éter".

Número: O Louco é o Arcano nº Zero. Esta palavra procede do árabe *Cifa* ou *Sifr*, que significa "Vazio". Dela derivam as palavras esfera e cifra e, em francês, *cifre*, cujo significado é "número". O vazio é a fonte e a condição da Existência, como o silêncio é a fonte e a condição do som. A ideia do vazio foi trabalhada por diferentes tradições. Na China, foi chamado

---

[24] . Maat o Mut, esposa de Amon, cujo nome significa literalmente "mãe", não deve ser confundida com Ma'at, a deusa, também egípcia, da Justiça e da Verdade.

de Tao, os cabalistas a chamaram de Ain Shoph, e os físicos contemporâneos, de vácuo.

"E em verdade a Realidade Suprema é Silêncio e Vazio. "
Arnaud Desjardin (1925-2011)

"O Tao é um vazio insondável em movimento incessante que nunca se esgota. Sem nome é o Princípio do Universo. Sem nome é a origem do céu e da terra. Com nome é a mãe de todas as coisas. A vida é emanação do Tao. O Tao em sua origem é vazio: Uma confusão inacessível ao pensamento humano. No Vazio está o gérmen de todas as coisas: a Suprema Verdade". Tao Te King

Os cabalistas, provavelmente Isaac o Cego na segunda metade do século XII, acunharam o termo Ain Soph, que significa o "Vazio sem limites" ou a "Nada ilimitada", para definir o Princípio Criador. Os físicos atuais chegaram às mesmas conclusões:

"A distinção entre matéria e espaço vazio teve de ser abandonada pela física moderna, quando se fez evidente que as partículas virtuais podem passar a existir espontaneamente a partir do vácuo e desaparecer novamente neste último. Assim, como o vazio oriental, o vácuo físico não é um estado do mundo das partículas. Essas formas, não são entes físicos independentes, mas simplesmente manifestações transitórias do vazio subjacente."

O Tao da Física – Fritjof Capra (1939 -).

Assim, o Zero como o vazio não é a ausência de tudo, mas a potencialidade mais absoluta.

Se considerarmos a equação matemática $0 = (+ 1) + (-1)$, da esquerda para a direita, vemos o Zero originando os opostos, dando lugar à polaridade. Se a observarmos da direita para a esquerda, podemos entender o Zero como o ponto onde os opostos se aniquilam e a polaridade se complementa. Deduzimos que o Zero não só dá origem à existência, mas também desenvolve os Princípios Positivo e Negativo e a ideia de polaridade.

O Zero seria o Tao, +1 o Princípio Yang, e 1 o Princípio Yin, que, combinando-se em diferentes proporções, originam os oito trigramas de cuja combinação obtemos os 64 hexagramas que integram a cosmovisão do I Ching.

Os maias descobriram e usaram o zero pelo menos mil anos antes que algo parecido fosse conhecido na Europa. Representavam-no com um caracol, que na glíptica maia tem a forma de uma espiral. A melhor representação gráfica do zero é a espiral, que integra o ponto

O Zero

sem dimensões com o infinito, dando uma ideia de movimento e geração, e mostrando que o zero é o Infinito no manifestado, e o Infinito é o zero manifestado.

A espiral, símbolo de geração e de regeneração periódica, mostra a permanência do ser por meio das flutuações e das mudanças. Não só manifesta o movimento circular, mas une o ponto original com o infinito. A espiral está mostrando que o Zero e o Infinito são duas formas diferentes de ver a mesma coisa. O Zero é a espiral fechada, potencialmente infinita, o infinito não manifestado, não diferenciado, e o Infinito é a espiral aberta, o Zero manifestado, a manifestação do potencial.

CORRESPONDÊNCIAS

Letra hebraica: א - Atribuímos ao Louco, primeira carta da sequência, a primeira letra do alfabeto, Aleph, cuja tradução é "boi". Sua forma lembra um arado que, firmemente, rigidamente, abre, penetra e deixa a terra pronta para ser fecundada. Também podemos ver no arado um intermediário ou um instrumento entre a força masculina do boi e a receptividade feminina da terra. Aleph é a primeira das três letras mães, é dourada, seu valor numérico é um e se corresponde com o nosso A, embora seja muda, simbolizando o Nada, e é conhecida como o Hálito do Ar. Representa o Ser Humano universal.

Caminho cabalístico: Os cabalistas consideram as dez sephiroth como os dez primeiros caminhos. Portanto, este será o 11º caminho. Une e equilibra Jokmah (A Sabedoria) com Kether (A Coroa). É o caminho recorrido pelos Iluminados. Em direção ascendente conduz ao Caos, ao não manifestado, e em direção descendente representa o espírito em sua pureza, projetando-se rumo à manifestação.

Atribuição astrológica: $\triangle$ e ♅. O Ar é o elemento atribuído ao Louco. Apesar de alguns autores o considerarem um elemento masculino equivalente ao Fogo, o Ar é o fruto da união do Fogo, masculino, com a Água, feminino. Assim, terá as características de ambos. Nos relatos mais antigos, Zeus Arhenotelus, o Senhor do Ar, combina em sua natureza os Princípios Masculino e Feminino, perfeitamente complementados, sustentando a ideia de que a Divindade integra o masculino e o feminino, coisa que encontra uma correspondência perfeita com os ensinamentos da Cabala. Segundo a mitologia egípcia, o abutre se reproduz dando lugar a outras espécies, unindo-se ao vento, que seria o pai de toda a existência manifestada. É curioso que louco, em inglês *fool*, deriva do latim *follis*, que significa "fole": aquilo que dá ar.

O elemento Ar está relacionado com a mente e o processo de pensar: perceber, analisar, racionalizar, elaborar teorias e projetos, discriminar, julgar, projetar, avaliar, etc.

Podemos atribuí-lo também ao planeta Urano, a oitava superior de Mercúrio, que representa o Princípio da Liberdade Individual, o impulso da diferenciação. As características do tipo uraniano são: originalidade, criatividade, intuição, genialidade, irreverência, informalidade, inquietude, livre-pensador, desprezo pela tradição e por tudo que se tornou obsoleto, necessidade de mudanças, inovador, não convencional, rebelde. Pode chegar a ser teimoso, revoltado, impaciente, excêntrico, intransigente, com uma necessidade compulsiva de hiper excitação e de mudar só por mudar.

Símbolos: A figura central da carta é um jovem vestido de verde: O Homem Verde da Primavera. Segundo uma lenda pré-cristã de origem saxão ele personifica as forças que originam a primavera. Nessa época do ano, as Forças da Vida em ascensão levam nossa natureza infantil e adolescente a manifestar-se mais abertamente. São tempos de idealismo, despreocupação, paixão, sonhos e irreflexão. A relação entre O Louco e a primavera ainda se mantém viva. Nos países anglófonos, celebra-se o *April Fool's dae* ou Dia do Louco de abril. Poderíamos relacioná-lo com a festa cristã dos Santos Inocentes ou com o dia da mentira que, no Brasil, celebra-se também no primeiro dia de abril. O Louco aparece na carta com os chifres de Dionísio Zagreus, filho de Zeus e Deméter, céu e terra. Hera, a esposa de Zeus, irritou-se tanto com a infidelidade de seu marido que mandou os titãs para que esquartejassem e cozinhassem Dionísio em um caldeirão. No entanto, Zeus, com a ajuda de Atenea, conseguiu resgatar seu coração que ainda

O Louco de Marselha, Waite e Crowley

latejava e com ele preparou uma poção que deu para Sémele, mortal princesa tebana, deixando-a grávida. Hera preparou uma armadilha para matar Sémele, mas Zeus arrancou o filho não nascido e o guardou na sua coxa até o nascimento.

Então o entregou a Hermes para ser instruído. Dionisios ou Dioniso, "o nascido duas vezes", representa as forças do não convencional. Seu culto contrapõe-se com as religiões tradicionais. Existe um paralelismo notável entre Dioniso e Jesus. Os dois sofreram persecuções quando nasceram, foram entregues a terceiras pessoas para serem instruídos, questionaram a doutrina oficial e seus ensinamentos foram perseguidos, manipulados, distorcidos e degradados. Dioniso não pode ser considerado, como o faz sua versão romana, Baco, o deus do vinho, do entusiasmo e do desejo sexual. Dioniso é o deus da libertação, da eliminação das proibições e dos tabus, das catarses, da exuberância da Natureza e da vida e do êxtase por meio da expressão do irracional. Simboliza as forças que dissolvem a pessoalidade adquirida, a máscara de "civilizado" que impomos a nossa natureza animal. Assim, as orgias dionisíacas pretendiam resgatar as formas caóticas e primordiais da vida. Dioniso, assim como Zaratrusta, ambos inspiradores de Nietzsche, tendem a fazer dos humanos seres divinos, ou melhor, que nos reconheçamos como deuses. Entre seus chifres, vemos um cone fálico de luz branca que representa a influência espiritual e não manifestada de Kether. O Louco irrompe inesperadamente no mundo. Está vestido de verde, conforme a tradição do homem da primavera, e veste sapatos dourados, cor do Sol e de Aleph. Segura um cristal na mão direita e um galho de pinheiro em chamas na esquerda, símbolos do crescimento mineral e vegetal. As uvas que aparecem de seu lado esquerdo são símbolo de fertilidade, doçura e êxtase, e fazem referência a Dioniso ou Baco. Descrevendo uma trajetória curva ao redor do Louco, temos a pomba, o abutre, a borboleta e o Caduceu de Mercúrio. A pomba é um símbolo duplo que, na mitologia clássica, é atribuído a Vênus e, na cristã, representa o Espírito Santo, conjugando assim, em sua natureza, o feminino e o masculino. O abutre é Maat, que reforça a ideia de geração, aparecendo com asas helicoidais. A borboleta multicolorida é símbolo de renascimento e graça, transformação, leveza e impermanência.

O Caduceu é um dos símbolos conhecidos mais antigos, o qual achamos em 2600 a.C. na taça de Gudea, rei de Lagash (Suméria, hoje

O Nagakal

Iraque), e sobre as tábuas de pedra, nagakals, na Índia dravidiana ou pré-ariana mais antigas ainda, como vemos na ilustração ao lado. Originalmente, aparece como uma vara sobre a qual se enroscam duas serpentes, simbolizando o equilíbrio entre as tendências opostas. Lembra a forma dos canais de energia prânica ou *nadis*: *ida* e *pingala*, que se cruzam no redor de *sushuma*, o canal central, tal como se conhece no tantrismo tibetano e hindu.

Na Grécia, o Caduceu adquire sua forma completa. Sobre as serpentes, aparece uma esfera entre duas asas, que às vezes toma a forma de espelho circular e outras, de ovo. O ovo é o receptáculo da essência da vida, produto da complementação dos opostos, que também dá lugar à transcendência indicada pelas asas. O Grande Espelho Tibetano mostra que o mundo das formas que se reflete no espelho não é mais que um aspecto do vazio.

Na visão de Court de Gebelin, o bastão representa o Equador terrestre, as asas são o tempo, e as duas serpentes masculina e feminina mostram o Sol e a Lua que durante o ano percorrem a elíptica sobre a qual estão às vezes juntos e às vezes separados. Também tem quem veja no Caduceu os quatro elementos: as serpentes se corresponderiam com o Fogo e a Água; o bastão, com a Terra; e as asas, com

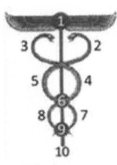

O Caduceu e as 10 esferas

o Ar. O Caduceu, também atribuído a Esculápio, deus romano da medicina, converteu-se por excelência no símbolo desta ciência. É interessante observar a relação gráfica entre a Árvore da Vida e o Caduceu, como vemos na ilustração "O Caduceu e as dez esferas".

Para os alquimistas, *"o Caduceu está formado por uma vareta de ouro rodeada por duas serpentes. Estas representam os dois princípios contrários, que devem unificar-se. Esses princípios se conciliam no ouro unitário na haste, que surge, portanto, como a expressão do dualismo fundamental que ritma todo o pensamento hermético e que deve ser reabsorvido na unidade da pedra filosofal"*. "Art et Alchimie". Vao Lennep. Bruxelas, 1966.

Essa ideia de reunificação dos opostos complementares está reforçada pela imagem das duas crianças abraçando-se entre as pernas do Louco. Sobre elas, derrama-se a bênção dos três lírios, símbolo, como as crianças, de inocência e pureza, mostrando as qualidades necessárias para a ascensão do sol radiante, ou Kundalini, a consciência adormecida no Chakra Muladara, até a luz de Kether. Os movimentos do Caduceu, da pomba, do abutre e da borboleta formam três círculos de luz, aludindo ao Triplo Véu da Negatividade,[25] que são os três planos da não manifestação anteriores a Kether ou os três graus intrínsecos de Ain Soph: Ain, a Nada, "o horror sem nome" frente ao qual a mente humana é derrubada, Ain Soph, propriamente dito; e Ain Soph Aur, a Luz Vazia e Ilimitada, descrita como um vazio luminoso, imóvel, inodoro e silencioso. O Homem Verde está atravessando os três círculos de luz, saindo do mundo da não manifestação para entrar no mundo da manifestação; do mundo do informe para entrar no mundo da forma. O desconhecido vira conhecido, as forças do inconsciente querem manifestar-se no plano da consciência.

O tigre, que junto com o jegue são os companheiros de Baco em suas caminhadas, representa o referencial instintivo que orienta O Louco na sua ausência total de experiências, critérios e crenças. Embaixo temos o crocodilo Sebek, símbolo egípcio da fertilidade adolescente.

Significados gerais: Macrocosmicamente, O Louco representa o estado anterior a qualquer manifestação, o Não ser do qual espontaneamente surge o Ser. Encarna a ideia do Potencial Absoluto, o Caos. É pura energia, não tem forma, pode aparecer com uma forma ou outra, transforma-se permanentemente. Essa ideia de existência não manifestada, ou pelo menos não visível, tem certo paralelismo com o que os astrofísicos conhecem como buracos negros.

No plano humano, O Louco é a criança EPATIPIC, anterior á programação com seus atributos:

1.- **E**spontânea: Assume seus desejos e se deixa levar por eles.

---

[25] . Ver apêndice 4. Introdução à Cabala.

2.- **P**resente: Vive o aqui e agora, sem hipotecar o presente em função de um hipotético futuro.

3.- **A**legre: Expressa suas emoções totalmente, até a última gota, retornando depois à sua alegria natural.

4.- **T**otal: Se joga completamente na experiência.

5.- **I**nocente: Pura, sem malícia, sem julgamentos, sem crenças nem preconceitos.

6.- **P**erceptiva: Sem crenças nem critérios pré-estabelecidos, vê a realidade tal como ela é.

7.- **I**mprevisível: Muda sua trajetória sem aparentes razões lógicas.

8.- **C**apaz de se maravilhar

O Louco – Golden Dawn

O Tarot da Golden Dawn, desenhado em 1978 por Robert Wang, com a supervisão de Israel Regardie, O Louco mostra uma criança a ponto de perder a inocência comendo da árvore do conhecimento.

O Louco representa o inconsciente. O inconsciente tem iniciativa própria. É uma tendência para a ação que não podemos controlar. Ele procura o crescimento tentando sair para o campo da consciência. O equilíbrio e a saúde do indivíduo estão vinculados ao equilíbrio entre os dois fatores que governam a vida: o consciente e o inconsciente, o que conhecemos e o que não conhecemos de nós mesmos, o que pensamos que controlamos e o que não controlamos de maneira alguma. O problema não está no inconsciente, está no terror do consciente do que pode vir do inconsciente. O inconsciente manifesta-se com desejos, anseios e impulsos. O desejo não tem nada a ver com a consciência nem a força de vontade. Não escolhemos o desejo, não podemos dizer: O que é mais conveniente desejar? E desejá-lo.

"O Louco não é o objeto do desejo, mas a fonte do desejo. É a raiz de onde brotam todos os impulsos eróticos, todo o impulso vital. O que dá vida à vida é o desejo."

Enrique Esquenazi *(1949-2011)*

Quando o desejo é aceito produz prazer ou atração. Quando não é admitido vem a rejeição, desgosto, nojo, raiva, necessidade de acabar com ele, qualquer forma de subida de voltagem emocional. De qualquer maneira, não tem nada mais livre que o desejo, pode-se proibir e negar sua expressão, mas não se pode mudar. Podem me proibir de realizar o desejo, de expressá-lo, mas não podem me proibir de desejá-lo.

O Louco é o Ser Humano Universal, que contém os potenciais e talentos do ser. Pelo fato de O Louco não ter nada a ver com ordem, estabilidade e raciocínio, alguns autores atribuem-lhe ideias de irreflexão, falta de objetivos, de resultados e de conhecimentos específicos.

Tem autores que vêm no Louco o arquétipo do andarilho, daquele que passa pela vida momento a momento, às vezes desfrutando, às vezes sofrendo, e sem levar nada. Sem apegos, pois o apego é o que mais dificulta de entregarmos ao desejo. Podemos ver aqui um bufão da corte que perdeu seu emprego e perambula pelo mundo aberto para o que der e vier.

NA LEITURA TERAPÊUTICA

Momento atual: A pessoa está entrando em contato com a sua criança não programada, sentindo o impulso de manifestar as características da criança EPATIPIC. Dependendo da segunda carta, podemos identificar que medos ou barreiras internas freiam esse impulso, ou em que aspectos da vida tudo isso está começando a se manifestar. Provavelmente isto acontece depois de algum tempo em que a pessoa tenha perdido o contato com sua criança e pode indicar o início de uma nova fase de sua vida, arriscando-se a dar um salto rumo ao desconhecido onde teria um desabrochar de potenciais e talentos que até agora então nunca havia se atrevido a expressar ou que nem tinha percebido que existiam. A segunda carta pode mostrar como se concretiza tudo isso ou fatores que o freiam.

Âncora: Por excesso é a Síndrome de Peter Pan. Psiquicamente fixada na infância/adolescência tem dificuldade para responsabilizar-se por seus atos e extrair lições de suas experiências e erros. Pelo fato de ter sido violado seu direito de ter suas necessidades básicas de alimento e amor satisfeitas, nos primeiros dois ou três anos de vida, especialmente se for na fase da amamentação, desenvolveu uma estrutura de defesa de caráter oral que se caracteriza por um corpo magro, peito colapsado, ou seja, com um afundamento, frio e músculos flácidos. Está mobilizada pelo medo a ser abandonada. É dependente emocionalmente e parasita economicamente. É o eterno jovem incapaz de assumir responsabilidades e de qualquer realização prática, já que o que realmente o mobiliza é a procura de uma mamãe, de um papai ou de uma instituição que preencha suas carências afetivas e tome conta dela. É uma pessoa insegura e dependente, embora tente parecer autossuficiente: "Não, eu não necessito isso...", "não me faz falta...". Vive com intensidade as funções orais: fala compulsivamente (para manter a atenção dos outros) come, bebe e/ou fuma exageradamente. É bom de sexo oral. Não se cuida e as vezes parece o cachorro que caiu do caminhão da mudança. Está convencida que o mundo tem uma dívida importante com ela e tenta cobrá-la o tempo todo. Às vezes se dá um ar de exótico para chamar a atenção. Esta carência estaria confirmada pelo Dois de Copas – O Amor também na Âncora. Este apego à pessoalidade infantil pode ser aliviado com o uso do floral de Fairy Lantern*, que também lhe ajudará a aceitar suas responsabilidades de adulto. Sua fixação no passado pode ser tratada com Honeesuckle, e a de Chesnut Bud pode ajudar-lhe a estar mais atento e a aprender com suas próprias experiências.

Se aparece com o Cavaleiro ou o Dois de Copas (O Amor), é muito provável que possua uma estrutura de defesa de caráter oral.[26] Junto com o Cinco de Espadas (A Derrota), pode mostrar que essa pessoa pretende obter a atenção dos outros por meio de comportamentos negativos. Nesse caso, sugeriremos o uso do floral de Chicory.

Infância: O consulente não teve infância. Foi logo "adulterado" (teve de amadurecer muito cedo). Não lhe foi permitido ser espontâneo, inocente e natural, brincar e/ou estar simplesmente à toa.

Provavelmente, preencheram sua vida com responsabilidades e atividades organizadas, sempre com um adulto tomando conta, com expectativas de resultados, impedindo-lhe não somente viver o momento, mas também de criá-lo e inventá-lo. Cansou-se de escutar: Seja responsável! Você não faz nada de útil!

Relacionamentos: a) O relacionamento atual pode ajudar à pessoa a resgatar sua criança não programada e estimular também o uso de talentos que até agora foram ignorados, desvalorizados ou sabotados. Claro que isso pode suceder de maneiras muito diferentes algumas agradáveis quando a pessoa sente o apoio amoroso de seu companheiro/a para fazê-lo e outras desagradáveis quando este processo se dá como uma reação consciente da repressão por parte do companheiro/a à alguma das oito características da criança não programada. b). Essa pessoa tem um comportamento decididamente infantil. Procura a atenção e fundamentalmente a aprovação e a proteção do outro. Pensa que pode fazer qualquer barbaridade porque seu companheiro tem a obrigação de amá-lo.

Em alguns casos pode vestir-se de original, e inovadora ou até de rebelde para chamar a atenção, mas quase sempre cai a máscara e aparece a imagem da criança desamparada que necessita que alguém a cuide, nutra e proteja.

Voz da Essência e Método: Resgatar o arquétipo do Louco significa conectar-se e resgatar a criança não programada trabalhando para

---

[26] . Para um estudo das estruturas de caráter, consultar: "Bioenergética", de Alexander Lowen.

identificar, entender e desativar as dificuldades internas que bloqueiam as características EPATIPIC.

Quando O Louco aparece aqui, podemos pensar que o consulente controla e se controla demais, reprime seus desejos e seus impulsos inconscientes, até o ponto em que o inconsciente pode hostilizar o consciente gerando obsessões, delírios, paranoias, etc. É conveniente que o consulente escute mais seus desejos, seus impulsos e estabeleça um diálogo consciente/inconsciente. À medida que se aprofunda na observação das experiências que mais mexem com ele negativamente, encontrará um monte de desejos escondidos e negados.

É importante que o consulente se abra para uma nova etapa na sua vida, arrisque-se a dar crédito a seus talentos e potenciais, e recordando as circunstancias que geraram medo ao desconhecido e a partir das quais fez da seriedade um mecanismo de defesa. Na medida que vai diminuindo sua necessidade de demostrar algo para os outros poderá ser mais espontânea. É fundamental, especialmente se aparece com O Imperador na Âncora, que deixe de lado a importância pessoal com a qual tenta encobrir sua insegurança e sua falta de autoestima.

Sugeriremos que brinque com crianças e participe de atividades em que os resultados não interessam e o importante é o prazer da própria ação. Pode desenterrar suas fotos de infância e respira-las até que sinta dentro de si esta criança espontânea e travessa.

O floral de Zannia* ajudará a resgatar o lado infantil e trazer para o cotidiano a capacidade de brincar e rir. A essência de Babe Blue Eyes* lhe facilitará recuperar a inocência e a confiança infantis. Talvez a característica prioritária a ser desenvolvida é estar presente no aqui e no agora, que é o único lugar e momento onde transcorre a vida. Uma boa maneira é colocar toda a atenção na respiração que só pode transcorrer no presente.

"O presente corre junto com a respiração. Se estamos totalmente atentos à respiração e às sensações físicas, cairemos inevitavelmente no presente. A mente tentará pular ao passado e ao futuro, observaremos este salto e voltaremos ao presente e à respiração. Então perceberemos como no aqui e no agora não existem problemas nem angústias.". Osho

Caminho de crescimento: Usando as chaves que apareceram nas posições anteriores a pessoa se dá conta de até que ponto havia condenado às masmorras o seu lado infantil não programado e quais foram as consequências, de maneira que começa a desenvolve-las e a sentir-se leve e espontânea, carinhosa e alegre, sensível, curiosa e sem julgamentos.

Resultado interno: O ser infantil recuperou o seu lugar. A pessoa conseguiu identificar, entender e desativar as dificuldades que tinha para manifestar sua criança não programada e suas características assim como para levar à ação talentos até agora escondidos.

Agora o consultante é capaz de expressar suas emoções, pensamentos, desejos e impulsos do inconsciente de maneira espontânea e sem julgamentos de maneira que sua vida recuperou a graça.

Resultado externo: Temos aqui a pessoa encarando o mundo com a atitude que acabamos de ver no Resultado Interno. Jogando-se em uma nova fase de sua vida, consciente de seus potenciais, usando-os na prática, estimulada pela aventura e pelo desconhecido, e disposta a realizar novos projetos. Pode estar rompendo com a trajetória anterior e tomando um caminho mais original, imprevisto, lúdico e pouco convencional.

O Mago

Títulos		Número	Letra hebraica	Caminho cabalístico	Atribuição astrológica	Princípio Universal
Marse-lha	O Mala-barista	1	ב Beth Casa B - V	12° Kether Binah	☿ Mercúrio A mente	Princípio Masculino Universal A Ação
Waite Crowley	O Mago	**A Totali-dade**				
Osho Zen	A Exis-tência	O Mascu-lino				

Títulos: No Tarot de Marselha seu título é *"Le Bateleur"*: "O Malabarista" ou "O Mágico", personagem medieval e renascentista que realizava em praça pública performances de mágica e malabarismo. Crowley traduz *Bateleur* como portador do *bâton* ou bastão. Aqui temos a primeira alusão a Mercúrio, que é o portador do bastão: o Caduceu. O bastão ou a vara é símbolo de poder e clarividência, instrumento mágico por excelência, especialmente associado ao fogo que dele brota. Hermes (Mercúrio) teria sido o inventor do fogo, *pereia,* que depois Prometeu tomou e levou, dentro de uma vara oca, para os humanos. Em Tarots posteriores, essa carta passou a se chamar "O Mago". No *Osho Zen Tarot* é "A Existência". Seu título esotérico é "O Mago do Poder".

Número: O número atribuído ao Mago é o Um. Se o Zero designa uma globalidade indiferenciada e "vazia", essa mesma globalidade já constitui uma unidade. O Ser emanou do Nada, como o Um emana do Zero, é seu filho consubstancial: a Unidade está cheia do que o Nada está vazio. Simbolizado por um ponto — como a Yod hebraica — o Um concentra todas as possibilidades do Ser que no Zero existiam em um estado informal.

O Um

O Um é a referência de todo ser, cria o padrão que permite medir. Confirma a individualidade, a particularidade e a distinção. O Um é o início manifestado, a afirmação do Ser. O Um é o falo ereto, o bastão vertical, o Princípio Masculino Universal. Simultaneamente, com a aparição do Um, aparece o Dois, o Princípio Feminino Universal. Um não pode existir sem o outro. Para os pitagóricos é o número da inteligência.

CORRESPONDÊNCIAS

Letra Hebraica: ב - Beth é a letra atribuída ao Mago. Significa "casa", "habitação". Simbolicamente, representa o interior da boca. Seu valor numérico é dois e sua cor é amarela. É uma letra dupla, masculina, que tem o som de B na sua pronúncia dura (?) e V na suave.

Caminho cabalístico: Este é o caminho número 12 da Árvore, une Binah, o Conhecimento, com Kether, a Coroa.

Esse caminho mostra o estado de consciência livre das aparências do mundo dos fenômenos, do gozo do ser absorvido na contemplação espiritual, discernindo a realidade da ilusão, o estado de harmonização com a Consciência Universal.

Atribuição astrológica: ☿ Sendo Beth uma letra dupla, a atribuição astrológica do Mago será um planeta, nesse caso, Mercúrio. Esse

Mercúrio e a
Árvore

vizinho do Sol rege a mente racional e discriminativa: os processos de pensar, analisar, extrair experiências, comunicá-las e aplicá-las ao desenvolvimento prático das próprias habilidades nas atividades cotidianas.

Podemos considerar quatro níveis da mente: instintiva, discriminativa, ética e psíquica, governadas pela Lua, Mercúrio, Júpiter e Netuno, respectivamente.

O símbolo de Mercúrio corresponde às sephiroth, deixando Kether de fora, já que a Fusão com o Universo, experiência espiritual atribuída a Kether, não pode ser atingida intelectualmente, como vemos na ilustração "Mercúrio e a Árvore".

Símbolos: O Mago, a segunda emanação de Kether, é considerado a forma adulta do Louco. O Mago de Crowley (na verdade este é um dos três magos pintados por Frieda

Le Bateleur de Marselha e O Mago de Waite e de Crowley

Harris. Em algumas edições aparecem os três. Neste caso, usaremos o que mais gostemos. O que estudamos aqui é o único comentado por Crowley em seu "Livro de Thoth"). Aparece aqui sob a forma de Mercúrio, o mensageiro dos deuses. Usa sandálias aladas, símbolo de elevação. No entanto, levanta um braço para o céu e aponta com o outro para a terra como o fazem seus colegas de Marselha e de Waite, enfatizando a máxima hermética: "Como em cima, assim é embaixo" e mostrando-se como um canal entre o possível e o real. Essa ideia de infinitas possibilidades está também presente no símbolo do infinito que aparece sobre as cabeças desses Magos, como um chapéu no de Marselha, a própria lemniscata no de Waite e o Caduceu no de Crowley que, formando um oito em posição vertical com os corpos das duas serpentes, é também um símbolo das possibilidades infinitas do desenvolvimento humano. Também podemos ver nesse gesto O Mago fazendo malabarismos com os diferentes objetos que o rodeiam.

Está rodeado pelos símbolos dos quatro elementos ou emblemas das quatro séries de Arcanos Menores, com os quais opera: o Bastão, em chamas com o qual ele cria, a Copa, com a qual conserva, a Espada, com a qual destrói e o Disco ou Moeda, com o qual redime. Esses quatro símbolos se relacionam também com seus quatro verbos: querer, saber, ousar e guardar silêncio.

Acima de sua cabeça temos a pena, símbolo da vontade, e o papiro, símbolo da palavra, ambos os atributos de Mercúrio. Flutuando frente a sua mão direita, está o báculo Fênix, instrumento de Thoth, deus pré-dinástico egípcio, que recebeu seu nome dos gregos que o vinculavam a seu próprio deus Hermes. Hermes e Thoth eram considerados deuses da sabedoria, escritura e invenção, mensageiros e porta-vozes dos deuses. Thoth é um deus lunar representado como um homem com cabeça de íbis, símbolo da concentração e da meditação, frequentemente coroado pela lua crescente, cujo culto se iniciou no Baixo Egito. Segundo o mito de Hermópolis, cidade onde o culto de Thoth se uniu ao do deus macaco local Hedj-Wer, foi Thoth que, sob a forma de uma íbis, incubou, só com o poder de sua voz, o ovo do qual surgiu toda a criação.

Uma outra lenda sugere que Thoth era o filho de Hórus e Set. Hórus teria colocado sua semente em uma alface que Set engoliu e, como resultado, Thoth surgiu da testa de Set. Thoth, dono do tempo e inventor da música, ocupou o trono do Egito, quando Hórus o abandonou, e governou uma terra pacífica e próspera durante 3.226 anos. Seu aspecto feminino seria a deusa Seshat, coberta com uma pele de leopardo e uma estrela de sete pontas acima da cabeça e ainda um par de chifres de vaca invertidos sugerindo uma lua crescente.

A fênix é símbolo de imortalidade e ressurreição. Segundo a tradição egípcia, quando essa ave sente que suas forças se esgotam, constrói um ninho de vergônteas perfumadas que se inflamam com o calor de seu corpo. Depois de se consumir nas chamas, a fênix renasce de suas próprias cinzas. Junto à sua mão esquerda, e saindo dela, temos o ovo alado, conhecido como "o Ovo Órfico", que guarda a essência da vida, fruto da união dos opostos.

Atrás, temos a luz branca de Kether e, embaixo, subindo impulsivamente, aparece o cinocéfalo, o babuíno de Thoth cuja função, disse Crowley "é distorcer a palavra de Thoth, imitar, simular e enganar", pois quando a palavra entra em ação no melhor dos casos aparece a ambiguidade e no pior a falsidade. Outras formas do babuino seriam Hermanubis, (união de Hermes e Anúbis) e Hanumán, o deus mono da mitologia hindú.

Significados gerais: O Mago encarna o Princípio Masculino Universal, a Ação e a mente em movimento. É o *Yang*. Em um nível humano, representa o consciente, aquela parte de nós que fala "Eu", a vontade, os conhecimentos, a habilidade, a comunicação verbal e a criatividade intelectual.

Como Mercúrio, o Mago tem duas faces:

Capacidade de analisar, falar, passar informações e se relacionar.

Capacidade de perceber. Ter informação não significa necessariamente perceber. Podemos saber muitas coisas e não perceber nada.

Mercúrio estabelece a ponte entre o mundo mental e o interior. Chamamos de realidade o que nosso Mercúrio detecta.

Primeiro é o desejo (O Louco), depois a vontade que se compromete com o desejo. A vontade gera a iniciativa, a ação. Mas, para que a iniciativa chegue ao mundo real, precisamos de atenção; sem ela, viveríamos em um mundo difuso, irreal. Torna-se real para nós, aquilo em que colocamos nossa atenção, aquilo que percebemos. O Mago é também a capacidade de tomar iniciativas e de estar atento.

Podemos ver no Mago o arquétipo do herói. De todos os heróis que vemos nos mitos, talvez o que mais se parece com O Mago é Prometeu, que na sua vara oca, como a que segura O Mago de Marselha na sua mão esquerda, a do inconsciente, baixou o Fogo para a humanidade, ajudando-a a dar um pulo na sua evolução.

NA LEITURA TERAPÊUTICA

Momento atual: A pessoa está fazendo contato com um impulso de partir para ação. Confiando nos seus conhecimentos e habilidades, está cheio de ideias e projetos que quer levar à prática. La segunda carta pode mostrar en qué aspectos de la vida esto se concreta o qué dificultades internas pueden estar frenando el proceso. Seu enfoque pode estar sendo essencialmente mental.

Âncora: Se a pessoa tiver mais de 50% de Ar no seu mapa lemos a Âncora por excesso. Será uma pessoa compulsivamente ativa que não pode deixar de correr nem de pensar. Sempre acelerada e estimulada, não pode parar de falar, de fazer coisas, de perseguir objetivos e desenvolver ideias e projetos, até que seu corpo paga o pato. Se sente ameaçada se perder o pique: a sociedade pode rejeita-la, de maneira que esconde seu cansaço. Quando está exausta pode mostrar irritação aguda com risco de um colapso nervoso.

Vai desconectando-se de seu interior que se torna desconhecido até o ponto que pode sentir medo de encontrar-se a sós consigo mesma e para evita-lo, olha a televisão até que desmaia. Acaba sendo uma perfeita desconhecida de si mesma.

A essência de Oak pode ajudá-lo a parar, aceitando suas limitações e a equilibrar-se por meio do desenvolvimento de seu lado feminino. A meditação Guiberish o ajudará a sossegar essa mente acelerada. Junto com o Dez de Paus (A Opressão) indica uma sobrecarga de responsabilidades que assume por medo de decepcionar. Neste caso, a essência de Elm será muito útil. Com um Seis de Espadas, denuncia excessivo intelectualismo, com a conseguinte desconexão com seu corpo físico e com a Natureza que o levam ao esgotamento. O floral de Nasturtium* aumentará sua vitalidade e o enraizará com a realidade física das coisas.

Infância: Só recebeu amor (amor?) e apoio dos pais quando se mostrava ativo, inteligente, hábil, capaz e realizador. A criança viu-se obrigada a desenvolver seu lado racional em detrimento do lado mais sensível, emocional, meigo e receptivo.

Relacionamentos: a) O relacionamento atual ou anteriores ajudam à pessoa a desenvolver sua criatividade intelectual com ideias, projetos e teorias; a fortalecer sua autoconfiança e lábia para convencer a quem tenha que ser convencido de que seus projetos são interessantes, viáveis e úteis e a tomar iniciativas a partir deles. Isso pode dar-se de diferentes maneiras, a menos agradável seria se for uma necessidade porque o casal não sai do sofá. Em qualquer caso não deixa de ser um importante fator de crescimento. b) Essa é uma pessoa que se relaciona com uma abordagem fundamentalmente intelectual. Sabe comunicar-se, fazer projetos, envolver o próximo, mas dificilmente entrega seu coração. Vende uma imagem de pessoa importante e ocupada, não mostra suas emoções e dificilmente fica para tomar o café da manhã.

Voz da Essência e Método: Para resgatar o arquétipo do Mago a pessoa necessita identificar, entender e desativar os bloqueios que invalidam suas ideias, seus projetos, seus objetivos e impedem que a mente trabalhe adequadamente, entrando em ação para levar a porto as atividades onde sua criatividade intelectual se manifeste. Orientaremos o consulente para entrar em ação. Não é hora de ficar parado, duvidando, deixando que as coisas aconteçam por si mesmas.

Tem de ficar atento ao mundo interno do desejo e ao mundo externo, mover-se, expressar-se, comunicar-se com os outros, exercer sua força de vontade, tomar decisões, agitar, usar seus conhecimentos e habilidades e vender seu peixe. Necessita aprender a fazer negócios e cobrar corretamente pelo seu trabalho. Não se trata de vender mais barato para conseguir amigos senão de que ambas partes saiam satisfeitas. É importante também que saiba aproveitar as oportunidades. O floral de Cosmos* o ajudará, desenvolvendo suas capacidades mercuriais de pensamento e expressão verbal. A presença do Oito de Copas (A Indolência) ou do Sete de Discos (O Fracasso) na Âncora, indicando letargia crônica, levará a sugerir o floral de Tansy*, que favorece tomar atitudes decididas e cheias de propósito.

Caminho de crescimento: Usando as chaves que apareceram nas cartas das posições anteriores, a pessoa identificou as origens de sua falta de ação anterior e começa a mover-se em primeiro lugar mentalmente elaborando ideias e depois tomando as iniciativas correspondentes. O consultante pode abrir uma fase ativa, cheia de ideias, projetos, contatos, movimento e, talvez, viagens.

Resultado interno: Fruto de todo o processo anterior a pessoa conseguiu fortalecer sua atenção e força de vontade, superando os bloqueios e medos que lhe impediam de tomar iniciativas, aproveitar as oportunidades e expressar a sua criatividade mental. Hoje se sente inspirada, confiando mais na sua capacidade intelectual, verbal, manual e de comunicação. Aprendeu a vender seu peixe e a cobrar objetivamente pelo seu trabalho.

Resultado externo: Vemos a pessoa encarando a vida com a atitude interna que acabamos de ver no Resultado Interno, agindo no mundo com decisão e firmeza, elaborando seus projetos, usando de um modo bem realista sua mente e desenvolvendo suas habilidades e conhecimentos. É um tempo de muito movimento e comunicação onde trabalha de uma maneira objetiva e funcional para criar sua realidade.

A Sacerdotisa

Títulos		Número	Letra hebraica	Caminho cabalístico	Atribuição astrológica	Princípio Universal
Marse-lha	A Papisa			13°		
Waite	A Suma Sacerdotisa	2 A Polari-dade O Femini-no	ל Guimel Camelo G e J inglesa		☽ A Lua: O inconsciente, as emoções, a mãe, o que nutre	O Princípio Feminino Universal A Recepti-vidade
Crow-ley	A Sacer-dotisa					
Osho Zen	A Voz Interior			Tiphareth Kether		

Títulos: Durante muitos anos, essa carta chamou-se "A Papisa". A aparição desse Arcano tem tudo a ver com a tentativa de resgate do feminino na religião e no pensar coletivo durante a segunda parte da Idade Média. O Feminino, que tinha sido progressivamente enfraquecido pelas culturas patriarcais (grega e romana), foi degradado e massacrado pela Igreja Católica até o ponto de postular uma Trindade formada só por machos que mais parece um clube gay, até o ponto em que o povo, cansado de um Deus inacessível, inflexível, julgador e castigador, sentiu a necessidade de ícones que representassem o amor, a compaixão, a ternura, a proteção e a misericórdia, todos eles valores femininos. Consciente disso o Vaticano colocou Jesus como o símbolo dessas qualidades femininas e também investiu da Santa Mãe Igreja, que não germinaram no inconsciente coletivo. O povo queria mulheres, mesmo. Finalmente, a Igreja promoveu a mãe de Jesus, elevando-a a categoria de santa, de Mãe de Deus, mas não de Deusa.

Na Itália, ao final do século XIII, os guglielmitas, ordem religiosa fundada por Guglielma de Boêmia, grande defensora da mulher e venerada popularmente na região como uma santa, acreditavam que sua fundadora, morta em 1281, ressuscitaria em 1300 e iniciaria uma Nova Era em que os papas seriam mulheres. Assim, elegeram a irmã Manfreda Visconti, considerada herdeira espiritual de Guglielma, como papisa, que foi queimada viva pela inquisição no ano de 1300 mesmo.

Temos evidências históricas de que no século IX, uma mulher chamada Joana, fantasiada de homem, é claro, teria ascendido na hierarquia da Igreja, primeiro como secretária para assuntos internacionais do papa Leão IV até assumir o Papado no ano de 855, morrendo dois anos depois de parto durante uma procissão a cavalo entre a basílica de São Pedro e Letrán na Sexta Santa. A partir daí se introduz a prova da "palpação" onde o cardeal candidato a papa devia sentar-se em uma cadeira que tinha um buraco no meio e o cardeal mais novo, introduzindo a mão por baixo, deveria "testificar" que não existia fraude, falando *"duos habet et bene pendebant"* ("tem dois e estão bem pendurados").

A Papisa do Visconti Sforza

Em meados do século xv, cento e poucos anos mais tarde, Bianca Maria Visconti por ocasião de seu casamento com Francesco Sforza encomendou um Tarot com uma carta em homenagem a seu ancestral Manfreda Visconti que depois em outros baralhos recebeu o título de "A Papisa".

Desde o século XV, quando apareceu nos *Tarochi de Veneza*, foi considerada a consorte do Papa. Isso com certeza não foi do agrado dos homens do Vaticano, mas manteve esse título

O Dois

no *Tarot de Marselha*. Foi Court de Gebelin que, no século XVIII, acreditando que o Tarot procedia do Egito, mudou-lhe o nome para "Grande Sacerdotisa", embora mantivesse o da Papisa nos baralhos de Eliphas Levi e Papus.

Em 1800, em Besançon, sul da França, já na época pós-revolucionária em que foi revalorizada a mitologia greco-romana, aparece o *Tarot de Carey*, em que essa carta se intitula Juno. Essa deusa, Hera na Grécia, esposa de Júpiter, simboliza o Princípio Feminino em sua jovem maturidade, pleno vigor, soberano, combativo e fecundo. Inicialmente, Juno personificava o disco lunar.

Atualmente, é conhecida como "A Sacerdotisa" ou "A Suma Sacerdotisa" no baralho de A. E. Waite. Esotericamente é "A Senhora da Eternidade" e também "A Sacerdotisa da Estrela Prateada".

Número: O Dois é o número desta carta. Surge do Zero simultaneamente com o Um. O Um não pode aparecer se não aparece o Dois e vice-versa. Se definimos um aspecto da polaridade necessariamente temos que definir o outro. Se inventamos um ser, personificação absoluta do que chamamos "bem", estaremos inventando, queiramos ou não, a personificação absoluta do "mal". Tem-se luz, tem-se sombra. Quando tem sombra é porque existe luz em algum lugar. Se definirmos o bem, estaremos definindo o mal. Se inventarmos ou acreditarmos em um ser, personificação absoluta do bem, estaremos inventando, gostemos ou não, a personificação absoluta do mal. Não é por acaso que os religiosos mais fanáticos estão vendo e exorcizando criaturas satânicas todos os dias.

Se todos os números são múltiplos de Um, todos podem escrever-se como a soma de potências do Dois:$1=2^\circ$; $2=2$; $3=2+2^\circ$; $4=2+2$; $5=2+2+2^\circ$;...

O Dois e o Um constituem a primeira grande dualidade, da qual depende o movimento e a vida. Se o Um representa a Unidade, o Dois é a Polaridade. Se o Um é o Princípio Masculino Universal, o Dois é o Princípio Feminino Universal.

O Dois. Representa a dualidade, a "ambivalência inerente a todas as coisas. "É também o Princípio Feminino universal, o Yin que emana do Zero, do Tao, "simultaneamente com o Princípio Masculino. O feminino não é um "subproduto do masculino. Tudo depende da cooperação de ambos, especialmente o movimento e a vida.

UM	DOIS
Sol	Lua
Masculino	Feminino
Ação	Receptividade
Consciente	Inconsciente
Ativo	Passivo
Rígido	Flexível
Imutável	Mutável
Força	Forma
Impulso	Contenção

Segundo a tradição chinesa, antes de qualquer distinção entre o Céu (Yang) e a Terra (Yin), o Caos tinha o aspecto de um ovo de galinha. Depois de 18 mil anos, o ovo se abriu. Os elementos pesados formaram a Terra, e os leves, o Céu. Segundo os pitagóricos, o Dois é o número da opinião. Geometricamente se definimos um ponto no espaço temos que definir um segundo ponto: a origem de coordenadas para poder conhecer sua posição. Definidos dois pontos no espaço temos uma linha, algo absolutamente abstrato, sem dimensões, sem princípio nem fim. Em verdade, todas as manifestações do Universo são uma mistura desses dois princípios:

"Tudo é duplo, tudo tem dois polos, tudo tem seu par de opostos. Os opostos são idênticos em natureza e diferentes em grau, os extremos se tocam. Todas as verdades são semiverdades, todos os paradoxos podem reconciliar-se. Tudo tem seus períodos de avanço e retrocesso; tudo se move como um pêndulo, a medida de seu movimento para a direita é a mesma para a esquerda, o ritmo é a compensação". O Cabalion 1908

"Devemos ter sempre presente que cada símbolo é ambivalente, a insistência em qualquer das atribuições contraditórias inerentes a um símbolo é só um sinal de inaptidão, provocada pelos preconceitos... Nada é verdadeiro sem ser em função da contradição contida nele mesmo". Crowley

"Quando o homem conhece o formoso conhece também o não formoso, quando conhece o bom conhece também o que não é bom. Porque o pesado e o leve, o alto e o baixo, o silêncio e o som, o antes e o depois, o Ser e o Não ser engendram-se um ao outro". Tao Te King

CORRESPONDÊNCIAS

Letra hebraica: ג. Guimel, letra dupla, feminina, cinza e de valor numérico três, está atribuída à Sacerdotisa. Soa como o G na palavra "gato" na sua pronúncia dura e como o J inglês. Significa "camelo" e representa simbolicamente a garganta: um canal vazio, uma matriz na qual o ar vira som. Hieroglificamente, representa toda ideia de expansão e crescimento.

Caminho cabalístico: O décimo terceiro caminho, que une Tiphareth (A Beleza) com Kether (A Coroa), é o atribuído à Sacerdotisa. É um caminho vertical que une ambas as esferas por um espaço deserto que os cabalistas chamam de "Abismo". É precisamente Guimel, o camelo que consegue atravessar o deserto unindo as duas esferas (oásis). Essa é a ascensão vertical até a fonte de luz. Equilibrando as polaridades, o Ser transcende a individualidade, atingindo a suprema experiência da fusão com a Totalidade.

Atribuição astrológica: ☽ A Lua é o planeta atribuído a este Arcano. Podemos considerá-la como a antítese do Sol, que representa a plenitude e a consciência da vida, tudo o que brilha com luz própria. Se o Sol mostra o processo de individuação do ser humano, isto é, tudo o que o leva a se diferenciar dos outros, tornando-se um ser único, a Lua mostra o processo de integração com os outros. A Lua é símbolo da infância, das coisas ocultas, do inconsciente e da ilusão. Está associada a ideias de mobilidade, flexibilidade e mudanças em função da extrema rapidez com que percorre o Zodíaco. Governa a fertilidade e o crescimento, tudo o que é cíclico e flutuante, o elemento Água, todos os seres aquáticos e os animais noturnos. Sua relação com a mulher é muito importante, estando intimamente ligada ao ciclo menstrual, ao processo de gestação e ao parto. A Lua representa o povo e está relacionada com todo o primordial, o atávico, os rituais e a magia. É a dona de nossos sentimentos e emoções mais profundos. Representa tudo aquilo que nos nutre e nos faz sentir que pertencemos a algo. Rege nossa imaginação, nossa sensibilidade, nossa capacidade de impressionarmos, nossos sonhos e nossa receptividade. Junto com Mercúrio governa a memória e com Marte, os instintos. Cria um forte apego ao passado, à mãe, ao lar e às atividades domésticas.

Símbolos: Este Arcano mostra menos símbolos que os dois anteriores. A Sacerdotisa é mais simples, mais austera, não precisa de tanta orquestração para entoar sua melodia.

É Ísis, a mais ilustre das deusas egípcias, a que protege os mortos sob suas asas e os ressuscita. Inicialmente, era a deusa do lar, mas quando tomou o nome secreto[27] de seu avô, o deus supremo Ra, seu poder se estendeu pelo Universo. Segundo a tradição, todo ser vivo é uma gota de sangue de Ísis. É a *Ísis* grande iniciadora, a que possui os segredos da vida, da morte e da ressurreição. Encarna o Princípio Feminino Universal, é a fonte mágica da fecundidade e da

Isis

A Papisa de Marselha, A Suma Sacerdotisa de Waite e A Sacerdotisa de Crowley

---

[27] . Desejosa de aumentar seus poderes mágicos com os conhecimentos do mais sábio e hábil dos deuses, Ra, que já estava velho, Ísis tomou um pouco de saliva que caía da boca deste e, juntando terra sobre a qual Ra tinha pisado, modelou uma serpente que magicamente transformou-se numa flecha. Deixou-a numa encruzilhada e quando "o pai dos deuses e o amo do Nilo" passou, a flecha cobrou vida e afundou profundamente seu dente de serpente na perna de Ra. Como os deuses da magia não podiam curá-lo, Ísis prometeu fazê-lo a troca de receber o verdadeiro nome de Ra, aquele que lhe conferia seu poder mágico. Urgido pela dor, Ra passou seu nome secreto do lugar que ocupava em seu coração ao de Ísis, com a condição de que esta não o revelaria a ninguém, exceto a seu filho Hórus.

transformação. Na carta, Ísis está representada sob sua forma mais espiritual: a grega Ártemis, equivalente à Diana dos romanos. Ártemis é uma deusa virgem, filha de Latona e de Zeus, irmã gêmea de Apolo. Indomável e feroz com os homens, é a protetora do feminino frente a grosseira supremacia física dos machos.

É a deusa dos partos, protege a pureza e recompensa com a imortalidade seus adoradores. Aparece na mitologia como o complemento de Vênus-Afrodite, tal como veremos no arcano III, A Imperatriz. Segundo certos psicanalistas, Ártemis representa o aspecto castrador, ciumento e dominante da mãe frente a Vênus, que encarna o lado nutritivo, amoroso e doador de vida. Na mitologia hindu, encontramos um paralelismo com as consortes ou aspectos femininos de Shiva: Kali e Parvati.

Ártemis cobre-se com um véu de luz, indicando que a luz não é a manifestação do espírito, mas o véu que a esconde de olhos não preparados. Poderíamos dizer com Crowley que *"A Sacerdotisa é a Verdade (o espírito) além do véu"*.

Nos Tarots de Marselha e Waite, temos a Papisa ou Grande Sacerdotisa sentada na frente do véu que representa o que separa o não manifestado do manifestado, o espírito da matéria, o desconhecido do conhecido, o incompreensível do compreensível, a pura energia criativa da criação. Seria então a guardiã do divino, que ainda segura em seu colo um livro ou um pergaminho no qual aparece a palavra "TORA" – Livro da Lei Hebraico, formado pelo Pentateuco, os cinco primeiros livros do Antigo Testamento, bastião do machismo judeu – meio oculto sob seu manto. Essa Sacerdotisa vendida ao patriarcado deixa de ser a guardiã do divino para tornar-se a própria divindade quando é colocada por Crowley do outro lado do véu. É o caminho da Sacerdotisa que nos leva diretamente à luz de Kether; em outras palavras, é a atitude da Sacerdotisa que conduz a Divindade Interior. Qualquer livro nada tem a ver com a atitude da Sacerdotisa, que não é mental, mas vivencial; sua sabedoria não se pode escrever. É a sabedoria do coração, algo muito mais profundo do que a soma de conhecimentos que podemos colocar em um livro. Podemos ler centenas de livros a respeito do amor, e não amar. Em seu lugar estão o arco e as flechas, que são ao mesmo tempo uma arma e um instrumento musical para encantar as suas presas, pois Ártemis é caçadora e também feiticeira.

A Sacerdotisa representa todas as deusas virgens — o sentido de sua virgindade será visto na carta da Imperatriz — potencialmente deusas da fecundidade e da fertilidade.

Na base da carta, junto com o camelo, Guimel, aparecem sementes, frutas, flores e cristais, símbolos do início da vida e de seu desenvolvimento. O cristal, usado por pajés de culturas tão diferentes como as de Bornéu, Melanésia e Austrália, maias, navajos e hopis, é considerado um intermédio entre o espírito e a matéria, entre o visível e o invisível. O cristal é usado para curar e para adivinhar. É símbolo da sabedoria e dos poderes mágicos.

Significados gerais: A Sacerdotisa encarna o Princípio Feminino Universal, a Receptividade e a mente em calma, o *Yin*, receptivo e conservador do Universo. É o oposto complementar do Mago. Ela está em uma atitude de silêncio, contemplação, serenidade e observação interior. Sua atenção está direcionada para o mundo interior, está ligada com seu íntimo, conhece seu coração. Isso faz com que tenha acesso a toda a sabedoria. Seu conhecimento não é racional, dedutivo ou analítico, mas intuitivo e instintivo.

"Sem sair da porta se conhece o mundo. Sem olhar pela janela vê-se o caminho ao céu. Quanto mais longe vamos menos, aprendemos. Assim o sábio não dá um passo e chega, não olha e conhece, não atua e cumpre. " Tao Te King

Não está querendo conhecer-se tal como O Ermitão, não está procurando nada. Assim, não está dividida entre o sujeito e o objeto da procura. Não existe futuro, não existe ação. Está total em seu não fazer. Sentada com os olhos fechados, deixando que tudo aconteça por si mesmo, em contato com sua essência, em profunda meditação, sem mente, sem projeções no futuro nem âncoras no passado, sem objetivos, em um eterno presente, deleita-se com seu próprio ser. Para Jung, A Sacerdotisa está relacionada com a função psíquica da intuição.

Temos o arquétipo do Feminino em duas cartas: A Sacerdotisa e A Imperatriz. Na Sacerdotisa, o Arquétipo mostra-se em seu estado mais abstrato, espiritual e autônomo (não depende da vontade). Na Imperatriz, está condensado na matéria, no corpo, maternalmente, isto é, não é mais tão autônomo, pois é necessária a união com o masculino. A Sacerdotisa simboliza uma grande matriz antes do encontro. A Imperatriz é a matriz fertilizada em pleno processo de gestação.

O Mago era basicamente extrovertido, A Sacerdotisa é introvertida. A Sacerdotisa é a intimidade, a interiorização. É essa atitude que faz com que, embora não procure nada, se deixe levar pela atração irresistível de ser completa. Essa plenitude interior não vem da conquista do mundo exterior, bens materiais, reconhecimento profissional, *status*, mas da entrega ao mundo interno, aceitando e acolhendo o que de dentro de nós quer se manifestar. Com esta atitude, A Sacerdotisa pode encontrar a si mesma e se remontar até a fonte das emoções, compreendê-las e descobrir suas motivações, fazendo das situações boas oportunidades de exercitar sua resposta emocional. Assim, pode viver experiências transmutadoras, pois só aqueles que ficam receptivos ante o mundo, que respondem emocionalmente às situações, que se expõem, que se manifestam, vivificam-se e acontecem coisas na sua vida.

Alguns autores, baseando-se nas qualidades da Lua, veem neste Arcano um contínuo movimento de vai-e-vem, augúrio de momentos favoráveis e desfavoráveis, atrações e repulsões, alternando-se ritmicamente.

NA LEITURA TERAPÊUTICA

Momento Atual: A pessoa está em contato com o impulso interno de parar, parar de correr, parar de falar, parar de fazer coisas o tempo todo. Provavelmente isso é produto de ter exagerado na ação durante os últimos tempos. Este impulso lhe pede sentar-se, colocar a atenção na respiração para melhor permanecer no presente, sossegar a mente, meditar e manter-se receptiva ao que vem de dentro tanto quanto ao que chega de fora, deixando de dar prioridade a conquista de objetivos externos (percebendo que ela é mais importante que todos os esses objetivos) para dar-se e estar em contato consigo mesma.

Âncora: Um bom indicador para decidir se lemos, esta carta, por excesso ou por falta é a predominância dos hemisférios no mapa astral. Para uma pessoa destra o predomínio do hemisfério oriental que correspondente ao hemisfério esquerdo do cérebro, o hemisfério da ação, o masculino, a partir de 60/36 favorece a Ancora por falta. Se o predomínio é do hemisfério ocidental correspondente ao hemisfério direito do cérebro, hemisfério da receptividade ou feminino a partir dos mesmos valores, leremos a Ancora por excesso. No caso de uma pessoa esquerda invertemos as correspondências. Mostra a pessoa cristalizada em uma atitude extremamente introspectiva, desconfiada e tímida. É incapaz de compartilhar suas emoções, seu corpo e até seu dinheiro com os outros. Tem medo de agir, de tomar iniciativas, de mostrar suas emoções, assim como a tartaruga que vive sempre dentro de sua casca. Pode usar uma máscara de espiritualidade e misticismo para não mostrar seu medo de entregar-se à vida. Sua passividade, resignação, apatia e desinteresse pela vida podem ser trabalhadas com o floral de Wild Rose. Sua tendência a sonhar acordada e sua falta de interesse no presente podem ser aliviadas com a essência de Clematis.

Acompanhada do Oito de Copas (A Indolência) indica um estado de permanente depressão, embora sem causa aparente, com queixas do tipo:

"Não sei por que estou tão triste". Nesse caso, sugeriremos o uso de Mustard.

Por falta indica uma pessoa com dificuldade crônica para conectar-se consigo mesma, para sentir o que vem de dentro, para parar de correr, falar, pensar e fazer coisas. Também é difícil ser receptiva com as situações que lhe aparecem e que na realidade atrai. Sendo O Mago e A Sacerdotisa opostos complementares existe certo paralelismo entre o Mago na Ancora por excesso com A Sacerdotisa na mesma posição por falta e entre A Sacerdotisa por excesso e o Mago por falta.

Infância: A criança foi impedida de tomar qualquer iniciativa, qualquer atitude ativa ou criativa. Sofreu muito escutando de seus pais coisas como: "Fique quieta", "Não encoste", "Não serves para nada", "Não perturbe", "Cale a boca", "Quem mandou você pensar? ". Assim, ficou sentindo-se incapaz e um forte "não consigo" foi gravado profundamente em seu inconsciente. Suas atitudes expressivas e extrovertidas foram proibidas. A criança transformou-se em um ser anulado, rejeitado, tímido e solitário que começou a criar um mundo de fantasias, cheio de fadas e príncipes que algum dia aliviariam suas dores. Quando crescer, preferira esperar sem fazer nada a arriscar-se a tomar qualquer iniciativa.

Relacionamentos: a) A relação atual ou as relações anteriores ajudam a pessoa a ir para dentro e conectar-se consigo mesma em um nível mais profundo. Isso pode se dar como um "contagio" de um companheiro mais sintonizado consigo mesmo que desenvolveu uma atitude mais contemplativa e receptiva ante a vida e talvez com experiência em Meditação. No entanto também poderia ser que as expectativas e fantasias que a pessoa tinha com a relação não foram preenchidas, isso traz sofrimento e a necessidade de sair do sofrimento lhe exige ir para seu centro.

Neste momento não se sente interessada em relacionar-se, prefere ir para dentro. Também pode mostrar que se sente absolutamente só. b) Lembra a âncora por excesso: a pessoa coloca um véu entre ela e o mundo, escondendo-se e tornando-se impenetrável para os relacionamentos. Pode ter medo da proximidade e se dá um ar de superioridade, de falsa espiritualidade, ou puritanismo. Recomendaremos o uso do floral de Fawn Lily* para ajudar-lhe a aceitar e envolver-se com o mundo, e o de Sticky MonkYeflower* para superar o medo da intimidade e do contato físico, especialmente no que se refere a relacionamento sexual.

Voz da Essência e Método: A pessoa precisa integrar o arquétipo da Sacerdotisa. Sugerimos que pare seu movimento compulsivo, que se sente, respire, deixe que acalme seu diálogo interno, voltando para o seu interior, entendendo que existe da pele para dentro e não da pele para fora, escute sua voz interior e se torne e se mantenha receptiva tanto ao que vem de dentro: desejos, impulsos instintivos, emoções, chegando a suas fontes e motivações, como ao que vem de fora pois vem para ajudá-la a crescer. Se briga com elas porque não se ajustam a suas expectativas mentais perde a oportunidade de evoluir.

Pode indicar uma profunda e crônica desconexão interna. Isso é muito perigoso, pois se a pessoa não quer ver a si mesma, vai projetar nos outros e no mundo externo em geral os conteúdos internos que não vê, e sua percepção da realidade externa vai ser uma tremenda ilusão.

Para poder escutar a voz interior pode auxiliar-se de várias maneiras: 1ª Utilizando as meditações ativas de Osho; 2ª Ficando consciente de sua respiração e sensações corporais; 3ª Contemplando a Natureza; 4ª Absorvendo-se em alguma atividade que adora. O floral de Star Tulip*, também conhecida como Cat's Ears*, ajudara a desenvolver a sua sensibilidade e receptividade femininas, abrindo-se para a espiritualidade e facilitando a meditação. Também precisa ficar receptiva para o mundo exterior.

Caminho de crescimento: Usando as chaves que apareceram nas posições anteriores a pessoa percebe as consequências de ter colocado sua prioridade em alcançar resultados externos e entra em uma fase mais receptiva e tranquila, buscando tornar-se mais consciente de si mesma especialmente de suas emoções e desejos.

Resultado interno: Esta pessoa, produto de todo o processo que vimos até aqui, conseguiu identificar, entender e desativar as crenças, medos e outras dificuldades internas que tinha para deixar de correr e tornar-se mais receptiva com o que vem de dentro e o que atrai de fora. Resgata sua polaridade feminina. Perderá a angústia de estar separado de si mesma para tornar a ser um ser silencioso e meditativo, consciente de seu rico mundo interior e aberto para a vida. Sentir-se-á como um ser completo que não precisa sair correndo atrás de nada nem de ninguém para sentir-se satisfeito.

Resultado externo: Esta pessoa encara o mundo com a atitude que vimos no Resultado Interno. Centrada e conectada consigo mesma, desenvolve sua intuição e sensibilidade, e pode se interessar por atividades relacionadas com a meditação, as energias sutis e o esoterismo. Se sentirá mais plena e completa e encontrará no seu interior motivações, qualidades e prazeres que antes buscava fora.

A Imperatriz

Títulos		Número	Letra hebraica	Caminho cabalístico	Atribuição astrológica	Princípio Universal
Marselha Waite Crowley	A Imperatriz	3	ז Dalet Umbral D	14°  Binah Jokmah	♀ Vênus A atração entre os seres.	O Princípio Feminino materializado
Osho Zen	A Creatividade		A fructificação e a síntesis			

Títulos: Provavelmente esta carta que os incas teriam chamado de "Pachamama", a Mãe Natureza, de *Pacha*, que significa "Universo", "lugar", "mundo" e *Mama,* que significa "mãe", recebeu seu nome da consorte de algum imperador. Sempre foi conhecida como "A Imperatriz", com a exceção do Tarot Carey (1791), imediatamente posterior à Revolução Francesa, onde A Imperatriz e O Imperador aparecem sem coroa, por motivos óbvios, como *"La Grande Mère"* e *"Le Grand Père"*: A Avó e O Avô, respectivamente. No Osho Zen Tarot se chama "A Criatividade". Esotericamente, é conhecida como "A Filha dos Poderosos Uns".

Número: A Imperatriz é o Arcano número Três. Esse número é o fruto da União do Um e do Dois. Participa de suas qualidades, as complementa e as equilibra.

Se o Um é Yod, o Princípio Ativo ou Masculino, e o Dois é He, o Princípio Receptivo ou Feminino, o Três será Vau, resultante ou síntese da ação dos dois princípios anteriores. "Não tem dois sem três", diz o ditado. Assim, o Três passa a ideia de frutificação e de síntese completa e equilibrada dos opostos.

O Três

Quando colocamos um terceiro ponto no espaço, fora da linha definida pelos dois primeiros, estamos criando um plano também sem dimensões e que divide o universo em dois: o que está encima e o que está debaixo.

Na China, o Três é considerado um número perfeito, expressão da Totalidade, ao qual nada pode ser-lhe acrescentado. É a conclusão da manifestação, o número do ser humano, filho do Céu (1) e da Terra (2), com os quais completa a Grande Trindade. Para os Pitagóricos, o Três, soma de o primeiro número ímpar (1) e o primeiro par (2), é o número do matrimônio.

O Três é um retorno à Unidade. A equação $1 = 3$ está continuamente presente. Em qualquer ato, distinguimos sempre uma triplicidade: a) O princípio ativo ou sujeito. b) A ação deste sujeito ou verbo. c) O resultado ou objeto da ação. O tempo, em verdade, é um momento contínuo, um eterno instante, que se apresenta como triplo: passado, presente e futuro. Esse conceito de triplicidade é extraordinariamente antigo e o encontramos nas tradições matrilineares que expressam o eterno ciclo do início, plenitude e fim nas qualidades de iniciadora, realizadora e destruidora — ou virgem, mãe e anciã — da Deusa.

Assim, a deusa lunar apresenta-se como Ártemis, a lua crescente, virgem, protetora dos partos, da Natureza e do feminino; Selene, a lua cheia, a amante, esposa e mãe, geradora e criadora; e Hécate, a lua minguante-negra, a sábia anciã, deusa da magia e da morte. As Parcas, que tinham o poder absoluto sobre o destino dos humanos, eram três: Cloto, a tecelã; Láquesis, a medidora, e Átropo, a cortadora do fio da vida dos seres humanos. Na tradição cigana, celebram-se Sarah, Salomé e Maria. Para os hindus, a Divindade se apresenta sob três aspectos, formas ou *murtis*: Brahma, o Princípio criador; Vishnu, o Princípio Conservador; e Shiva, o Princípio Destruidor, Transformador ou Transcendente. Cada uma das *murtis* tem seu aspecto masculino e seu aspecto feminino ou *shakti*.

A Divindade cristã manifesta-se como Pai, Filho e Espírito Santo. Esse dogma de fé foi instituído no Concílio de Niceia (325 d.C.) donde foi criada a Igreja Católica Apostólica e Romana, convocado por Constantino (272 – 337). Se para criar desde uma célula até uma galáxia são necessários dois princípios o masculino e o feminino. Que capacidade criadora pode ter uma trindade formada unicamente por elementos masculinos?

No Antigo Egito eram Ísis, Osíris e Hórus. Os huicholes mexicanos, consideram como uma unidade a trindade formada pelo peiote, o milho e o veado. São três os elementos alquímicos fundamentais: o Enxofre, o Mercúrio e o Sal, que se correspondem com os três princípios hindus ou *gunas* que movimentam o Universo y que veremos nos símbolos da Fortuna.

CORRESPONDÊNCIAS

Letra hebraica: ד. Daleth é a letra atribuída à Imperatriz. É feminina, azul, dupla e se traduz como "porta" ou "útero". Seu som forte é D e o suave é Th inglês no artigo "the". Seu valor numérico é quatro e representa simbolicamente os seios femininos e tudo aquilo que é nutritivo e abundante.

Caminho cabalístico: É o 14º caminho, o primeiro dos três caminhos horizontais da Árvore. Une e equilibra Binah (o Entendimento) com Jokmah (A Sabedoria), os Poderosos Uns. Apesar de ser um caminho que não está em contato direto com Kether (A Coroa), pertence ao Mundo Arquetípico.

Atribuição astrológica: ♀ Vênus, o planeta atribuído a esta carta, engendra as forças que nos levam à procura de prazer. Rege o amor, a sensualidade, a voluptuosidade, a alegria, a beleza, a doçura e os relacionamentos sentimentais. É o princípio de atração entre os seres. Vênus emite ondas de simpatia que fazem com que as pessoas desejem estar juntas, serem agradáveis com os outros e amarem-se. Afrodite, a mais sedutora das deusas, foi cultuada originalmente na Ásia, depois na Grécia, especialmente na ilha de Citera. Nasceu das águas marinhas fecundadas pelo sêmen de Urano, deus do Céu, quando seu filho Cronos (Saturno) lhe cortou os testículos. Da espuma surgiu Afrodite, que simboliza as forças irreprimíveis da fecundidade não em seus frutos, mas no desejo apaixonado que acendem entre os vivos. Por isso, é muitas vezes representada em meio às feras que a escoltam, como no hino Homérico, em que o autor começa por evocar seu poder sobre os deuses, aos quais ilude quando ela quer, e sobre as feras, atiçando o desejo nas suas entranhas e levando-as a acasalar-se, todas ao mesmo tempo, na sombra dos vales entre as montanhas.

Podemos ver em Vênus a antítese de Marte. Enquanto este governa a ação, a força, os impulsos instintivos e a agressividade, Vênus favorece a procura da tranquilidade, da paz e do prazer, o amor à vida fácil e o espírito idealista. Frente ao severo, frio e rígido Saturno, Vênus alimenta as tendências para a vida alegre, frívola e despreocupada.

Seu símbolo, que lembra o ankh, cruz ansata ou cruz da vida egípcia, casa perfeitamente com as dez sephiroth dispostas na Árvore, indicando que por meio do amor é possível atingir a experiência espiritual de

Vênus e a Árvore

Kether: A Fusão com a Totalidade. Sendo Vênus o planeta da harmonia, seus efeitos nos sensibilizam ante todas as manifestações da beleza. E claro, aumenta nosso desejo de sermos bonitos e sedutores.

Símbolos: A figura central da carta é uma mulher coroada imperialmente, indicando que ela é o complemento feminino do Imperador. No entanto, suas atribuições são muito mais universais. Combina a espiritualidade com suas funções materiais, tal como vemos no símbolo de Vênus, no qual acima da cruz da matéria está o círculo do espírito.

"A Imperatriz está relacionada com o Sal, o Princípio Passivo da Natureza, que deve ser energizado pelo Enxofre, Princípio Ativo, para manter o equilíbrio giratório do Universo. Os braços e o tronco da figura, sugerem a forma do símbolo alquímico do Sal." Crowley

A Imperatriz de Marselha, Waite e Crowley

A Imperatriz segura na mão direita o lótus de Ísis, que representa o poder feminino, a Vagina arquetípica, garantia da perpetuação dos nascimentos. Essa flor, que nasce na escuridão do barro e vai ascendendo na água, procurando a superfície para desabrochar-se em plena luz, é um símbolo de procura e crescimento espiritual. Sua forma de cálice nos obriga a relacioná-lo com o Graal. A Imperatriz está sentada em um trono, símbolo da manifestação universal em seu florescimento total, suporte da manifestação gloriosa da Divindade. O Trono de Al Ilah: Alá, chamado também "O Mestre do Trono", está sobre a Água. O de Budha e o de Vishnu, em forma de lótus, representam a Harmonia Cósmica. Para os sufis, tradição espiritual incorporada ao Islam o trono é seu próprio coração. Várias chamas azuis de forma helicoidal surgem do trono, indicando que A Imperatriz procede das águas – Binah. Recordemos o mito representado em "O nascimento de Vênus", do renascentista Sandro Botticelli (1445-1510), em que Vênus surge, sobre uma imensa concha, da espuma criada pelo sêmen de Urano em contato com o mar. Acima estão pousados o pardal e a pomba, aves atribuídas a Vênus. A Imperatriz veste uma roupa estampada de abelhas e espirais, símbolos de laboriosidade, produção e geração, respectivamente.

Em seu cinto, símbolo de poder, temos os doze signos do Zodíaco, indicando que sua autoridade abrange todo o Universo. Duas Luas giratórias, perfeitamente contrabalançadas, mostram que nessa carta tudo está em equilíbrio, não existindo nenhum foco de tensão. A seus pés temos uma pelicana com suas crias, símbolo da maternidade mais instintiva. Segundo a lenda, quando essa ave não tem como alimentar a sua prole, bica seu peito e dá de beber aos filhotes o seu próprio sangue. Na direita, um escudo verde, cor de Vênus, com uma águia branca de duas cabeças, que representa a Tintura Branca dos alquimistas. O chão está atapetado de flores-de-lis, símbolo de procriação e prosperidade da raça. Por esse motivo, essa flor foi escolhida pelos reis da França para sua bandeira. No fundo da carta, vemos um arco ou porta que faz referência a Daleth, e do outro lado está o monte Meru, que, segundo a tradição hinduísta, é o centro do Universo, residência de Shiva e Parvati. A Imperatriz mostra o lado direito de seu rosto, o lado feminino. Sua coroa é formada por duas luas, rematadas por uma bola e uma cruz que lembra o símbolo invertido de Vênus, e indica que sua energia frutificou e estabilizou-se no mundo material.

Significados gerais: Representa o Princípio Feminino manifestado na matéria, assim como A Sacerdotisa encarna o Princípio Feminino Universal. A Imperatriz são as Forças da Vida, atuando e reproduzindo-se no Universo. Na Natureza, representa as forças que vivificam, nutrem e favorecem o crescimento de todos os seres. Simboliza a criatividade e a fertilidade em todos os planos e todas as riquezas do feminino.

"Respeitar a Divindade é reverenciar a Vida, pois não existe nada mais divino que a própria vida."   Osho

No plano humano, A Imperatriz representa a mãe (Matéria = Mater = Matriz = Maternal) e suas funções. Integrar este arquétipo significa se arraigar as forças da vida, conectar-se com o Eros, permitir-se desfrutar, assumir o próprio corpo como uma fonte de prazer. Podemos ver também aqui as sociedades matriarcais.

Para Jung, esse Arcano representa a função psíquica do sentimento. A Sacerdotisa unindo-se ao Mago virou mãe, isto é, Imperatriz. Se a primeira é considerada encarnação do Feminino Virginal, a segunda é do Feminino Maternal. A virgindade da Sacerdotisa faz referência ao fato de ela ter se conservado intacta e íntegra em sua atitude interiorizante. A Imperatriz entregou-se ao mundo, sua matriz desabrochou e os frutos de seu amor preencheram a terra.

NA LEITURA TERAPÊUTICA

Momento Atual: Essa pessoa está fazendo contato com um impulso de dedicar-se aos outros, de dar sua atenção e cuidados, provavelmente, a seus filhos ou a pessoas necessitadas de apoio. No melhor dos casos, sua atitude transborda de um coração cheio de amor, criatividade e prazer. No pior, esquece-se de si mesma, atuando assim para não encarar seus próprios conflitos, carências afetivas e problemas e/ou para conseguir a aprovação dos outros. Esta pessoa está entrando en contato com o impulso interno de resgatar e integrar o arquétipo materno, parando de projeta-lo. Em vez de esperar ser amada, nutrida, cuidada e protegida por alguém está, em uma primeira etapa, começando a fazer isso com ela mesma. Depois cabe a possibilidade de transbordar e desejar derramar esses cuidados para outros seres: filhos, netos, mascotes, plantas ou seres necessitados de apoio. Este transbordar vem acompanhado de prazer. Pode estar sentindo vontade de ser mãe ou questionando até que ponto expressa sua criatividade e frutifica seus talentos.

Âncora: O arquétipo do Feminino Materno não está integrado. Se o consulente for mulher provavelmente teve uma mãe que, renunciando à sua própria vida, quis viver através de ela, exigindo-lhe que lhe entregasse sua vida sendo exatamente como ela queria. "Você não pode me fazer sofrer, eu que tenho renunciado a tudo por você, que tenho sacrificado tanto, que sofro tanto, que aguento o canalha de teu pai só por ti...". Essa espécie de vampirismo pode gerar duas atitudes diferentes na consulente:

1ª Submissão. A filha repete o esquema materno, renunciando à sua própria vida, deixando que sua mãe viva por intermédio dela. Não acredita em si mesma, acha que será amada somente se viver para cuidar e ser útil aos outros, esquecendo-se de si mesma. Vira uma "super-mãe", que não teve a coragem de lutar para desenvolver-se como pessoa e superar seus medos. Por toda a sua vida viveu como escrava e passa o exemplo para seus filhos, que a manipulam e a destroem com suas chantagens emocionais. Essa extrema desvalorização pessoal permanente pode levar a somatizações muito graves. Junto com O Pendurado, reforçando as ideias de submissão e martírio, pode produzir uma osteoporose. Com o Oito de Copas (A

Indolência) na Âncora, Momento atual ou Relacionamentos, indica depressão. Essas doenças são típicas de donas de casa que nunca trabalharam fora e, assim, finalmente, conseguem (A que preço!) Que os outros trabalhem, se ocupem e se preocupem por elas. Essa preocupação exagerada com os outros pode ser transmutada por um maior respeito por sua individualidade, usando o floral de Red Chesnut.

As tendências a essa dedicação obsessiva, a uma manipulação com matizes de auto piedade e martírio, podem ser revertidas com a essência de Chicory. Sua atitude hiper-serviçal, que chegaria a uma forma de esgotamento com o Dez de Paus (A Opressão), cobrará tons de submissão com O Pendurado, em cujo caso, indicaremos o uso de Centaury. Com O Imperador, O Quatro ou o Oito de Espadas (A Trégua e a Interferência), teríamos alguém tremendamente rigoroso consigo mesmo, talvez "a mãe perfeita", que pretende mostrar-se como um exemplo de trabalho, dedicação e bons costumes. Nesse caso, sugeriremos o uso de Rock Water.

2ª A rebelião. A consultante não quer ser como sua mãe, embora não saiba o que ela mesma é. Desenvolve exageradamente o lado masculino, enquanto o lado feminino permanece infantil. Transforma-se em uma executiva, atleta competitiva, mulher de negócios e congela os sentimentos. Provavelmente, vai desenvolver problemas nos processos fisiológicos femininos. Podemos sugerir Star Tulip* e Rock Water.

Se for um homem, sua Âncora é sua própria mãe, que toma conta dele, controla-o e o manipula, provavelmente mora com ele, ou melhor, ele mora na casa dela. A mãe vive dando palpite a respeito das atividades do filho, da roupa que ele usa e, especialmente, das namoradas ou namorados dele. Se se "desenganchar" da mãe vai sentir-se atraído por mulheres muito maternais.

Infância: Esta criança teve uma mãe superprotetora e controladora, que castrou todos seus intentos de autoafirmação, autonomia e resistência. Manipulou ao máximo, condicionando seu contato, atenção e falso amor ao abandono de muitas de suas iniciativas e atitudes independentes. Assim a criança adotou um comportamento submisso e autocontrolado, cuja principal dificuldade é expressar a raiva. Como poderia mostrar raiva para uma mãe que faz tudo por ela? Podemos pensar que o consulente edificou uma estrutura de defesa de caráter masoquista, especialmente se temos como carta da Âncora o Pendurado, o Nove ou o Sete de Espadas – a Crueldade e a Futilidade, respectivamente.

Relacionamentos: a) A relação ajuda a pessoa, de uma maneira agradável ou não, a deixar de projetar o arquétipo materno a resgata-lo e desenvolve-lo. Pode ser que a relação a estimule a ter filhos, ou, de uma maneira não necessariamente agradável, a cuidar-se, amar-se e nutrir-se mais e como consequência a cuidar e nutrir seu ambiente ou um grupo específico de seres. Também pode ajudar a valorizar e expressar sua criatividade. b) Se for uma mulher casada, interpreta o papel de "boa mãe" para sentir-se útil, tornar o marido e os filhos dependentes dela, tentando assim garantir a aprovação e o afeto deles. Quem poderia rejeitar ou criticar alguém tão boazinha e dedicada? No fundo, procura segurança. Se é solteira, em vez tirar a roupa quando chega ao apartamento do namorado, põe um avental, além de tentar controlá-lo na medida do possível.

Se for homem, pode mostrar características maternas exageradamente desenvolvidas ou pode ser que procure uma mãe que tome conta dele, especialmente se aparece O Louco na mesma posição.

Voz da Essência e Método: Essa pessoa está precisando integrar o arquétipo da Imperatriz esbanjando amor e cuidados, permitindo-se desfrutar da sensorialidade. Pode estar pedindo revisar a história com a mãe, pois a capacidade de viver o corpo com todo o potencial de prazer, graça e alegria que este tem, está muito vinculada à relação infantil com a mãe.

Sugeriremos que seja sua própria mãe, a mãe que gostaria de ter tido quando era criança, uma mãe que ama incondicionalmente, que está atenta as necessidades da criança, que nutre, cuida e protege. Também que invista em atividades que a levam a expressar sua criatividade. Depois, quando sentir seu coração satisfeito, deixe transbordar seu amor no seu ambiente. Sugeriremos que use a essência de Íris*, que estimula a inspiração e a criatividade artística, e ajuda a perceber e a cultivar a beleza interna. Também pode sugerir que a pessoa assuma seus filhos, nutra-os e ame-os, superando os possíveis obstáculos, orgulhos e resistências. A essência de Mariposa Lily* alimentará atitudes mais positivas e nutritivas para com eles.

Caminho de crescimento: Usando as chaves que apareceram nas cartas anteriores a pessoa começa a cuidar-se e amar-se. Permanece atenta a suas necessidades emocionais e busca como satisfaze-las. Pode ser que entre em contato com o impulso biológico de ser mãe ou de expressar qualidades artísticas. Em geral mostra a entrada em uma fase mais amorosa e prazerosa.

Resultado interno: Fruto de todo o processo a pessoa resgatou sua capacidade de sentir amor por si mesma e pelos outros. Hoje se sente bonita e sensual e é capaz de expressá-lo. Fez as pazes com o Principio Materno, de maneira que hoje se nutre a si mesma em vez de esperar que alguém o faça e sofrer se não o fazem. Também indicaria que deixou para trás os medos, atitudes ou crenças negativas a respeito da maternidade.

Resultado externo: Com a atitude que acabamos de ver a pessoa está encarando o mundo. Vivifica seu ambiente com uma energia de amor, cuidados e proteção. Pode interessar-se em atividades onde leva a prática este papel incluindo a maternidade.

O Imperador

Títulos		Número	Letra hebraica	Caminho cabalístico	Atribuição astrológica	Princípio Universal
Marselha Waite Crowley	O Impe- rador	4		28°		
Osho Zen	O Rebel- de	A Quater- nidade O sólido a estrutura a estabili- dade.	צ Tzaddi Anzol Tz	Netzach Yesod	♈ Aries Eu sou	O Princípio Masculino materiali- zado

Títulos: Aparece com o título de "O Imperador". Seu aspecto e símbolos, especialmente nos baralhos mais antigos, lembram os imperadores bizantinos e os do Sacro Império Romano. O mais célebre foi Carlos Magno, que ocupou o trono imperial em Aix-la Chapelle do ano 768 até 814. Crowley manteve a tradição enquanto o Osho Zen Tarot o chama de "O Rebelde". Seu título esotérico é "O Chefe entre os Poderosos".

Número: É o Quatro. Seu significado simbólico está intimamente relacionado com a cruz e o quadrado. Representa o sólido, o tangível e o manifestado. Faz referência ao formal, à estrutura, àquilo que está determinado. Também simboliza a lei, a ordem, a estabilidade, a organização e o governo. Mostrando a totalidade do manifestado, mostra também a totalidade do perecível. Assim, em japonês, a palavra *Shi* significa "quatro" e "morte". Quando o ser encarna, a mãe, lhe dando a vida e ao mesmo tempo, assinando sua sentença de

O Quatro

morte. Para os pitagóricos, o Quatro e o Nove são os números da justiça.

A quaternidade sempre aparece. São quatro os pontos cardinais, os elementos segundo o esoterismo ocidental, os objetos fundamentais da magia cerimonial, o número de letras que formam o nome de Deus na maioria das línguas, as estações, as fases da Lua e da vida humana: infância, adolescência, maturidade e velhice. Segundo os índios norte-americanos, são quatro as virtudes da mulher: a habilidade, a hospitalidade, a lealdade e a fertilidade; e também as do homem: a coragem, a tolerância, a generosidade e a fidelidade.

No *Popol Vuh*, texto sagrado dos maias, são quatro as criações sucessivas correspondentes a quatro eras e a quatro sóis, sendo a atual a era do homem de milho. São quatro os mundos cabalísticos: Atziluh ou mundo arquetípico, Briah ou mundo da criação, Yetzirah ou mundo da formação e Assiah ou mundo material. Para Jung, a quaternidade representa o fundamento arquetípico da psique, isto é, suas funções fundamentais: Intuição, Sentimento, Sensação e Pensamento. Considerar o ser humano integrado por quatro aspectos fundamentais: Ser Espiritual e energético, intelecto, corpo emocional e corpo físico, permite-nos usar as quatro séries de Arcanos Menores de uma maneira mais profunda, terapêutica e científica.

CORRESPONDÊNCIAS

Letra hebraica: Tzaddi, צ ou ץ se estiver no final da palavra. A Golden Dawn, seguindo os manuscritos que a originaram, atribuía ao Imperador a letra He. Mas, em 1904, com o ditado do *Livro da Lei* em que Nuit explicou: *"Todas estas velhas letras de meu livro estão corretas, mas Tzaddi não é A Estrela"*, Crowley viu-se obrigado a procurar outra carta para Tzaddi, que até então estava atribuída à Estrela. Como sua raiz — TZ —, significa "cabeça" em sânscrito, encontrando-a em palavras como Czar, César, Senhor, Senado, etc. Crowley atribuiu Tzaddi ao Imperador e He, à Estrela. Tzaddi significa "anzol" e seu som é "tz". É uma letra feminina, simples, violeta, e seu valor numérico é 90 se estiver no início ou no meio da palavra e 900 se estiver no final.

Caminho cabalístico: Esta mudança de letras fez com que os caminhos permutem. Assim, O Imperador desce na Árvore até o vigésimo oitavo caminho que une Yesod com Netzach, enquanto A Estrela, como corresponde à sua energia mais sutil, sobe até o quinto caminho.

Atribuição astrológica: ♈. Sendo Tzaddi, a primeira letra simples atribuída a um Arcano, será Áries, o primeiro signo do Zodíaco, o elemento astrológico que se corresponde com O Imperador. Áries é um signo de Fogo, governa no corpo a cabeça e é representado por uma bigorna, símbolo de tenacidade, vontade e progresso.

O processo de individuação (que leva da experiência de fusão com o Universo que o bebê tinha no útero à experiência de ser um Ser único) do ariano consiste em iniciar e, para isso, está dotado das seguintes qualidades: é entusiasta, impulsivo, de mente viva, dinâmico, ambicioso e empreendedor, direto, orgulhoso, egoísta, de paixões violentas e primitivas, conquistador, impaciente e quase sempre carece de perseverança para concluir o que começou. Adora mandar e não gosta de obedecer. É leal, embora inconstante, e tem muita dificuldade para enquadrar-se em um padrão ou norma. É otimista e tem muita confiança em si mesmo. Fica mais atraído pelas ideias revolucionárias que pelas conservadoras e, claro, se entusiasma com o novo. Tem uma forte

Aries - Johfra

tendência a acidentar-se, ferir-se e queimar-se, especialmente na cabeça e no rosto, e a sofrer de inflamações. Governado por Marte, o verbo do ariano é "Eu sou", e a frase que complementa seus potenciais e dificuldades é: "Eu estou entusiasmado no princípio, meio e fim de meus projetos e os realizo com energia e suavidade".

Símbolos: Em todos os Tarots, a figura central da carta é um homem maduro, que na maioria dos baralhos mostra para o espectador o lado esquerdo de seu rosto, o lado racional, lógico e masculino. As linhas de seu corpo formam ângulos agudos indicando tensão, rigidez e uma atitude agressiva ou amedrontada.

Um imperador mais delicado aparece na posrevolução francesa em Besançon: O *Tarot Carey*: É "O Avô" que com um boné frígio (emblema dos jacobinos) segura uma flor na mão.

No Tarot de Crowley-Harris seus braços definem um triângulo e suas pernas uma cruz: o símbolo do Enxofre alquímico, 🜍 . "Enxofre" é o nome dado pelos alquimistas ao princípio ígneo, a veloz energia criativa ou Princípio Masculino da Natureza. É o Rajas da tradição hindu.

Carey

Acima há duas grandes cabras selvagens dos Himalaias, animais independentes, valentes e solitários. A seus pés está o cordeiro que, domesticado, tornou-se covarde, obediente, servil e dependente do rebanho e do pastor. Dá lã para seu amo, quando não acaba na brasa. Sempre foi a vítima propiciatória por excelência: o cordeiro pascoal na tradição judaica. Daí vem a representação de Jesus Cristo como um cordeiro. Essas imagens mostram, como disse Crowley, o papel do governo que transforma seres livres, valentes, instintivos e independentes em covardes, sem identidade nem vontade própria, identificados com o rebanho, segurando qualquer bandeira.

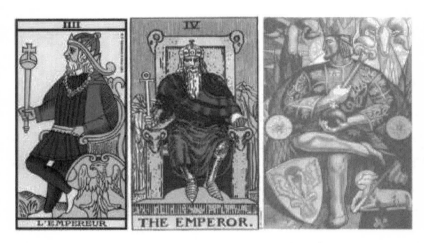

O Imperador de Marselha, Waite e Crowley

Do outro lado, temos um escudo com uma águia ígnea de duas cabeças, representando a Tintura Vermelha dos alquimistas, substancia que transforma em ouro os metais. A águia é o emblema imperial por excelência, usado por Júlio César, Napoleão, Hitler e outros.

Os braços de seu trono mostram a Rosa-dos-Ventos, indicando que sua autoridade se dirige em todas as direções. Em sua mão direita segura o Ram, cetro com a cabeça de carneiro, indicando que seu governo é fundamentalmente mental. Na mão esquerda, a feminina, segura uma bola coroada pela Cruz-de-Malta, para indicar que sua autoridade foi estabelecida solidamente. Se não fosse pela bola, redonda e feminina, O Imperador seria tão masculino que acabaria sendo totalmente estéril.

O orbe ou bola com a cruz lembra o signo de Vênus, mostrando que a energia do Imperador frutificou, a cor de sua roupa é vermelha em diferentes graus e, como na da Imperatriz, veem-se abelhas. No chão tem também algumas flores-de-lis. O vermelho é universalmente considerado como o símbolo fundamental do Princípio da Vida. Cor do fogo e do sangue, é interpretado segundo sua tonalidade. O vermelho vivo é brilhante, diurno, masculino, centrífugo, tonificante e excitante. É a imagem do ardor da paixão e da guerra, das bandeiras e das embalagens das marcas mais vendidas. O vermelho escuro é noturno, feminino, uterino, secreto, centrípeto e guardião do mistério da vida. Representa o fogo central da Terra, é da cor da libido e do coração, dos semáforos e do conhecimento esotérico. É a púrpura dos imperadores romanos e bizantinos e dos cardeais da Igreja católica, símbolo do poder supremo.

Significados gerais: O Imperador é o Princípio Masculino manifestado na Matéria. Representa o Universo concreto, material e sólido.

A Imperatriz é a terra virgem, a lei da selva onde o peixe grande come o pequeno. O Imperador é o ser humano que planta. Não poderia fazer nada se não tivesse a natureza, mas ele faz alguma coisa a mais que a natureza. Com O Imperador chega o progresso, o trabalho, a cultura, o aperfeiçoamento. A Imperatriz relaciona-se com o inconsciente; em seu âmbito, o ser humano é uma criatura da natureza, um membro de uma determinada espécie, não um indivíduo. Como seres humanos, não só dependemos e formamos parte da natureza, mas também temos criado leis (O Estado de Direito) que não são naturais, regulam a convivência na sociedade e teoricamente protegem o peixe pequeno. Na Imperatriz, somos bichos respondendo a nossos impulsos segundo os princípios do prazer e da sobrevivência; com O Imperador, nos diferenciamos do resto dos animais, passando a responder também a leis, códigos e valores e assim chegamos a ser indivíduos cultural e socialmente responsáveis. O Imperador pode racionalizar, não precisa se impor pela força, pode dar o salto do concreto ao abstrato, do particular à estrutura, que é o denominador comum dos casos particulares. Sua função psíquica, disse Jung, é o pensamento.

O problema surge quando O Imperador se divorcia da Imperatriz, quando sua ambição por mais poder o leva a destruir a natureza. Neste caso representa o sistema, o *status quo*, o poder das multinacionais, do FMI, etc.

Na carta, O Imperador olha fixamente para um objetivo externo. Ele é frio e calculista, apesar de que pode ser impulsivo na hora de expressar sua raiva, bloqueia seus sentimentos e espiritualidade para conjugar melhor suas palavras de ordem: "Pensar em trabalhar para produzir". Sua maneira de realizar não é fluida como a da Imperatriz, sua estrutura corporal cheia de ângulos agudos denota tensão e rigidez, cujo preço é o desgaste contínuo. Representa o pai. Sua autoridade é uma generalização do poder paterno. É a autoridade e, como o pai na família tradicional, o poder executivo, legislativo e judicial, a polícia, os exércitos e todo o aparato repressivo.

O Mago e O Imperador têm um enfoque fundamentalmente mental. No entanto, O Imperador concretiza nos planos físicos e O Mago fica no projeto mental. O Imperador produz, O Mago vende (não em vão, Mercúrio é o patrono dos mercadores).

NA LEITURA TERAPÊUTICA

Momento atual: A pessoa está questionando-se até que ponto manda na sua vida, define seus objetivos e concretiza-os materialmente. Pode ser que esteja saindo de uma atitude de servilismo e dependência de outras pessoas. Pode sentir o impulso interno de assumir posições de maior responsabilidade, autoridade ou liderança.

Âncora: Em um homem pode manifestar-se por excesso ou por falta. Por excesso é o Controlador. Imagina que, se não dominar as pessoas com mão de ferro, se não se impor e tiranizar os outros, estes acabarão com ele. Assim, precisa estar por cima de todos. Baseia sua seguridade em manter tudo controlado. No fundo, é o medo que o mobiliza. Desenvolveu uma estrutura de defesa de caráter psicopata. Corporalmente se caracteriza por um corpo como o dos super-heróis americanos onde toda a energia se concentra no peito no caso do homem e na pélvis se é mulher. Está a mil léguas de perceber que a verdadeira segurança não está no controle da realidade, mas na capacidade de entregar-se ao que vier. Não aceita seus erros, e as possíveis emendas a suas ideias são consideradas conspirações contra sua "legítima" autoridade. Sua prioridade é acumular poder. Costuma ser um trabalhador compulsivo.

Queixa-se de que ninguém faz as coisas direito, que ninguém quer trabalhar. Indicaremos a essência de Beech para ajudar-lhe a ser tolerante, compreensivo e idealista, e a de Impatiens para amainar sua impaciência e irritação e tornar-se mais receptivo ao ritmo natural das coisas e às opiniões alheias. A presença do Dez de Paus (A Opressão) no Momento Atual, indicando que tomou consciência de sua exageração no trabalho e que está disposto a aceitar que não aguenta mais, daria chance de usar o floral de Olive. Suas características de dominador, indicadas pelo Dois de Paus (O Domínio), na Âncora, intransigente (Quatro de Espadas — A Trégua) e ambicioso (Quatro de Discos — O Poder) podem ser trabalhadas com a essência de Vine. A flor de Trillium* pode ajudar-lhe a sair de sua cegueira materialista e atingir uma percepção mais global da realidade. Geralmente não se queixa de excesso de trabalho e quando o faz é para se auto afirmar na frente dos outros, que não sabem ou não podem. Espera reconhecimento por seu trabalho enquanto cancela suas emoções, salvo a raiva, já que, se permitisse tal "fraqueza", acabaria expondo suas mágoas, suas carências emocionais, suas frustrações e medos, e assim ficaria vulnerável. É muito provável que na sua infância se sentisse traído pelos seus pais.

Haveria um segundo caso por excesso: "O Revoltado" identificado pelo Cinco de Espadas – A Derrota ou A Estrela na Âncora. Está em permanente conflito com tudo o que representa autoridade, negando o dinheiro, a propriedade, a família, a hierarquia laboral, o estado, etc. Sugerimos Saguaro*, que ajuda a esclarecer a relação com a autoridade.

Por falta mostra uma pessoa que continua projetando este arquétipo nos outros e assim faz qualquer coisa para conseguir o reconhecimento da autoridade e seus representantes: obedece, se submete, puxa saco, se deixa explorar até com certo gosto... A essência de Centaury pode ajudar a desativar esta necessidade enfermiça de servir ou agradar aos outros.

Em uma mulher, embora às vezes tenhamos o caso da controladora (em geral menos agressiva que no homem), é mais frequente que essa dificuldade de integração do arquétipo paterno se manifeste como: Uma fixação com seu pai ou com os homens da família: "tenho que demonstrar-lhe que ..." ou fica esperando que um homem a banque e envolve-se com homens geralmente autoritários e agressivos que a desvalorizam.

Infância: Representa aqui o pai do consulente, um sujeito muito autoritário que nunca mostrou amor pela criança. Pelo contrário, deu-lhe leis e normas de conduta para obedecer, e castigos quando as infringia. Tratou-a impessoalmente como a um soldado de seu exército. Esta se tornou medrosa, insegura, sem confiança em seus sentimentos até o ponto de tornar-se racional e fria como o papai. Mais tarde pode continuar submisso e obediente o tornar-se um revoltado, extremamente destrutivo e compulsivamente questionador de qualquer tipo de ordem e autoridade se aparecer A Torre na Âncora.

Relacionamentos: a) O relacionamento ajuda a pessoa a se auto afirmar, a definir e materializar seus objetivos e/ou a assumir maior autoridade e responsabilidade no trabalho. Este processo pode dar-se diretamente com o apoio amoroso do companheiro ou pode ser uma reação da pessoa a uma tentativa de controle do parceiro. b) Se o consultante é um homem, busca vassalos que inflem seus desejos de poder, que trabalhem para ele, engordando lhe o ego e a conta bancária. Seu paternalismo pode levá-lo a ser protetor e até generoso, mas a menor dúvida a respeito de sua autoridade absoluta o leva à agressão, já que, por baixo de sua máscara de firmeza, morre de medo de que descubram sua vulnerabilidade e seus sentimentos.

O floral de Poison Oak* o ajudará a abrir-se emocionalmente, podendo assim aposentar a fachada de hostilidade que usa para evitar o contato íntimo.

Se si trata de uma mulher, busca um homem com um perfil paterno e autoritário que lhe resolva a vida econômica, embora também pode mostrar uma mulher que tenta se impor em suas relações.

119

Voz da Essência e Método: Integrar o arquétipo do Imperador significa tornar-se autônomo e independente na vida prática, rompendo as correntes (como mostra O Rebelde do Osho Zen Tarot) das convenções sociais. Esta pessoa precisa identificar suas dificuldades internas para deixar de projetar o lado masculino em seu pai, chefe e outras pessoas que representam papéis de autoridade na sua vida e revisar suas origens para desativa-las e assim autoproclamar-se como a única autoridade competente para mandar na sua vida, definindo e trabalhando nos seus projetos com método e organização, assumindo suas responsabilidades, especialmente consigo mesma, para chegar a resultados materiais. O primeiro passo para isso é conquistar sua independência financeira, não pelo dinheiro, mas pela capacidade de decisão que gera ser o dono de seus recursos, potencialmente livre das chantagens e manipulações intrínsecas ao fato de depender economicamente dos outros. Aconselharemos o uso do floral de Blackberry* para que, fortalecendo sua vontade e capacidade de organização, possa concretizar suas ideias na prática e atingir seus objetivos. Sugeriremos que pratique a meditação do Osho Sem Dimensões para fortalecer seu centro.

Caminho de crescimento: Usando as chaves que apareceram nas posições anteriores a pessoa se dá conta de como passou a vida obedecendo e quais foram as consequências, de maneira que percebe a necessidade de mandar em sua vida e de responsabilizar-se por ela. Começa, pois melhorando sua autoconfiança, assumindo o comando, chutando convenções familiares e sociais, definindo objetivos materiais realmente sintonizados consigo mesma e avançando na obtenção de resultados.

Resultado interno: Fruto de todo esse processo, o consulente conseguiu identificar, entender e desativar as crenças, medos e outras dificuldades internas para ser o senhor de si mesmo, ordenou sua vida e assentou sua autoridade sobre bases sólidas e realistas. Sabe o que quer e está intimamente convencido de que vai consegui-lo.

Resultado externo: Essa pessoa está encarando o mundo com a atitude que acabamos de ver no Resultado Interno. Dono da sua vida, está assumindo tarefas de responsabilidade e talvez de liderança em aspectos familiares, profissionais, econômicos e/ou políticos. Deve estar atento para não ofuscar seu lado feminino, evitando exagerar no esforço e se deixar tomar pela tensão e ansiedade. A essência de Larkspur* lhe facilitará a manifestação da alegria interior e de um entusiasmo contagioso, e lhe ajudará a alinhar seu trabalho de líder com seus ideais, evitando que o *ego* se infle.

O Hierofante (O Papa)

Títulos		Número	Letra hebraica	Caminho Cabalístico	Atribuição astrológica	Princípio Universal
Marselha	O Papa			16°		
Waite Crowley	O Hierofante	5	ך Vau Prego V Une o Espírito à matéria.	Jesed Jokmah	♉ Touro Eu tenho Eu acumulo	Princípio da Transcendência
Osho Zen	O Vazio	O movimento, a evolução, o tempo.				

Títulos: Tradicionalmente é "O Papa", aludindo ao chefe da Igreja Católica. Nos baralhos mais recentes, é chamado de "O Hierofante". No Tarot Egípcio, chamá-lo "O Hierarca". No *Osho Zen Tarot*, chama-se "O Vazio".

Crowley apresenta o Hierofante da Nova Era, *"cujo trabalho será totalmente diferente daquele que há dois mil anos foi torturado e assassinado na cruz. Embora não saibamos com precisão como será seu trabalho ... podemos vislumbrar desde hoje, ... a de liberar a humanidade das noções de morte e pecado"*. Já estamos assistindo à integração do conhecimento ocidental com a até agora desconhecida sabedoria oriental em uma nova-velha corrente holística. Os títulos esotéricos deste Arcano são "O Mago do Eterno" e também "O Mestre Triunfante".

Número: Com o Um tínhamos só um ponto que, para ser posicionado no espaço, exigia outro ponto de referência, isto é, o Dois. Com os dois pontos temos a ideia de direção. Um terceiro ponto fora dela, o Três, define o plano e um quarto ponto fora do plano cria a noção de volume: o sólido e material.

Com o Cinco, introduzimos a ideia de movimento, de velocidade. Como esta é a relação entre o espaço e o tempo (v = e / t), podemos dizer que com o Cinco estamos introduzindo ou "inventando" o Tempo. E o tempo é o grande agente da mudança. A partir do mundo da matéria (horizontal) criamos pontes para a transcendência (vertical).

121

O Cinco

O Cinco, como no desenho de Leonardo da Vinci, representa o ser humano físico ou microcósmico, com cinco sentidos e cinco extremidades, enquanto o Seis se relaciona com o ser humano macrocósmico ou universal.

É importantíssimo na tradição chinesa. São cinco as leis universais, os sabores, as notas musicais, os órgãos internos, os planetas e as direções. Os elementos também são cinco: Fogo, Terra, Metal, Água e Madeira, sendo que o Metal corresponde ao elemento Ar do sistema ocidental. Seguindo a direção horária da circunferência, em que está inscrito o pentagrama da figura ao lado, temos o ciclo de *shen* ou relação criadora: A Madeira cria o Fogo, queimando-se. O Fogo cria a Terra com suas cinzas. A Terra cria o Metal, que é encontrado em seu interior. O Metal cria a Água, fundindo-se. A Água cria a Madeira, alimentando-a.

Seguindo as linhas da estrela, encontramos o ciclo de *k'ou* relação destrutiva: o Fogo funde o Metal. O Metal corta a Madeira. A Madeira cobre a Terra de vegetação e a segura com suas raízes. A Terra represa a Água. E a Água apaga o Fogo.

Os Cinco elementos chineses

Na China, o Cinco é símbolo de União, produto do casamento do Yin, 2, com o Yang, 3. Enquanto que na Índia é considerado o número do Princípio Vital, também fruto da união do feminino, 2, e o masculino, 3.

Segundo o *Popol Vuh*, texto mitológico maia, os deuses gêmeos do milho, após serem sacrificados em uma fogueira e atiradas as suas cinzas no rio, ressuscitaram depois de cinco dias sob a forma de brotos de milho. Assim, para essa cultura, o Cinco é o número da perfeição e da Divindade. No México, para os huicholes, o Cinco representa a totalidade que inclui as quatro direções e o eixo vertical. Segundo os astecas, os maias e os gregos, existiram quatro humanidades antes da atual que seria a quinta.

No pentagrama, símbolo gráfico do Cinco, podemos ver projetando-se sobre a quaternidade, harmonizando-a e integrando-a no pentagrama ascendente, símbolo do movimento evolutivo e do poder do amor, tal como aparece na ilustração "O Cinco". Quando a consciência não nutre nem libera a vontade, esta cai no conflito da quaternidade e se perde na loucura autodestrutiva que se expressa no pentagrama descendente, símbolo do movimento evolutivo, do "amor" ao poder e da magia negra. Para os pitagóricos, o Cinco revela a Espírito quinta-essência de todas as coisas.

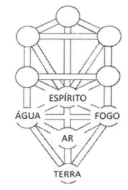

Os Cinco Elementos e a Árvore

Se colocarmos os quatro elementos ocidentais sobre o pentagrama, teremos diferentes opiniões sobre qual deve ser o quinto. Para a Golden Dawn, esse elemento é o Espírito. Outros autores, encontrando muitas semelhanças entre o Fogo e o Espírito — inclusive a letra hebraica Shin designa a ambos entre as sephiroth e os cinco elementos ocidentais, como vemos na Ilustração ao lado.

CORRESPONDÊNCIAS

Letra hebraica: ו. É Vau, ou Waw, a letra correspondente ao Hierofante. É simples, masculina, alaranjada, e seu valor numérico é seis. Vau significa "prego ou gancho" — tem uma conotação certamente fálica — e, assim como este prende um quadro à parede, é um agente mediador que une o espírito à matéria. Vau é a terceira letra do Tetragramaton e sintetiza as características das duas primeiras: Yod, o masculino e espiritual, e He, o feminino e material. Hieroglificamente, simboliza o nó que une o Ser ao Não Ser. Seu som é de V.

Caminho cabalístico: Une Jesed, a Misericórdia, com Jokmah, a Sabedoria. Aqui a individualidade rumo ao espírito recebe suas influências. Disse Crowley que "o significado espiritual deste caminho está dado pelo signo de Touro, que é o símbolo da realização mais densa do elemento Terra".

Atribuição astrológica: ♉ Touro é um signo de Terra, e, como tal, prático, utilitário e realista. Se Áries é a ação, Touro é a conservação e a luta para conservar o conquistado. Seu verbo é "Eu tenho" e sua frase de crescimento é: "Regozijo-me com minhas realizações e estou aberto às surpresas e mudanças da vida". Seu caminho de individuação está ligado a

Tauro - Johfra

construir estruturas materiais que lhe deem segurança e conforto e a desenvolver plenamente sua sensorialidade. Esse signo, governado por Vênus, é afetuoso e pacífico, mas quando não aguenta mais explode com uma fúria insuspeita. É sensual e apaixonado, embora às vezes se mostre tímido. Não gosta da especulação mental. Seu temperamento é forte, embora um pouco lento. É prudente e tenaz, paciente e acumulador. É perfeccionista e apegado a seus hábitos, assim facilmente fica escravo de suas rotinas. Adora a boa mesa e sente atração por tudo o que é belo. É tranquilo, não gosta de pressa, é reflexivo e com tendência à introversão. As taurinas são muito maternais.

No corpo físico, Touro governa o pescoço e a garganta, onde geralmente seus nativos sofrem de acessos e dores.

Símbolos: A figura central da carta é, na maioria dos baralhos, um homem maduro vestido com uma túnica. De todas as roupas, esta é a que tem uma conotação mais espiritual. Na carta de Crowley, a Touro. Jofhra túnica é laranja, cor de Vau.

O Papa de Marselha e O Hierofante de Waite e Crowley

Com a mão esquerda, o Hierofante abençoa e com a direita segura um báculo com aparência de chave, terminado em três anéis que representam as três Eras: as de Ísis, Osíris e Hórus.

Esotericamente, possuir a chave significa ser um iniciado e também ter a capacidade de iniciar aos outros. Leva no peito um pentagrama ascendente, dentro do qual uma criança corre confiante e alegremente, simbolizando o espírito da Nova Era, em que as ideias de morte e pecado não escravizarão mais o ser humano. O Hierofante está inscrito em um hexagrama, símbolo do Macrocosmos, indicando que está em equilíbrio com o Universo. O Pentagrama símbolo do microcosmos dentro do Hexagrama formam o Hexagrama Pentáfico com que os maçons representam o nº 11, como veremos no Tesão.

Diante do Hierofante vemos uma mulher com uma espada na mão direita, e a Lua na esquerda. Representa, disse Crowley, Vênus da Nova Era, aludindo ao cap. 3 do *Livro da Lei*, no qual Hórus disse: *"Quero que a mulher cinja uma espada diante de mim"*... É a mulher que não vai aceitar resignadamente o papel de dupla escrava: do macho e do sistema. Armada e militante, vai à luta pela sua libertação. Representa o caminho da Sacerdotisa que o Hierofante teve de percorrer, sem o qual a sabedoria não pode atingir-se e o conhecimento é degradado a uma lista de conhecimentos, dados e crenças.

Estando signo de Touro regido por Vênus, o planeta do amor, e o fato de que o Hierofante esteja sentado encima de um touro indica que é o amor ao mundo o que leva a A Sacerdotisa a transformar-se em um/a Mestre/a.

O touro é Nandi, o veículo de Shiva, animal consagrado a Poseidon, deus do Oceano e das tempestades, a Dioniso, a Vênus, a Indra, etc. É símbolo de força e de arrebatadora virilidade. Também é um símbolo feminino associado às divindades lunares. Esse animal de formas cheias e movimentos lentos e sensuais, cheio de vida e de emanações telúricas, é o melhor assento da Imperatriz, como aparece no desenho do signo de Touro do Jofra. O Hierofante está sentado no touro, regido por Vênus, seu assento é o amor, é o amor que leva ao Mestre a mostrar o caminho para seus discípulos.

Detrás dele vemos dois elefantes. O elefante é Ganesh, filho de Shiva e Parvati, deus da Ciência e das Letras, símbolo do conhecimento.

Como o touro, a tartaruga e o crocodilo, carrega o universo nas costas. É símbolo de poder e estabilidade.

Nos quatro cantos da carta, temos os querubins que, à semelhança dos dragões chineses,

Os Cosmóforos

são os guardiões dos santuários. Representam também os quatro elementos e os quatro signos fixos do Zodíaco.

O Hierofante, integrando a quaternidade em si mesmo, atinge a quinta-essência das coisas. Esses querubins também aparecem no último Arcano Maior, "O Universo", no qual estão vertendo água enquanto parecem máscaras, talvez para avisar que a aceitação de qualquer doutrina, sem fazer a experiência, leva-nos a mascarar nossa identidade.

QUERUBINS	ELEMENTO	SIGNO ASTROLÓGICO	NO SER HUMANO
Leão	Fogo	Leão	Energia-Espírito
Águia[28]	Ar	Aquário	Intelecto
Anjo	Água	Escorpião	Emoções
Touro	Terra	Touro	Corpo físico

Seu chapéu fálico complementa-se com a rosa de cinco pétalas que floresce na vidreira, reforçando a ideia que passa a mulher armada: a mente masculina, racional e analítica é insuficiente, sem o elemento feminino é impossível atingir a sabedoria. Pela vidreira onde está inscrita a rosa, entra a luz de Jokmah. O nove é o número do elevado, do celestial e também de Yesod, a sephirah associada à Lua. Temos aqui uma alegoria à Lua no céu de Nuit. Rodeando a vidreira, uma serpente e uma pomba aludem ao primeiro capítulo do *Livro da Lei* em que o Princípio Feminino, Nuit, se expressa assim: *"A Lei é o Amor, o Amor sob Vontade. Que os tolos não confundam o Amor, pois existe Amor e amor. Existe a pomba e existe a serpente. Escolhei bem! Ele, meu profeta, escolheu, conhecendo a lei da Fortaleza e o grande mistério da Casa de Deus".* A Casa de Deus é outro título da Torre, Arcano XVI, e nela também aparecem pomba e serpente. A pomba, símbolo de pureza, paz e simplicidade, representa o amor, onde o instinto foi sublimado, enquanto que a serpente representa aqui o amor integrado ao instinto.

"Representam as duas formas do desejo, o que Schopenhauer chamou de Vontade de Viver e Vontade de Morrer. Representam os impulsos masculino e feminino. Estas duas

---

[28]. Crowley rompeu as correspondências tradicionais afirmando que na Nova Era a Águia se corresponde com Aquário e o Anjo com Escorpião.

tendências não são incompatíveis. Isso resulta óbvio quando entendemos a vida e a morte como duas fases de uma mesma manifestação energética"   O Livro de Thoth, A. Crowley.

Significados gerais: O Hierofante encarna o Princípio da Transcendência Espiritual. Ele é o Mestre Iluminado que ajuda os caminhantes a reencontrar sua Divindade Interna, a ressoar a centelha divina e a desfazer os feitiços da programação, transformando sapos em príncipes. É o Mestre Interno em cada um de nós. A palavra "Hierofante" vem do hebraico *hier-phaine*, que significa "revelar". É o revelador de nossa verdadeira natureza e dos mistérios da vida, é o homem ou a mulher de conhecimento, o xamã, o bruxo. Preside e executa as cerimônias e os rituais. Cria pontes, é o pontífice entre a matéria e o espírito ou, como disse Paul Case, entre "a sensação exterior e a iluminação interior".

Estes conceitos foram escondidos durante séculos, pois a maioria das religiões, especialmente a judaico-cristã e a muçulmana, fez todo o possível para acabar com a ideia de que somos seres divinos, de que nossa essência é divina. Essas religiões colocaram Deus fora de nós, longe no céu ou guardado em algum Santo Sanctorum, inacessível para o comum dos mortais, como afirma o rabino Aryeh Kaplan comentando o *Sefer Yetzirah*: *"Deus pertence a uma categoria totalmente diferente que as sephiroth... Quando uma pessoa chega aos níveis superiores pode pensar que está atingindo Deus. O Criador está sempre além de nosso alcance"*. O contato entre esse deus e a humanidade pecadora foi monopolizado por certos intermediários que se autoproclamaram de "escolhidos" e donos da verdade absoluta.

Esse deus externo foi inventado a partir da sublimação de certas qualidades humanas e, claro, tiveram que inventar também um diabo com a exageração dos, por eles considerados, defeitos humanos. Deus e o diabo à imagem e semelhança do ser humano. Cobrando por seus serviços, esses intermediários acumularam enorme poder e riqueza. Estabeleceram normas morais, leis, doutrinas, dogmas e mandamentos que, na ausência de um estado organizado e uma legislação temporal, como foi o caso nas épocas de Moisés e de Maomé, foram a base legal de suas sociedades.

Tais doutrinas e dogmas eram muitas vezes contrários à natureza humana, à ciência e à razão, e condenavam os humanos, especialmente a mulher a um papel de escrava, prometendo o paraíso e a felicidade para depois da morte. Os "justos", os que sofreram, os que renunciaram, os que obedeceram, os que morreram na "Guerra Santa", estes serão recompensados. Esta falsa espiritualidade é uma compensação de profundas carências emocionais ou econômicas, *"A bebedeira do ego"*, como diz

Esquenazi. Finalmente a maioria das doutrinas espirituais são montagens para justificar a exploração.

Assim, na ausência da Divindade interna, o Mestre perdeu seu significado mais profundo e se transformou no Papa, aquele que ensina a doutrina, que dá as ordens e padrões de comportamento, que publica as Encíclicas, que cateceiza e impõe a moral, que faz a cabeça do povo. Ou como disse A. E. Waite, participando dessa degradação do significado desta carta: "é a força que governa a religião externa".

Então, temos a Sacerdotisa, que representa a via feminina, interna e intuitiva de atingir o conhecimento, a essência divina e sua voz, guardiã da sabedoria oculta – o esotérico – e este Papa cuja função seria ditar a lei e instruir na doutrina – o exotérico. Nesse sentido, o Hierofante acaba sendo também o poder da ideologia e da moral dominantes. Na Idade Média estava totalmente vinculado às religiões, e, no Ocidente, ao Vaticano. Hoje, no primeiro mundo, elas estão perdendo seu poder, e as novas doutrinas, embora continuem usando as religiões, estão inequivocamente marcadas pelos sistemas de produção, e o *American way of life*, constituindo o suporte ideológico do Sistema. Essas doutrinas não são mais transmitidas nos altares das igrejas. Hoje são retransmitidas vinte e quatro horas por dia pelo rádio e pela TV e divulgadas pelos jornais e revistas. Os novos papas são os meios de comunicação, a mídia, o Quarto Poder.

Estamos diante de uma encruzilhada: ou a humanidade se torna mais consciente, pacífica, introspectiva, amorosa, ecológica, solidária e cooperativa, isto é, feminina, ou podemos apostar em algum tipo de reformulação planetária, resultado de necessário processo de autodefesa de Gaia, o Planeta Terra. Qual será o papel do Hierofante se sobrevivermos? Uma humanidade mais evoluída não pode permitir que a história se repita. Pode ser o fim dos rebanhos obedientes e manipulados. O Hierofante voltará a ser de novo o Mestre, o Iluminado, ou o Mestre Interior de cada um de nós.

Se o Hierofante é o Revelador do Sagrado, temos que ter muito claro que o sagrado está sempre dentro de nós, para não o reduzir a porta-voz de uma ideologia qualquer. O Hierofante é aquele que nos ajuda a nos ver, a nos conhecer e a preencher a necessidade psicológica que temos de encontrar o verdadeiro e transcendente sentido da vida e estimula a tendência natural de atingir a plenitude interior. Esse sentido não o encontramos nas religiões, seitas ou ideologias políticas, mas indo na profundidade do nosso ser. O Hierofante nos ajuda a acessar a dimensão da eternidade quando nos coloca no presente. O Mestre não ensina a verdade, ensina-nos a questionar as crenças acima das quais montamos nossos padrões de comportamento, leva-nos à independência de critério e de ação. A simples presença de um iluminado leva a pessoa a perceber que é possível alcançar esse estado de plenitude e desperta o anelo de fazê-lo.

Um dos grandes mestres da atualidade é Osho; iluminado desde os 21 anos, soube atualizar as tradições espirituais do Oriente e do Ocidente. Transformou o "seja isso ou aquilo", "faça isso e não aquilo" em "seja você mesmo", "permita que saia o que tem dentro de você". Sua filosofia é tão subversiva que, em 1985, foi sequestrado e envenenado pelo FBI. Morreu sob os efeitos do veneno em 1990, em Poona (Índia). Embora nunca tivesse escrito nada, suas palestras estão transcritas em centenas de livros e suas comunidades continuan funcionando.

Osho

NA LEITURA TERAPÊUTICA

Momento atual: O consulente está tomando contato com um impulso interno de ir além do mundo material. Percebe que a vida fica incompleta se falta tempo livre, paz interior, a alegria de ser espontâneo, etc. Assim sendo, pode estar pronto para se abrir para dimensões espirituais. Também pode estar procurando o conhecimento, estudando, aprendendo. A outra carta indica em que área específica está dirigida esta procura, que tomará um aspecto espiritual ou de autoconhecimento se aparece com a Sacerdotisa ou o Ermitão.

Âncora: Por excesso mostra uma pessoa cujas palavras, gestos, ações e pensamentos respondem perfeitamente a uma determinada doutrina, movimento ou ideologia. É um vivo (morto) representante de uma determinada filosofia ou credo. Fora desse comportamento robotizado e cheio de típicos tópicos, ninguém está aí. Sua máscara pode chegar a ser tão perfeita que não permite o mínimo contato interno com suas emoções e seu corpo físico. Pode ser um catequizador fanático, cheio de argumentos, que repete mecanicamente suas doutrinas e sua autoafirmação consiste em convencer-nos e levar-nos para sua igreja, templo, partido ou torcida correspondente. Claro que tal pessoa dificilmente vai aterrissar em um consultório de Tarot Terapêutico, no entanto sim poderia fazer variedades mais *light*, podem não serem fanáticos, mas sim ainda estão em certa medida ancorados a uma doutrina. Pensam que se são bons Deus os premiará ou os castigará se não fazem uma oração antes de dormir. Esta pessoa poderia enraizar seu idealismo e seu entusiasmo, e conectar-se com seu corpo, usando o floral de Vervain. O Sol na Infância nos levaria a pensar que sua atitude de identificação com uma determinada ideologia se deve à fragilidade de seu Eu. Com o Sete de Espadas – A Futilidade à sua permeabilidade às opiniões alheias, e a Princesa de Copas à sua necessidade de agradar. Nesse caso, a flor de Goldenrod* ajudaria a fortalecer o Eu e a relacionar-se melhor socialmente.

Infância: Esta criança foi muito doutrinada, provavelmente teve uma formação religiosa rígida que acabou com sua espontaneidade. Talvez seus pais estivessem ligados a algum movimento político, ideológico, cultural ou religioso, cujos princípios lhe foram inculcados, e esta os incorporou para ser aceita, até transformar-se em um pequeno robô.

Relacionamentos: a) O relacionamento está a ajudar a pessoa a perceber que além da matéria existe alguma coisa e assim ela se abre para o mundo da espiritualidade ou pelos menos para a procura dela mesma. b) Sempre sabe mais que o outro, e, esbanjando conhecimentos e dados, pretende seduzir e acaba envolvendo-se com pessoas que o aceitam como "professor". De seus sentimentos e instintos ninguém sabe, talvez nem ele próprio. Também pode estruturar suas relações amorosas obedecendo doutrinas, especialmente se aparece com o Quatro de Espadas - A Trégua.

Voz da Essência e Método: Integrar este arquétipo significa em primeiro lugar deixar de projetá-lo. Deixar de enganchar-se com supostos mestres esperando receber a contrassenha da felicidade. Quanto mais rígidas são as crenças, doutrinas e princípios que adotamos, mais restringem a expressão de nossa essência divina que desde o inconsciente tenta manifestar-se e nossa vida perde a graça. Conectar-se com o mestre/a interior significa parar de engolir doutrinas alheias encontrando no nosso próprio interior a fonte do nosso autoconhecimento. O mestre/a interior saberá reconhecer os verdadeiros iluminados que podem facilitar tal processo, aproveitando o que estes hão dito ou escrito e diferencia-los dos charlatães, doutrinadores, manipuladores ou professores esotéricos.

"Nada posso lhe dar que não exista em você. Não posso lhe abrir um outro mundo de imagens, além daquele que existe na sua própria alma. Nada posso lhe dar senão a oportunidade, o impulso, a chave. Eu ajudarei você a tornar visível seu próprio mundo, e isso é tudo."   Sidharta. Hermann Hesse. (1877 – 1962)

A essência floral de Lótus*, o elixir espiritual que ajuda a pessoa a abrir-se espiritualmente, será muito útil. Pode significar um estímulo para que o consulente se atreva a passar seus conhecimentos para frente ou os aprofunde na sua área profissional.

Caminho de crescimento: Como consequência de usar as chaves que apareceram nas posições anteriores a pessoa começa a abrir-se ao mundo espiritual e a aproveitar o que os mestres iluminados hão dito ou escrito.

Resultado interno: O consultante, fruto de todo o processo que vimos até aqui, encontrou seu próprio caminho espiritual e, graças a suas práticas e estudos, está abrindo-se a novos níveis de consciência. Pode indicar também que superou os bloqueios que e dificultam abrir-se a la espiritualidade e/o transmitir sus conhecimentos aos outros.

Resultado externo: Fruto de suas vivências, de seu contato com o interno, de sua compreensão e conhecimento a respeito do mundo ou de um assunto particular, esta pessoa estará capacitada a passar uma mensagem, um conjunto de conhecimentos ou uma teoria específica em alguma área determinada. Suas atividades práticas estão impregnadas de um sentido mais transcendente, especialmente se aparecer com A Sacerdotisa. Também pode mostrar o consultante envolvido em uma aprendizagem espiritual com algum Mestre.

Os Amantes

Títulos		Número	Letra hebraica	Caminho cabalístico	Atribuição astrológica	Princípio Universal
Marselha	O Namo-rado	6		17°		
Waite Crowley Osho Zen	Os Amantes	O amor físico O equilíbrio A união dos opostos	ז Zain Espada Z	Binah Tiphareth	Ⅱ Eu duvido	A Polaridade criando o Universo

Títulos: No *Tarot de Marselha*, este Arcano chamava-se "O Namorado". Conhecido também como "O Casamento", no de *Eteillá*, e "O Vício e a Virtude", no de *Eliphas Levi*, passou a se chamar "Os Amantes" nos *Tarots da Golden Dawn, A. E. Waite, Osho Zen* e A. Crowley. No *Tarot Egípcio*, intitula-se "A Indecisão" e também tem aparecido como "Os Dois Caminhos". Seus títulos esotéricos são "O Filho da Voz" e "O Oráculo dos Deuses Poderosos".

Número: O Seis é o número atribuído a este Arcano. Se com o Cinco introduzíamos o conceito do Tempo, dando ao ser a opção de ter passado,

O Seis

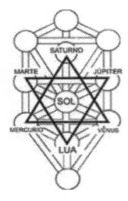

O Hexagrama, os planetas e a Árvore.

Shiva lingam Yoni

presente e futuro, isto é, memória, o sexto ponto é colocado na ponta do nariz do observador. Assim o Seis já é capaz de ser testemunha do que sucede a seu redor, de colocar-se no centro do Universo, ou seja, de ser autoconsciente.

O Seis é o centro do sistema, assim como Tiphareth, a sephira número seis, é o centro da Árvore da Vida. Tradicionalmente, o Seis é o número da perfeição e do equilíbrio. No hexágono, símbolo gráfico do Seis, temos seis triângulos equiláteros dentro de um círculo, sendo o lado daqueles igual ao raio deste. O Seis é quase exatamente a relação entre o perímetro da circunferência e seu rádio: $P/r = 2pi = 6,2832...$ São muitos os paralelismos que encontramos entre ambas as figuras, de modo que o hexágono compartilha com o círculo seu simbolismo de espiritualidade e perfeição. Antigamente, o Seis era consagrado a Vênus-Afrodite, deusa do amor físico. A raiz latina de Seis é *sex*, que significa "sexo". Se o sexo é a união carnal entre o macho e a fêmea, o seis é a união entre o masculino e o feminino universal.

Embora para alguns analistas o Seis represente o ser humano físico, sem seu elemento transcendente que lhe permitiria entrar em contato com o divino, a tradição esotérica ocidental afirma que o hexágono representa o Ser Humano Universal ou Macrocósmico. Na tradição oriental, temos a escola tântrica hindu que procura a iluminação espiritual por meio do desenvolvimento da sexualidade consciente.

Assim, a estrela de seis pontas representa a penetração da *yoni* (vagina) pelo *lingam* (pênis), simbolizando equilíbrio entre os Princípios Feminino e Masculino. Os hindus atuais, que seguem venerando tradicionalmente o Shiva Lingam, depois de três séculos de colonização britânica, esqueceram-se de seu significado.

No hexagrama, completam-se as tendências opostas e complementares: o triângulo ascendente (Fogo – Masculino) com o descendente (Água – Feminino) A polaridade intrínseca de todas as coisas manifestadas se integra novamente dando lugar a algo novo. Diremos que o Seis representa a União Criativa, produto do equilíbrio e complementação dos opostos.

No Ocidente, o hexagrama é a estrela de Davi ou selo de Salomão, emblema de Israel, símbolo totalizador do pensamento hermético. Em primeiro lugar, contém os símbolos dos quatro elementos:

E atribuindo as quatro pontas laterais do hexagrama às propriedades fundamentais da matéria (seco, úmido, quente e frio), deduzimos as propriedades de cada um dos elementos, tal como as usava o alquimista e médico suíço Paracelso (1493-1541):

O Fogo é quente e seco;
A Água é úmida e fria;
O Ar é úmido e quente;
A Terra é seca e fria.

A estrela de Davi engloba os sete metais principais, com o ouro no centro e os sete planetas correspondentes ao redor do Sol.

Para os maias, o sexto dia era o dia dos deuses da chuva e da tempestade e também o dia da morte.

CORRESPONDÊNCIAS

Letra hebraica: ז. Zain ou Zayin é a letra atribuída aos Amantes. É simples, masculina, laranja, e seu valor numérico é sete. Soa como o Z. Significa espada ou arma, que, forjada no fogo e temperada na água, é um símbolo de polaridade e de integração da polaridade. Com um gume destrói, com o outro constrói, e com os dois consagra. Colocada em posição vertical, une a Terra com o Céu. Zain ou Zaein sugere a percepção e o discernimento

133

amolado. A espada representa a mente, que também é polar, pode afirmar ou negar, e quando se acalma, até o ponto em que se torna não mente, leva-nos à transcendência.

Caminho cabalístico: O caminho de Zain e dos Amantes é o décimo sétimo. Une Binah (o Entendimento) com Tiphareth (a Beleza). Nesse caminho, a individualidade que se equilibrou em Tiphareth se dirige para a coluna restritiva da forma, indo em direção ao entendimento profundo de Binah. Vai distanciando-se da ilusão de isolamento e chega *"à percepção de que a aparência de individualidade isolada não é, senão, o efeito produzido pelo poder que tem o Eu de concentrar seus limites de energia em qualquer ponto particular no tempo e no espaço..."*. Madonna Compton

Gêmeos - Jofhra

Atribuição astrológica: Ⅱ. Gêmeos é o signo zodiacal atribuído a este Arcano. É um signo de Ar, mutável e governado por Mercúrio. No corpo humano, rege os pulmões, os braços e os ombros. É o símbolo geral da dualidade, expressão de todas as oposições que se resolvem em uma tensão criadora. O processo de individuação de Gêmeos passa por ter ideias e estimular intelectualmente os outros. Para isso, possui uma inteligência aguda e vivíssima, uma grande facilidade e rapidez de entendimento e uma enorme curiosidade. Gosta de conversar e gesticular para dar precisão a suas ideias. Seus olhos são vivos, penetrantes e muito expressivos. Tem uma sede insaciável de conhecimentos, mas sua abordagem intelectual limita sua profundidade. É muito sociável e comunicativo. Podemos dizer que é o nativo mais extrovertido do Zodíaco. É muito hábil e sempre quer fazer várias coisas ao mesmo tempo. Seu potencial afetivo não está muito desenvolvido. Os geminianos não confiam muito em seus sentimentos nem em suas sensações e impulsos instintivos. Tampouco tem um lado místico notório, mas em compensação tem uma grande habilidade para entender, assimilar e renovar as criações e os descobrimentos dos outros. Adoram as mudanças até o ponto que acabam sendo inconstantes. As responsabilidades não são o seu forte. Seu verbo é "Eu duvido", não como expressão de desconfiança, que é característico dos capricornianos, mas como necessidade e resultado a seu inerente enfoque intelectual das coisas e da vida. Sua frase integradora é: "Eu dou profundidade a meu conhecimento por meio da sabedoria da concretização". Os nativos deste signo têm tendência a sofrer dos nervos, a contrair enfermidades pulmonares, a padecer de transtornos mentais e a passar por acidentes de locomoção.

Símbolos: Na carta de Crowley, vemos à primeira vista que quase todos os símbolos são duplos, formando duas séries de opostos, cuja complementação está sugerida nesta carta, mas cuja integração final só se dará no Arcano XIV, A Arte (A Temperança em outros baralhos), que podemos considerar como a culminação da Boda Real que se inicia nos Amantes. Essas duas cartas ou caminhos constituem a grande máxima alquímica: *Solve et Coagula*, Dissolve e Coagula, Separa e Junta, ou, em outros termos, Análises e Sínteses. O fundo da carta está cheio de espadas, reafirmando seu caráter analítico.

O Namorado de Marselha e Os Amantes de Waite e Crowley

Mostra o casamento do rei mouro ou negro, coroado como Imperador, com a rainha loira ou branca, que porta a coroa da Imperatriz. As duas figuras estão mostrando a polaridade fundamental do Feminino e Masculino em um nível humano e material. Esse simbolismo polarizado se amplia com a apresentação dos atributos imperiais. Ela segura o Graal, símbolo da Água, e ele, uma lança, símbolo do Fogo, ambos ajudados por um casal de crianças. Diante da rainha, o menino negro segura a lança do rei, e, frente a este, o branco ajuda a rainha a segurar a copa. Este tem na mão direita um ramalhete de rosas brancas, símbolo do amor puro, e aquele tem uma cacete, símbolo de agressão, dando assim continuidade a duas séries de opostos. Os noivos usam um manto de pele de arminho, símbolo de pureza e de autoridade. Na capa do noivo vemos serpentes e na dela abelhas.

Embaixo estão sentados o leão vermelho e a águia branca, símbolos da polaridade, os princípios masculino e feminino na natureza, o Sol e a Lua, o Fogo e a Água, o ácido e o álcali, a tintura vermelha e a branca, o Enxofre e o Sal alquímico. O 3° elemento, o Mercúrio, está representado pelo Ermitão que consagra a união real.

Nas esquinas superiores, encontramos duas figuras femininas que fazem referência ao Tarots de Marselha em que se via um jovem entre duas mulheres, uma loira, coroada, e uma morena. Parece que este teria de escolher uma entre as duas, que representariam, segundo o pensamento dissociativo e moralista da época, o vício e a virtude, a pureza e o pecado, o bem e o mal, etc. Tradicionalmente, a Igreja Católica representava com a mulher de pele escura o próprio Satã. Sua atitude corporal reflete essa divisão: a cabeça está direcionada para um lado, mas o corpo para o outro. Essa escolha exterior reflete uma divisão interior: a cabeça (A razão) olha para um lado, mas o corpo (o inconsciente) olha para o outro. Alguns autores vêm aqui o momento em que o jovem tem que decidir-se entre a segurança que lhe proporciona sua mãe e a aventura e o prazer que podem vir com a noiva. A paixão despertada pela flecha é o que leva o adolescente a romper com as expectativas paternas tomando decisões independentes. Sem essa ruptura, o ser humano não se individualiza. No *Tarot de Crowley*, são Lilith e Eva. A primeira, à esquerda, representa a mulher instintiva, na plenitude de sua sexualidade, relacionando-se com quem quer, quando quer e como quer, livre de qualquer moralismo ou tabu. Segundo a tradição hebraica, barbaramente machista, Lilith é a primeira mulher criada por Jeová do mesmo barro que Adão. Lilith não quis submeter-se ao maridão e fugiu do paraíso, começando assim, sua carreira demoníaca. À direita, Eva, comportada e obediente, forma com Lilith a polaridade independência/ submissão.

No meio das duas séries de símbolos polares, temos três figuras individuais: Cupido, um encapuçado e o Ovo Órfico. Encima **Cupido,** Eros na Grécia, o deus Amor, filho de Vênus, disparando suas flechas, com asas douradas e uma venda nos olhos. Recordam o mito: Cupido lança flechas de ouro e de prata. A pessoa alcançada por uma de ouro se apaixona loucamente pela primeira pessoa ou animal que passa diante dela. Se é de prata odeia loucamente tal pessoa ou animal. Essas flechas são nossas projeções. Projetamos sistematicamente encima dos outros aqueles aspectos ou talentos que fomos obrigados a esconder na nossa infância porque sua expressão acarretava respostas por parte da família que nos faziam sofrer e décadas depois continuamos escondendo do mundo e de nós mesmos. As projeções podem ser de ouro ou de prata dependendo de se a pessoa apenas escondeu esses aspectos ou talentos ou se os escondeu e os condenou[29].

Quando vivemos grandes oscilações de voltagem emocional ou instintiva com determinadas pessoas, isso tem mais que ver com nossos aspectos e talentos escondidos que com tais pessoas, mas se temos uma mínima percepção da projeção, quando sucedem ditas oscilações temos a oportunidade de resgatar o aspecto ou talento escondido.

Parece que Cupido está inspirando o encapuzado, que ocupa o centro da carta, a celebrar o matrimônio hermético. Sua túnica é violeta, em tons cada vez mais claros à medida que ascende e se aproxima da luz de Kether. O violeta é a cor do segredo: banhados na sua luz realizam-se os misteriosos passos da transformação da vida em morte.

> *"Este personagem não é outro que o próprio Ermitão, uma das formas de Mercúrio que, com suas mãos estendidas, está projetando sobre o casal real as misteriosas forças da criação. Seu rosto está oculto para indicar que a razão última das coisas está em uma esfera inatingível intelectualmente."*
>
> Livro de Thoth, Crowley

Ao redor de seus braços, em *sinal de entrante* (Gesto mágico que também indica benção e consagração) vemos o anel de Moebius,[30] uma fita de apenas uma superfície, de modo que pode ser percorrida completa

---

[29] Ver a 4ª chave do bem-estar em www.tarotterapeutico.info Português PUBLICACIONES VÍDEOS
[30] August Ferdinand Moebius (1790-1868), prussiano, matemático e astrônomo, discípulo de K.F. Gauus, foi diretor do observatório astronômico de Liezpig. Seus trabalhos de matemática pura, especialmente O Cálculo Baricêntrico, de 1827, foram fundamentais para o desenvolvimento da geometria analítica projetiva. Em 1861, definiu a superfície de um só plano.

Anel de Moebius

e continuamente passando de um lado para o outro. Esse anel, obtido unindo os extremos de um retângulo comprido depois de lhe dar um giro de torsão, segundo Pauwels e Bergier no *O Despertar dos Mágicos*, facilitaria o acesso para outras dimensões a quem o percorresse. Representa a palavra, o verbo, a ação de criar que frutifica no Ovo Órfico, que representa a essência da vida, fruto da união do masculino e do feminino. Já o vimos no Mago e voltará a aparecer no Ermitão. A serpente simboliza o Princípio Vital que estimula as transformações necessárias à perpetuação da vida e a sabedoria inerente em todo esse processo.

No *Tarot de Waite*, vemos um casal e um anjo. O homem, (A razão, o consciente) olha para mulher (o desejo, o inconsciente) que olha para o anjo, o qual unindo os dois princípios os leva à transcendência. Indicando que a razão sozinha não pode acessar a espiritualidade. A razão rompe seus próprios limites por meio da paixão e esta precisa da atenção do consciente para atingir a transcendência.

Significados gerais: Esta carta ilustra o Princípio da Polaridade criando o Universo pela interação amorosa dos Princípios Feminino e Masculino. Essa afirmação em plena Idade Média ou inclusive no Renascimento, era muito perigosa, pois em nada concordava com a versão oficial de que um deus masculino criou o mundo do nada. Foi por isso conjectura Crowley que está representação foi substituída por outra em que se vê um homem entre duas mulheres, símbolo da escolha entre duas alternativas. O Arcano perdia profundidade, mas se guardava o segredo e o autor salvava a pele. Hoje podemos dizer sem temor que, antes de qualquer manifestação concreta, a energia primordial tem que se polarizar dando lugar aos Opostos, de cuja interação surge o Universo. Por isso não é possível um deus criador masculino (nem feminino).

Afirmar que existe um Deus pai Todo-Poderoso criador do céu e da terra, de todo o visível e invisível, é um erro tão grande quanto dizer que na gestação de um ser humano só intervém o pai, e o papel da mulher é acolher em seu seio a semente e nutri-la. Lembremos que como é em cima é embaixo, se para gerar qualquer criatura aqui embaixo são necessários os dois componentes da polaridade, o mesmo acontece para a aparição de uma galáxia, do Universo ou de uma célula.

Outra ideia que nos passa esta carta é a de União. Aqui as polaridades começam a complementar-se. A força que leva à união procede da separação e vice-versa. Este Arcano representa a Análise, qualidade eminentemente geminiana, o separado, o cortado pela espada de Zayin, o Solve dando lugar à Síntese (ao unido em Samek, o uróboro)[31] ao Coagula, à Arte, Arcano XIV. Em termos humanos, existem vários graus de união. O androginato interno ou fusão das polaridades internas, o androginato externo, em que seres completos e integrados constituem o Casal Cósmico e a Fusão com a Totalidade ou Iluminação.

Também podemos ver três tipos de amor. O primeiro, representado por Cupido, é Eros, o amor erótico, inconsciente, romântico e com forte carga projetiva e possessiva. Quem vive esse nível de amor se apaixona por aquela área interna sua que não desenvolveu na sua própria vida e que quer viver por meio do outro. Aqui são projetados em cima do parceiro determinados aspectos e potenciais próprios que a pessoa não se atreve a desenvolver ou simplesmente esqueceu que existem e sempre os viveu através dos outros. Assim, a pessoa se apaixona de uma ilusão e espera que o outro a faça feliz, como se tivesse a obrigação de fazê-lo. Quando se sente correspondida, exalta-se, como se tivesse recuperado uma parte de si mesma. Do êxtase passa à frustração quando a realidade lhe mostra que seu amado não é a personificação de suas fantasias. Então, culpa a amado e sai à procura de outro príncipe ou princesa encantado (a). A gente se apaixona por quem precisamos para nos perceber tal como realmente somos. "Eu te quero para mim" seria uma expressão de amor erótico, isto é, somente à medida que a outra pessoa se ajusta ao que eu quero então eu a amo, se é que podemos chamar esse tipo de paixão de amor. Na realidade, eles não conseguem se ver, veem apenas suas projeções.

O amor, também erótico, só que mais consciente, manifesta-se no casal imperial, dois indivíduos maduros, completos e autônomos que já podem ter um relacionamento de crescimento, no qual cada um vê e respeita o outro. Já perceberam que a única maneira de ter alguém é deixando-o ser. Existem polarização e atração sexual que dinamizam o relacionamento, no entanto, há mais cumplicidade do que projeções.

O segundo é Filos, representado pelas crianças, amor não possessivo, em que já não existem projeções, atração sexual nem necessidade de preencher carências. Está mais próximo da amizade, da fraternidade e da cumplicidade desinteressada. "Faz-me feliz ver você feliz" seria uma

---

[31] . Samek, letra do Arcano XIV, A Arte, hieroglificamente representa uma serpente mordendo seu próprio rabo. É o Uróboro que abraça o cosmos mantendo-o unido. Ver a letra hebraica do Arcano XIV e a mandala do Nº 1, na carta do Mago.

expressão claramente "filárquica". O terceiro, e mais elevado, é o Ágape, a comunhão universal, o amor que emana em todas as direções sem distinção. É mais próximo da compaixão budista, e está além das palavras. Na carta, está representado pelo Ermitão.

Perceber que o homem e a mulher de nossa vida estão dentro e não fora, são nossas polaridades internas, muda a maneira de nos relacionar. Saímos de relações de dependência, de me dá isto que eu te dou aquilo, de pechincha, de querer que o outro se ajuste ao que esperamos, de jogos de poder e desde nosso centro nos relacionamos com as pessoas compartilhando aquilo que se sintoniza com conosco. A partir daí podemos ver claramente qual é o caminho de vida em que somos realmente fiéis a nós mesmos.

Não se trata, pois, de eleger entre elementos externos, se trata de optar por si mesmo, de viver a união consigo mesmo, essa é a verdadeira escolha, a que leva à integração do consciente como inconsciente. Como diria don Juan o mestre de Castanheda: *"Há um caminho que tem coração, os demais não levam a nenhum lugar"*.

NA LEITURA TERAPÊUTICA

Momento atual: A pessoa percebe que ficar esperando sua meia laranja só traz frustração e sofrimento e que já é uma laranja inteira. Esta percepção não somente muda sua maneira de relacionar-se mas facilita que descubra qual é o caminho onde realmente é fiel a si mesma.

Âncora: Nesta posição os Amantes ilustram um padrão de conduta produto de projetar uma de suas polaridades. Passou a vida buscando fora o que acreditava que estava faltando dentro e isso a deixa pendurada em relações de dependência e atividades sem significado.

Se está em uma relação orbita o seu companheiro/a, se torna seu suposto complemento, distanciando-se assim cada vez mais de si mesma, deixando de fazer seu próprio caminho. Com o Quatro de Copas (O Luxo), a pessoa fica tão identificada com uma determinada relação que fora dela se perde. É o marido de..., a senhora de ..., o filho de.... Este apego exagerado, pode ser trabalhado com Bleeding Heart*, de maneira que amar alguém não signifique a perda de sua individualidade. Se pregunta: Que tenho que fazer para que esta pessoa me faça feliz? Assim se perde no mundo das dúvidas entre inúmeras possibilidades externas de maneira que sua incapacidade de tomar decisões pode tornar-se crônica. Se for um adolescente indeciso que imita ou procura uma saída perguntando aos outros o que deve fazer, recomendar-lhe-emos Cerato.

140

Se não está em uma relação esta projeção se pode viver de duas maneiras. Como uma busca frenética ou como uma expectativa ansiosa de que chegue sua meia laranja. Em ambos casos vê a Lancelot no Frankenstein.

Infância: A relação entre seus pais a marcou negativamente neste período. Talvez tenha presenciado cenas de ciúmes, brigas e jogos de poder nos quais ela era colocada no meio, especialmente se aparece junto com um Cinco de Copas (A Frustração) ou de Espadas (A Derrota). Com um Três de Espadas (A Dor), é possível que o relacionamento de seus pais a tenha deixado com um sentimento pesado de invalidação e inferioridade. Talvez a relação de um ou dos dois genitores com terceiras pessoas tenha lhe privado da atenção e contato, acentuando-se sua sensação de rejeição.

Essas experiências negativas podem gerar uma rebelião intensa ou um medo insistente a tudo o que cheire a família ou a vínculo duradouro, e, no pior dos casos, tornaram-no incapaz de entregar-se ao amor.

Relacionamentos: a) O relacionamento de maneiras agradáveis ou não empurra a pessoa a identificar e desenvolver suas polaridades internas, favorecendo assim o fluir em suas relações, a eliminar dependências, apegos, exigências e auto exigências, e perceber qual é a vida que tem tudo a ver com ela e a fazer as escolhas correspondentes. b). Aqui pode haver um excesso de fantasias. Sonha com casamento, conhece uma pessoa e se põe a pensar na viajem de lua de mel enquanto espera o príncipe azul ou a mulher maravilha, e a vida foge entre suas mãos.

Voz da Essência e Método: A pessoa necessita parar de projetar o arquétipo da Polaridade e desenvolvê-lo internamente. Isso significa entender que é um ser completo e parar de buscar ou esperar sua alma gêmea por aí, acabando com a tendência a se anular ao transformar-se no complemento de outra pessoa.

O mito de Platão tem sido interpretado erroneamente. Não seremos felizes quando encontrarmos nossa alma gêmea ou meia laranja lá fora, mas quando a encontrarmos aqui dentro. Não se trata de fazer uma escolha externa, mas de perceber qual é o caminho de vida em que somos fiéis a nós mesmos e isso vai se refletir em escolhas externas. Para isso é importante parar de forçar obcecadamente que as coisas sejam como queremos que sejam, pois se forçamos a ação, a receptividade desaparece e não escutamos a voz interior. Recomendaremos o uso do floral de Wild Oat, que ajudará a reconhecer as atividades que realmente fazem sentido para seu Ser interno. Sugerimos que a pessoa elabore uma lista de tudo aquilo que quer que seu parceiro dê para ela e depois veja o que ela pode dar para si mesma, liberando-o dessa responsabilidade ou exigência.

Caminho de crescimento: A pessoa se dá conta de como passou sua vida dando prioridade a encontrar a alguém que lhe desse o que ela acreditava que não podia dar a si mesma, fazendo suas escolhas de vida em função de tal ou tais pessoas. Agora, usando as chaves que apareceram nas posições anteriores, começa a desenvolver suas polaridades, vai saindo da dependência, do apego e das exigências e auto exigências, vai mudando sua maneira de relacionar-se, assumindo a responsabilidade por própria vida e aprendendo a tomar decisões vendo melhor quais são as opções de vida que realmente tem que ver com ela.

Resultado interno: Esta pessoa, produto de todo o processo que vimos até aqui, consegui identificar, entender e desativar as dificuldades internas, medos, crenças, etc. que tinha para desenvolver suas polaridades, sentir-se e expressar-se como um ser completo podendo assim vislumbrar e percorrer seu verdadeiro caminho de vida e fluir em suas relações.

Resultado externo: A pessoa está encarando o mundo com a atitude interna que acabamos de ver na posição anterior de maneira que está tomando uma série de decisões no mundo externo que a levam a inaugurar o caminho de vida onde realmente se sente fiel a si mesma.

O Carro

Títulos	Número	Letra hebraica	Caminho Cabalístico	Atribuição astrológica	Princípio Universal
Marselha Waite Crowley	O Carro	7	ח	18°	♋ Câncer Eu sinto	O Princípio do Desapego
Osho Zen	A Percepçã o	A renovação criativa A 2ª Polarização da Unidade 7 = 3 = 1	Jet Cerca O Princípio da aspiração vital	Gueburah Binah		

Títulos: Embora no *Tarot Egípcio* esta carta se intitule "O Triunfo", e no *Osho Zen Tarot*, "A Percepção" na maioria dos baralhos é conhecida pela designação dos Tarots de Marselha: "O Carro". Seus títulos esotéricos são "O Filho dos Poderes das Águas" e "O Senhor do Triunfo da Luz".

Número: O Sete é o número do Carro. Símbolo da vida eterna para os egípcios, não só é um número primo como também é o único sem múltiplos nem divisores (exceto o Um, claro) na primeira dezena, por isso simboliza a pureza, a sutileza e a essência.

Sendo sete as cores do arco-íris e as notas da escala musical diatônica, podemos considerá-lo como um regulador das vibrações. Culmina um ciclo e abre uma renovação criativa. É também o número dos dias da semana, dos planetas individuais (Urano, Netuno

O Sete

e Plutão são transpessoais) e dos metais principais. Os quatro períodos do ciclo lunar e o ciclo genital da mulher são também de sete dias: A ovulação ocorre no 14° dia (2 x 7). A implantação do óvulo no 21° dia (3 x 7), o ciclo menstrual é de 28 dias (4 x 7) e a gravidez dura 280 dias (40 x 7).

Se a primeira polarização da Unidade dá Três, a segunda dá Sete. O Sete é considerado o **n° da magia** pois sendo um agregado do Três, símbolo do abstrato (o mental é o espiritual[32]) com o Quatro, símbolo do concreto (A realidade material) seria a ponte que permite materializar as ideias. Abrangendo os dois mundos, é considerado símbolo da totalidade do Universo em transformação.

O raio branco (Um) decompõe-se através do prisma (Três) nas sete cores. Esse fenômeno pode-se enunciar esotericamente assim: O Sete é a manifestação da Unidade através da Trindade. Matematicamente seria: 7 = 3 = 1. Também podemos obter as sete cores do espectro a partir das três cores primárias. São 49 (7 x 7) o número de varetas usadas no I Ching e o número de dias

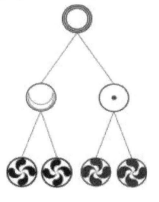

A 2ª polarização da Unidade

---

[32]. Espírito em francês *"Esprit"* também significa mente.

143

que dura o estado intermediário entre a vida e a morte, segundo a tradição japonesa e tibetana. Para Hipócrates, o Sete "dá vida e movimento". São muitas as tradições que consideram sete centros sutis ou chakras. No Alcorão, fala-se de sete sentidos esotéricos.

CORRESPONDÊNCIAS

Letra hebraica: ח. Cheth, pronuncia-se Jet (o jota do espanhol), é a letra atribuída ao Carro. Simples, feminina, de cor âmbar, o valor numérico oito significa "campo", "recinto" ou "cerca" e implica os diversos meios de estruturar a percepção consciente global em componentes que conseguimos perceber e compreender. Hieroglificamente, simboliza a existência elementar, o princípio da aspiração vital. É atribuída ao elemento Água.

Caminho cabalístico: O caminho de Cheth une Geburah (A Severidade) com Binah (o Entendimento). Esse é um dos cinco caminhos que atravessam o Abismo, portanto é difícil de ser percorrido, especialmente sendo um caminho no pilar do rigor. A força, o poder e a coragem de Geburah levam o caminhante a atravessar o Abismo e atingir o supremo entendimento e a compreensão do sentido da dor em Binah. Une a Severidade da Lei com a Compreensão ilimitada do Espírito. Assim, a perda do sentimento de possessividade é fundamental para poder-se trilhar o 18º caminho.

"A mensagem individual mais importante deste caminho é que o Espírito pode ser reconhecido por trás da forma, e que esta, como veículo da intenção do próprio Espírito, precisa voltar a sua origem."

Arquétipos da Árvore da Vida. *Maddonna Compton.(1947 -)*

Atribuição astrológica: ♋. Câncer, atribuído ao Carro, é um signo de Água, cardinal e considerado o mais sensível do Zodíaco. Os nativos deste signo, como o caranguejo, vestem-se de uma casca protetora para esconder sua vulnerabilidade. São imaginativos e temperamentais, e perdem notavelmente sua autoconfiança em ambientes hostis, chegando a imaginar críticas e ataques inexistentes. Naturalmente tímidos, também não gostam da solidão e têm uma forte tendência a viver por meio dos outros. Estão governados pela Lua, daí sua sensibilidade, suas emoções intensas e seu apego a suas origens, ao lar materno, à sua mãe e ao passado. Câncer rege no corpo humano o peito e o estômago. Os cancerianos têm tendência a sofrer de problemas digestivos, anemia, hidropisia, dilatação do estômago e desequilíbrios glandulares. Tudo de origem psicossomática. Seu verbo é "Eu sinto" e seu processo de individuação é construir estruturas emocionais que o ajudem a nutrir, cuidar e favorecer o crescimento dos seres. Sua sentença é "Eu nutro os outros e a mim mesmo através de minhas visualizações positivas".

Câncer - Jofhra

Símbolos: A carta mostra uma carruagem, aparentemente puxada por quatro misteriosos animais, cujo cocheiro segura um disco giratório. O Carro é o veículo com o qual podemos nos mover e comunicarmos com independência. Põe-nos em contato com a realidade exterior. O toldo da carruagem protege o cocheiro do que pode vir do alto, daquilo que não controla. É azul-marinho, cor de Binah, e em sua orla está escrito "abrahadabra" versão crowliana do conhecido *abracadabra*, palavra que procede do hebreu *abreg ad habra*, que pode ser traduzido como "arremessa teu raio até a morte".

```
ABRACADABRA
ABRACADABR
ABRACADAB
ABRACADA
ABRACAD
ABRACA
ABRAC
ABRA
ABR
AB
A
```

A disposição desta palavra funciona como um captador de energia espiritual, dirigindo para o vértice inferior as energias do alto e, ao mesmo tempo, mandando para os abismos telúricos qualquer vibração negativa. Os físicos da Idade Média a usavam muito, especialmente para combater a febre. O toldo está apoiado em quatro colunas, símbolo do quaternário, de cor âmbar de Cheth, e as rodas vermelhas representam a energia dinâmica de Geburah que origina o movimento.

Perante os Tarots de Marselha e da Golden Dawn, que colocam cavalos para puxar o carro, Crowley, provavelmente inspirado nas esfinges de Levi, mandou desenhar quatro animais. Cada um é uma combinação particular dos quatro querubins que formam a esfinge. Isso lembra a visão de Ezequiel do carro de fogo. Existe uma linha mística judaica chamada Merkabah – carro em hebraico – relacionada com essa visão. Também podemos ver aqui uma referência ao mito de Arjuna e Krishna, no Bhagavad Gita cuja mensagem é o desapego e a desidentificação.

O Carro de Marselha, Waite e Crowley

Essas quatro esfinges podem representar também os aspectos da quaternidade humana misturados e olhando em direções diferentes. Observemos que nenhuma delas está olhando para trás, isto é, para o passado. Todas as possibilidades estão abertas, exceto voltar, claro. Isso enfatiza as ideias de ruptura, de fim de um ciclo, início do caminho e desvinculação com o passado.

O cocheiro, sentado em meio lótus, está totalmente oculto em sua armadura, com a viseira de seu capacete (ambas da cor de Cheth) abaixada. Passa-nos uma imagem marcial, como corresponde a Geburah, a esfera de Marte. Dez esmeraldas estão incrustadas na armadura dourada. São as dez estrelas de Assiah ou Mundo material dos cabalistas. A armadura e o capacete, acima do qual temos um caranguejo, símbolo de Câncer, representam o ego, as defesas, as máscaras, os traumas cristalizados e as tensões musculares, com os quais o cocheiro ainda se identifica e tenta se proteger dos perigos da viagem da vida. Não parece estar muito interessado na paisagem, sua atenção está direcionada para o disco giratório, cujos fluidos são vermelhos (Yang) no centro e azuis (Yin) na periferia, firme por dentro e suave por fora como ensinam os mestres de artes marciais. Esse disco é uma forma do Graal símbolo da plenitude, objetivo do cocheiro que está sentado na Lua em sua forma mais receptiva ou feminina, indicando que a base de toda essa viagem, dessa procura de plenitude está no inconsciente, tal como se expressa na Árvore da Vida e nas lendas mais antigas da mitologia grega. O caminho do Carro está pavimentado com pedras douradas: é o caminho Real ou senda do autoconhecimento.

Enquanto o Tarot Mitológico e o Tarot Cósmico mostram carros em movimento, os de Marselha, Waite e Crowley estão quietos. E no caso dos Tarots de Marselha vai continuar estando porque como podem ver as rodas estão perpendiculares a tração dos cavalos.

Significados gerais: O Carro é a primeira iniciação do Louco. É o Princípio do Desapego que o leva a fechar um ciclo (7) e abrir um novo. A percepção da vida que realmente quer viver que teve nos Amantes o leva a desapegar-se e largar tudo aquilo que já não o nutre, não o estimula nem entusiasma, tudo aquilo que se tornou um peso morto.

Nesse momento ele se sente impelido inconscientemente a procurar a plenitude por meio de algo novo que não sabe o que é nem onde está, mas para isso se sente pronto para abandonar as estruturas, os condicionamentos externos, as rotinas, os vínculos profissionais, familiares ou amorosos que não o preenchem nem estimulam mais, jogando-se na aventura do desconhecido. Movido pela necessidade de encontrar-se a si mesmo se desapega do que trava a expressão de sua essência. Temos aqui uma afirmação pessoal, por meio da conquista de um funcionamento adequado em relação ao mundo externo, com certo grau de autonomia. Exerce sua força de vontade para ser autônomo, para livrar-se do que não quer mais. Este movimento procede do inconsciente, na sua procura da plenitude. Não é só uma coisa do consciente como acontecia no Imperador. Este ser quer ser o dono de seu destino, percebe que sua vida não é o produto das circunstâncias, mas o resultado das respostas que ele dá para essas circunstâncias. Sabe que estas respostas vêm do inconsciente, ele não as controla. Ele precisa permanecer receptivo a seu inconsciente, pois só assim poderá achar a plenitude que almeja e que está simbolizada na atenção prestada ao disco giratório. Esta carta é a representação do caminho espiritual.

O Carro representa uma renovação criativa, nele se fecha um ciclo de mudanças quantitativas que levam a uma transformação qualitativa.

Autores vinculados à linha junguiana veem aqui a constituição da "pessoa", a máscara, o personagem que, encobrindo o verdadeiro eu, o ator incorpora para representar e funcionar no teatro da vida, isto é, o ego estruturado que dirige sua vida, consegue a aprovação social e controla seus sentimentos.

Para outros, esta carta significa a vitória, como é o caso do *Tarot Egípcio*, que a intitula "o Triunfo". Não há dúvida de que O Carro representa uma grande libertação. Porém é uma libertação parcial: o cocheiro continua enfiado em sua armadura. É uma carta de início e não de resultados.

Poderíamos falar em vitória no Arcano XIV, A Arte, a segunda iniciação do Louco que aqui já sabe o que quer e de uma maneira consciente leva à prática, o que vem de dentro.

NA LEITURA TERAPÊUTICA

Momento atual: Está fazendo contato com um impulso interno de fechar um ciclo de sua vida e abrir outro, largando tudo aquilo que já não o preenche, estimula nem anima, o que se transformou em peso morto: Objetos, atividades e/o relações que já não a satisfazem. Está com vontade de algo diferente, procurando algo novo relacionado com um sentimento íntimo que ainda não se manifestou nos planos concretos, mas que cada dia está pulsando com mais força. A procura de plenitude manifesta-se hoje na conquista de sua independência e autonomia e isso significa eliminar o que não lhe nutre ou estimula.

Âncora: Podemos encontrar dois casos:

Por excesso o consulente mostra-se compulsivamente autossuficiente, desapegado e independente. Diz: "Não preciso de nada nem de ninguém". Oculta seus sentimentos, seus impulsos instintivos e suas necessidades materiais e emocionais. Para ele, qualquer compromisso ou vínculo é um freio em seu caminho para "altas metas", importantes realizações ou projetos exóticos ou pseudo-espirituais, com os quais tenta chamar a atenção e engordar seu ego. Tem dificuldade para cumprir uma função na sociedade. Por baixo de sua brilhante armadura, temos uma pessoa muito carente, possessiva e ciumenta. Se penetrar na sua casa, sugará sua atenção contando suas aventuras, esvaziará sua geladeira e se cochilar, se enfiará na sua cama e tirará os atrasos. Você se sentirá sugada e quando vai embora, sem mostrar o que sente você verá uma sombra triste e orgulhosa afastar-se. Pode ser uma pessoa com uma estrutura de defesa de tipo oral, especialmente se as cartas da Infância (o Três de Espadas – A Dor – ou o Cinco de Copas – A Frustração) mostrarem que existiu uma forte rejeição. Essa mistura de egocentrismo e carência afetiva, que poderia estar acentuada pelo Dois de Copas (O Amor) na mesma posição, está pedindo um floral de Heather.

Por falta esta pessoa tem uma grande dificuldade para se desapegar, coloca a segurança e a estabilidade como prioridades na sua vida e a partir delas justifica seus atos e suas prisões, especialmente se aparece junto com o Quatro de Discos ou de Copas (O Poder e O Luxo). Muito apegado ao passado, identifica-se com seu papel social, com sua função e se desliga de sua essência. A dificuldade de aceitar o desafio da mudança e a falta de participação com as pessoas podem ser tratadas com a essência de Honeysuckle.

Infância: Justamente a infância é a época menos propicia para o desapego. A criança necessita certificar-se plenamente que seus pais são seus pais, que sua casa é sua casa e seus brinquedos são seus, assim se sentirá seguro e depois poderá ir desapegando-se pouco a pouco. A criança sentiu-se abandonada, não recebeu a necessária proteção, amor e apoio que requeria para afirmar-se. A mensagem que recebeu foi cruel: "Vire-se! Não vamos ficar sempre resolvendo tua vida", "Tens que ser forte e independente". Faltando a segurança e o cuidado que a família devia proporcionar, a criança desenvolveu uma máscara de invulnerabilidade. E para não sofrer com a rejeição, como as crianças da rua, decidiu-se por não mostrar suas necessidades de amor e apoio, mantendo-se exageradamente independente e autossuficiente.

Relacionamentos: a). Seu relacionamento deixa clara a necessidade de largar tudo o que perdeu a graça e assim fechar um ciclo de vida e abrir outro. Em algum caso pode ser que a própria relação esteja incluída no pacote a descartar, especialmente se aparece com um Cinco de Copas (A Frustração). b). Vende uma imagem de livre e desapegada quando na realidade tem muito medo de criar vínculos profissionais, financeiros e especialmente emocionais. Sempre está de passagem, no futuro, atrás de algum objetivo, muitas vezes distante, que não o permite envolver-se nem se entregar. O floral de Sweet Pea* o ajudará a criar vínculos e a desenvolver sua noção de lar.

Voz da Essência e Método: Chegou o momento de concluir um capítulo de sua vida e abrir um novo. Para isso sugeriremos que trabalhando o desapego faça uma limpeza, largando tudo o que não nutre, anima e estimula, começando pelos armários e gavetas, continuando com vínculos profissionais, amorosos, compromissos familiares, exigências financeiras e acabando com tudo o que se tornou peso morto. Seria conveniente fazer uma lista de tudo aquilo que apenas ocupa espaço e tempo e identificar e trabalhar os medos e outros possíveis bloqueios que dificultam essa limpeza. É impossível encher uma taça vinho que está cheia. Criar um vazio facilita a chegada do novo. Recomendaremos o uso do floral de Sagebrush*, que o ajudará a se conectar com sua essência e a se libertar do que já não serve para sua evolução.

Caminho de crescimento: Usando as chaves que apareceram nas posições anteriores, a pessoa percebeu que não pode continuar carregando um monte de coisas, atividades, relações, etc. que se esvaziaram de significado e começa a eliminá-las abrindo assim a possibilidade de fechar um ciclo de sua vida e abrir outro.

Resultado interno: Esta pessoa, produto de todo o processo que vimos até aqui, conseguiu identificar, entender e desativar as dificuldades internas que tinha para, escutando sua voz interior, juntar a força necessária para descartar o que já não lhe nutre. Rompeu vínculos insatisfatórios, se desfez do peso morto e está sentindo o que é que lhe toca realmente suas fibras sensíveis, o nutre e estimula para abrir um novo ciclo.

Resultado externo: A pessoa está encarando o mundo com a atitude que acabamos de ver no Resultado Interno. Pode estar deixando o emprego, transforma as suas relações familiares, abandona atividades que não lhe dizem mais nada, deixa de viver em função dos outros ou de uma busca doentia por segurança. Está disposto a lançar-se numa nova etapa de vida em que suas atividades e seus vínculos tenham um sentido profundo para ele.

Capítulo VII

O Segundo Heptenário

O Ajustamento (A Justiça)

Títulos		Número	Letra hebraica	Caminho Cabalístico	Atribuição astrológica	Princípio Universal
Marselha Waite	A Justiça			22°		
Crowley	O Ajustamento	8	ל Lamed Canga de Boi L	Tiphareth Gueburah	♎ Libra Eu equilibro	Forças que ajustam e equilibram o universo.
Osho Zen	A Coragem	O Equilíbrio Cósmico				

Títulos: "A Justiça" na maioria dos baralhos, foi rebatizada por Crowley como "O Ajustamento", considerando que a Justiça tem um sentido estritamente humano e não se pode considerar como uma característica da Natureza. Em palavras de Crowley: *"Apesar de ser exata, a Natureza não é justa sob nenhum ponto de vista teológico ou ético"*. Sendo inexistente na Natureza não podemos considerá-la um princípio universal.

É "A Coragem" no *Osho Zen* e seus títulos esotéricos são "A Filha dos Senhores da Verdade" e "O Governante da Balança".

Número: O Oito representa o Equilíbrio Cósmico. Duas vezes quatro, mostra a plena e total encarnação do Espírito, em uma matéria que se torna criadora e autônoma, originando suas próprias leis em harmonia com as leis cósmicas: *"Como acima, assim abaixo"*, Kibalion. As quatro direções cardinais e as quatro intermediárias formam o Oito da Rosa-dos-Ventos, que passa uma ideia de totalidade. A representação gráfica do Oito, o octógono, é um intermediário entre o círculo e o quadrado, entre o Espírito e a matéria, entre o não manifestado e o manifestado. Representa a matéria que incorporou as leis cósmicas e atingiu sua autonomia.

O Oito

Na cosmogonia chinesa, o mundo é governado pelos oito trigramas. No Japão, este é um número totalizador. Este país é chamado, desde épocas imemoriais, "As Ilhas do Grande Oito", querendo dizer que este arquipélago é formado por inumeráveis ilhas. Essa tradição está em sintonia com o fato de o Oito deitado ser o símbolo matemático do infinito. Waite atribuiu a esta carta o número 11, considerando que a mulher que segura a balança de pratos iguais deve estar no meio da sequência, como o fiel da balança, deixando o Oito para a carta que tradicionalmente era atribuída ao número 11, isto é, para A Força ou O Tesão.

CORRESPONDÊNCIAS

Letra hebraica: ל. Lamed é a letra atribuída a este Arcano. É uma letra simples, feminina, sua cor é verde-esmeralda e seu valor numérico é trinta. Corresponde ao nosso L. Significa "a canga" ou "aguilhão" do boi, abrindo assim uma relação interessante com O Louco, cuja letra, como já vimos, significa "boi". Sem a canga, a força do boi não pode ser aproveitada, assim como sem O Ajustamento os potenciais do Louco não são operativos. Hieroglificamente, Lamed representa uma serpente desenrolando-se ou também a asa de um pássaro se esticando para levantar voo. Não *Livro dos Sinais*, Lamed é chamada *"Mestre dos mestres", cuja instrução "é como uma canga que guia os adeptos pelo largo circuito da existência".*

Caminho cabalístico: O caminho de Lamed (22º) une e equilibra Tiphareth (A Beleza) com Geburah (A Severidade). Essa Consciência Fiel é como um guia interno, sempre pronto a transmitir-nos as lições necessárias para nossa evolução. Esse caminho exige uma reavaliação contínua de nosso modo de vida, já que nele confrontamos nossa programação infantil (carma), que pesa e determina como uma canga. Nesse confronto, precisamos das melhores qualidades de Geburah para poder manter conscientemente o equilíbrio.

Atribuição astrológica: ♎ Todos os Tarots são unânimes em atribuir o signo de Libra a este Arcano. Libra é um signo de Ar, cardinal e governado por Vênus. Sua procura venusiana por amor, prazer e beleza passa por um filtro intelectual. Governa os rins, que são os órgãos eliminadores que purificam o sangue das toxinas. Libra é o primeiro signo social; para ele, relacionar-se é tão importante quanto respirar. Cresce à medida que harmoniza, embeleza e equilibra o ambiente que o rodeia. Tem horror a grosserias, discussões exaltadas e brigas; de maneira que, para evitá-las, às vezes se deixa dominar por pessoas com um temperamento mais forte. Esconde sua agressividade natural atrás de verdadeiros ideais de paz, harmonia e beleza, tentando sempre resolver amistosamente os conflitos. O libriano pertence ao grupo que não gosta de ficar sozinho, precisa dos outros para dialogar e argumentar. Procura o sucesso social

Libra - Johfra

e pode ser um grande puxa-saco, já que tem uma enorme necessidade de ser apreciado por todos, porém não suporta multidões. Prefere a tranquilidade, a vida fácil, alegre e confortável, como bom venusiano que é. É inconstante e indeciso, com tendência a fugir dos problemas, especialmente se sua resolução exige confronto. Porém, sua capacidade de colocar-se no lugar dos outros o leva a desenvolver um profundo sentido da equidade, da Justiça e do equilíbrio, embora essa tendência possa levá-lo a esquecer suas próprias emoções. Seu verbo é "Eu equilibro" e sua sentença integradora é: "Eu gero harmonia com beleza e autenticidade". Os librianos possuem geralmente uma constituição física mais fraca que os outros nativos. Adoram a vida sedentária e, claro, pagam por isso. Têm tendência a enfermar-se dos rins e do sistema urinário em geral.

Símbolos: A figura central desta carta é uma mulher jovem e magra que se equilibra na ponta de uma espada, a qual segura com as duas mãos. Está fantasiada de Arlequim, personagem irreverente da *Commedia dell'Arte*, farsa italiana do século XVI, viva imagem do irresoluto, incoerente e sem princípios. *"É um ser que não conseguiu individualizar-se e desvincular-se da profusão de desejos, projetos e possibilidades",* explica Crowley. Este personagem, complemento feminino do Louco, está coroado com as penas de Ma'at, deusa egípcia da Verdade, da Justiça e da Lei, filha de Rá, deus do sol.

Ma'at

"Destas penas de avestruz da Dupla Verdade, tão delicadas que o mais sutil hálito mental pode agitar, pendem através das correntes da Causa e do Efeito, os pratos ou esferas onde o Alpha (o primeiro) e o Ômega (o último, equilibram-se. "Não é possível deixar cair um alfinete sem provocar uma reação correspondente em cada estrela".

O Livro de Thoth — A. Crowley

A mulher ajusta e equilibra o Universo. Sua expressão revela a íntima satisfação que sente ao equilibrar qualquer elemento em desequilíbrio. A mulher está diante de um trono formado por esferas e pirâmides, quatro em cima e quatro embaixo, dando ideia de Lei, ordem e limite, e que mostram graficamente a mesma serenidade e equilíbrio que a mulher, em um plano mais impessoal. Nas quatro esquinas da carta, temos esferas verdes e azuis, perfeitamente equilibradas, das quais surgem linhas de força que formam uma cortina e que se integram no diamante ou *Vesica Piscis* (literalmente Bexiga de Peixe, que equilibra o peixe e lhe permite nadar) onde a mulher executa seu trabalho. A *Vésica Piscis,* símbolo da manifestação do próprio Universo é uma figura geométrica feita com duas circunferências de mesmo raio onde o centro de uma está sobre a circunferência da outra.

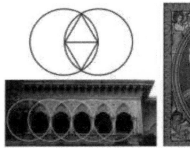

A Vésica Piscis

Representou a vagina da Deusa Mãe, o ponto físico de origem da vida. Foi muito usada na construção de templos, como Glastonbury, nas catedrais góticas e na representação de Jesus Cristo e dos santos.

A espada, que depois aparecerá no Ás de Espadas, é a Espada dos Magos com seus três sóis e duas luas no punho. Pode ser veloz e devastadora, eliminando o supérfluo, pode fazer a guerra e também forçar a paz. Como a mente que afirma e nega, a espada é um símbolo de polaridade.

Significados gerais: Este Arcano é a expressão simbólica das forças cósmicas que ajustam e equilibram o Universo, desde o Cosmos* como um Todo até cada uma de nossas células e partículas subatômicas. Para manter tal equilíbrio, essas forças vão construindo aqui, destruindo lá, ajustando os fenômenos particulares. Esse Ajustamento ou reorganização contínua da Existência pode ser compreendido nos termos da **Lei de causa e efeito**, assim como Madame Blavatsky divulgou o conceito de **carma** (cujo significado literal é ação) limpando-o das ideias de prêmios e castigos, de pagamento por nossos pecados e erros. O Carma é a ação que nos coloca na posição que nos corresponde no caminho da nossa individuação, em função do que já percorremos e do que nos falta por percorrer até chegar a ser plenamente o que somos. Todos os bebês nascem igualmente divinos e perfeitos, salvo graves problemas no útero, não importa se na última encarnação foram um Hitler ou um Chico Mendes. Seus pais vão "karmatizá-los" até colocá-los no mesmo ponto de evolução que estavam na encarnação anterior, para que assim tenham de passar pelos degraus evolutivos, pelos desafios e conflitos que não resolveram em vidas anteriores. Depois o adolescente irá atraindo as situações que lhe dão chance de resolver estas questões e crescer. Se trata de ajustar e encontrar um equilíbrio entre os impulsos internos e o mundo externo onde vivemos esses impulsos. Não se trata de reprimi-os temendo uma resposta negativa do mundo externo porque então vão se acumulando e podem alcançar uma massa crítica que um dia passa por cima de nossa capacidade de controle e explode para fora fazendo uma barbaridade no mundo externo ou para dentro destroçando o corpo físico. Se trata de respeitar-se e expressar todos os impulsos, isso sim buscando a maneira mais adequada de fazê-lo. Sempre é muito mais fácil quando esse impulso não está acumulado. Se a atitude de uma pessoa me incomoda uma vez posso mostrar-lhe amavelmente, mas se não o faço e vou acumulando raiva vai a ser cada vez mais difícil dizer-lhe de uma maneira gentil e adequada. Por outro lado, se somos respeitosos com nossos impulsos seremos mais respeitosos e tolerantes com o mundo. Mesmo que determinadas crenças ou hábitos de determinadas pessoas, grupos ou etnias nos pareçam trogloditas, reacionárias ou machistas não vamos brigar com tais pessoas se não nos atacam. Colocaremos o biquíni em Ipanema, mas não em Cabul.

NA LEITURA TERAPÊUTICA

Momento atual: O consultante está sentindo a necessidade de reajustar-se. Percebe que existem demasiadas fricções internas e/ou externas em sua vida e que forçar as coisas só o afasta do equilíbrio. De tanto se exigir ser "o que os outros querem que eu seja", "o que devo ser", "o que eu acho que eu sou" ou "o que eu imagino que posso chegar a ser", só criou tensões pois o obriga a reprimir boa parte de seus impulsos internos, que vão se acumulando e um dia podem explodir criando conflitos com o mundo externo.

Âncora: Por excesso diríamos que esta pessoa se esconde atrás de uma imagem de modelo de comportamento. Sente a necessidade compulsiva de agradar e de ser aceita pela sociedade. Para isso, deixa de ser o que é para tentar ser "o que deve ser", ajustando-se à etiqueta e à moral vigentes. Não percebeu ainda que ser melhor ou pior não faz sentido. Com que parâmetros definimos o melhor e o pior? Trata-se de ser integralmente o que você é. Finge o tempo todo e em casa é capaz de notáveis concessões para evitar enfrentar o que mais teme: ser abandonada, já que tem horror da solidão.

"A solidão não é o que sucede quando se está só, senão o
que se sente quando não podes conectar-se contigo mesmo" Osho

Essa negação de si mesmo e tanto jogo de cintura oportunista e hipócrita a deixam muito ansiosa e vulnerável e com grande dificuldade para tomar decisões. Desligou-se do que ela é em função do que acha que deve ser. Quem paga o pato são as emoções, que acabam no baú das lembranças.

Um sub aspecto interessante desse caso é a do ego rígido, que se exige mostrar-se justo, aparentemente equilibrado, racional e disciplinado, sem concessões para o subjetivo, encarnando o juiz de si mesmo e dos outros, que, como a Lei, deve ser em todo momento universal e impessoal. Orgulhoso de seu comportamento imaculado, alardeia para os quatro ventos que não deve nada a ninguém, critica sem piedade os pecadores e se outorga o direito de "atirar a primeira pedra", a segunda e a terceira, se lhe deixarem.

O caso geral estaria acentuado com o Dois ou o Sete de Espadas (A Paz e A Futilidade), sugerindo o uso de Agrimony, que ajuda a resgatar os verdadeiros sentimentos, a perder o medo da solidão e a se valorizar. Seu comportamento preso às normas sociais para ser aceito pode ser revertido com o uso do floral de Goldenrod,* que fortalece a convicção interior. O Imperador, O Hierofante ou o Quatro de Espadas (A Trégua) reforçariam a autorrepressão e o fanatismo do segundo caso, indicando a necessidade de se usar o floral Rock Water, que estimula a tolerância, a compreensão e a flexibilidade. Pode ser usado com a essência de Beech se o Cinco de Espadas

(A Derrota) ou a Rainha de Espadas indicarem a presença de traços exageradamente críticos.

Por falta mostra uma pessoa incapaz de se ajustar minimamente ao ambiente onde está. Vive em permanente conflito consigo mesma e com o mundo. Provavelmente carrega um histórico de severa repressão de seus impulsos que vão se acumulando até que explodem de maneira inadequada ou até delitiva criando assim sérios problemas com a sociedade. Não sendo respeitosa e tolerante com seus impulsos internos tampouco o é com as crenças, hábitos e costumes dos outros e acaba colocando o biquíni em Cabul. A essência de *Saguaro** pode ajudar a resolver conflitos com as figuras de poder, a aceitar a lei e harmonizar os vínculos com a autoridade.

Infância: Um de seus pais, ou talvez os dois, criticou, julgou e desvalorizou tudo o que a criança fazia e falava, com uma atitude fria e racional. Exigiu que a criança fosse um modelo de comportamento. Esta gravou o sentimento de estar sendo vigiada constantemente, inibiu sua espontaneidade e bloqueou notavelmente a expressão de seus sentimentos. É óbvio que odeia ser criticada e, quando isso acontece, desenvolve instantaneamente o verbo de um advogado para salvar-se e fugir das responsabilidades reais.

Relacionamentos: a) A relação ajuda à pessoa a encontrar maneiras adequadas de expressar seus impulsos sem chocar com o mundo nem criar tensões internas produto de reprimi-los. b) O consulente vive suas relações afetivo-sexuais "como Deus manda", morre de medo de tomar qualquer iniciativa não sacramentada que derrube sua máscara de pessoa justa e reta, modelo de conduta dentro da relação, tipo "a perfeita casada ou casado" que se ajusta milimétricamente aos desejos ou expectativas de seu companheiro/a.

Voz da Essência e Método: Integrar este arquétipo passa por fazer reajustes. Em primeiro lugar, sugerimos que a pessoa identifique claramente as fricções que tem na sua vida, examine cuidadosamente as circunstancias que geram essas tensões entendendo-as como conflitos produto de conter impulsos ou produto da expressão não adequada de tais impulsos geralmente acumulados. Depois vai tratar de identificar e desativar as dificuldades internas que tem para deixar de fazê-lo e finalmente vai buscar a maneira mais adequada de expressar seus impulsos no mundo externo.

As cartas da Infância e da Âncora nos darão mais elementos. O Sete de Copas (A Corrupção) na Âncora ou no Momento atual, indicando o apego a padrões de comportamento viciados e destrutivos, leva-nos a sugerir o floral de Morning Glory*, que ajudará o consulente a ajustar seu ritmo de vida aos ciclos da Natureza, resgatando assim uma boa parte de sua força vital.

Essa transformação não pode se dá sem a honesta aceitação do lado sombrio. Para isso, recomendamos o uso do floral Scarlet Monkeyflower.*

Caminho de crescimento: Usando as chaves que apareceram nas posições anteriores a pessoa percebe que tentar ajustar-se ao que imagina que os outros esperam dela só aumenta suas tensões e traz sofrimento e frustração. Assim começa a fazer reajustes buscando as maneiras mais apropriadas de expressar-se mantendo-se honesta e autentica consigo mesma e como consequência diminuindo as fricções.

Resultado interno: Esta pessoa, produto de todo o processo que vimos até aqui, conseguiu identificar, entender e desativar as dificuldades internas, crenças, medos e outros bloqueios que a impediam expressar fluida e adequadamente seus impulsos internos no mundo externo. Livre de fricções se sente internamente equilibrada. Desenvolveu sua capacidade de adaptação ao meio ambiente e às circunstancias externas mantendo-se autêntica.

Resultado externo: Vemos o consultante encarando a vida e seus afazeres práticos com a atitude interna que acabamos de ver no Resultado Interno. Sem tensões internas pode usar o sentido comum, encontrando as maneiras mais eficientes para levar a prática seus impulsos e iniciativas. Sem extremismos nem radicalismos, pode ajustar-se ao mundo externo sem prostituir-se.

O Ermitão

Títulos		Número	Letra hebraica	Caminho cabalístico	Atribuição astrológica	Princípio Universal
Marselha Waite Crowley	O Ermi-tão	9	'	20° Tiphareth Jesed	♍ Virgo Eu discri-mino	A Introspe-ção
Osho Zen	A Soli-dão	O Absolu-to e elevado	Yod Mano I			

Títulos: Esta carta é chamada na maioria dos Tarots de "O Ermitão" ou "O Eremita". No *Tarot de Besançon* do início do século XIX aparece como "Le Capucin", "O Encapuzado", e no *Osho Zen*, "A Solidão". Seus títulos esotéricos são "O Profeta do Eterno" e também "O Mago da Voz".

Número: O Nove, que é a manifestação do Três (nº do Espírito) nos três planos cabalísticos da existência: Neshamah ou espiritual, Ruash ou psíquico e Nephesh ou biológico, é o número atribuído ao Ermitão. Em muitas tradições (asteca, maia, taoísta e budista) existem nove céus. O filósofo grego, Parménides (515- 414 a.C), afirmou que o Nove faz referência às coisas absolutas. Para os taoístas, é o número da plenitude. O *Tao Te King* contém 81 (9 x 9) capítulos. Também podemos considerar

O Nove

o Nove como o Cinco (nº do ser humano) sobreposto ao quatro (nº da matéria), representando assim o aspecto mais espiritual e elevado do ser humano. Nossa numeração decimal está baseada no Nove, que é o Zero em um ciclo superior de numeração, assim como o Dez (10 = 1 + 0 = 1) é o Um em um novo ciclo. A raiz latina de Nove significa "novo".

A grafia árabe desse número lembra uma espiral aberta, enquanto o Zero pode ser considerado uma espiral fechada. Matematicamente, existe um forte parentesco entre esses dois números: Qualquer número somado a Nove ou a Zero e reduzido, acaba dando o mesmo número. Exemplo: 5 + 9 = 14 = 1 + 4 = 5; 5 + 0 = 5. Qualquer número multiplicado por Nove e reduzido dá Nove, do mesmo modo que qualquer número multiplicado por Zero dá Zero. Exemplo: 5 x 9 = 45 = 5 + 4 = 9; 5 x 0 = 0

Nove é também o número da inspiração, das relações harmoniosas e das artes clássicas, pois nove são as musas que na mitologia grega representam o total do conhecimento humano.

CORRESPONDÊNCIAS

Letra hebraica: ' A Golden Dawn e também Crowley atribuem a letra Yod ao Ermitão. É simples, branca e feminina e, no entanto, representa o Princípio Masculino no Tetragramaton. Seu valor numérico é dez e como o Um, na matemática, Yod é a base da construção do alfabeto hebraico. Significa mão e simboliza o início, a semente, o Princípio Masculino fecundante. Hieroglificamente, representa a manifestação potencial. Tem o som do I.

Caminho cabalístico: O caminho de Yod une Tiphareth (A Beleza) com Jesed (A Misericórdia, o Arquiteto da Manifestação). Nesse caminho, estão os inícios da manifestação. O sentido humano associado é o tato.

Atribuição astrológica: ♍ O signo atribuído a este Arcano é Virgem, signo de Terra, mutável, regido por Mercúrio. Dos três signos de Terra é o mais feminino e receptivo, vinculado especialmente ao cereal, alimento fundamental das grandes civilizações de todos os tempos e a Deméter.[33]

Virgem - Johfra

Virgem governa os intestinos, o sistema nervoso e em geral o abdômen. A função desses nativos é conservar a pureza dos princípios que facilitam a reprodução dos seres e das coisas e fazem com que os esforços sejam proveitosos. Adoram analisar, catalogar, discriminar e observam os menores detalhes, apontando o que lhes parece errado. Pensam que sua missão é ordenar o mundo. Geralmente expressam melhor seus talentos como subalternos não como líderes. Tímidos, reservados e lógicos têm um sentido crítico perigosamente desenvolvido. São ordenados, metódicos, precisos e muitas vezes insuportavelmente perfeccionistas. Não gostam de precipitar-se nem se deixam levar com facilidade pelos impulsos. Suas paixões são moderadas e preferem a diplomacia e a conciliação a guerra e a disputa. Preocupam-se muito com a alimentação, saúde e segurança material. São eternos aprendizes. Têm notável tendência a adoecer do sistema digestivo, a intoxicar-se e a sofrer de distúrbios do sistema nervoso, sensitivo e motor. São hipocondríacos e têm mania de remédios. O verbo de virginiano é "Eu discrimino" e sua sentença integrativa é *"Eu aceito e colaboro com a perfeição e a ordem universal"*.

---

[33] Deméter na Grécia, Ceres em Roma, deusa da fertilidade, da terra e dos cereais, foi quem conservou uma maior proximidade com a Deusa, que com a chegada do patriarcado viu desmembra-dos seus atributos entre as diferentes deusas. Na Escola de Mistérios de Elêusis dedicada a Deméter, mantiveram-se vivos rituais neolíticos dedicados originalmente à Deusa.

Símbolos: Não centro da carta, está a mão do Ermitão, a ferramenta mais perfeita. A palavra "mão" tem a mesma raiz que "manifestação" e nos traz ideias de atividade, poder, habilidade e domínio. A mão aberta é símbolo de inocência: pode dar e receber livremente sem impedimentos mentais ou restrições morais. O Ermitão está segurando uma lâmpada em cujo centro arde o Sol, que simboliza a chama viva de sua consciência. A lâmpada é o suporte da luz, e a luz, a manifestação da lâmpada; segundo o Zen, representa a sabedoria. Não Ocidente, é símbolo de santidade e da vida contemplativa. Sua oscilação nos rituais hindus sugere a rejeição dos pensamentos do mundo profano.

O Ermitão de Marselha, Waite e Crowley

A posição do Ermitão lembra a forma da letra Yod. Dá às costas para o observador, isto é, para o mundo externo, e direciona toda sua atenção para o Ovo Órfico, que guarda a essência da vida. Ao redor do ovo, enrosca-se a serpente, Senhora do Princípio Vital, das transformações necessárias para perpetuar a vida e da Sabedoria inerente a esse processo. O ovo representa o final de um ciclo biológico e o posterior retorno à vida. O Ovo Órfico simboliza a capacidade de dar nascimento a novas formas físicas e emocionais. A carta está dividida em duas partes, uma superior e outra inferior, pelo raio de luz horizontal da lâmpada. A área inferior está ocupada pelo espermatozoide, que nos outros baralhos aparece como um bastão, símbolo da energia masculina (Yod) no mundo material. Tanto no espermatozoide, representado como o concebia a teoria espermista como no bastão, está contida a força do inconsciente masculino. Talvez para reforçar essa ideia do masculino, Crowley o desenhou como o *Homunculus*, um ser humano em miniatura. Só em 1775 o padre italiano Lazzaro Spallanzani provou que eram necessários um espermatozoide e um óvulo para a reprodução humana. O Bastão é um símbolo de vitalidade e regeneração. Tanto na tradição bíblica (Moisés) como na budista o bastão faz brotar fontes. Também é um símbolo de autoridade, representando o mestre em cujos conselhos o discípulo se apoia.

Embaixo, está o cachorro de três cabeças: Cerberus, o lendário guardião das portas do inferno grego, da sombra do inconsciente. Com duas cabeças está olhando para frente e, com a outra, espreita para trás, isto é, observa o passado, indicando que no caminho do autoconhecimento não é possível deixar assuntos sem resolver por mais escondidos que estejam no inconsciente, ou seja, no passado.

O Ermitão está rodeado de espigas de trigo, símbolo de Virgem, de Deméter e da fertilidade em seu sentido mais exaltado. Aquele que conhece a si mesmo pode compartilhar com os outros a sua experiência de transformação, já pode ser nutritivo. Em palavras de Crowley: *"Nesta carta se revela todo o mistério da vida nas operações mais secretas. Yod = Falo = Espermatozoide = Mão = Logos = Virgem"*.

Significados gerais: Representa o Princípio da Introspecção, do ir para dentro. Em termos humanos, é a autoanálise. Os autores junguianos veem aqui o arquétipo do Sábio. O Ermitão é aquele que acima de tudo procura conhecer-se. Distanciando-se do barulho mundano, do supérfluo, inconsistente e fútil, observa e analisa seu mundo interior, iluminando gradualmente seu inconsciente com a chama de sua consciência. Sendo uma forma de Mercúrio, seu enfoque introspectivo é necessariamente analítico e metódico. Observa e analisa aquela área da mente em que se refletem os impulsos do inconsciente. Vai ampliando a consciência de si mesmo à medida que se analisa e se aprofunda na sua própria experiência, observando e compreendendo como reage ante as diferentes situações. Prestar atenção a si mesmo significa calar-se. Não existe compreensão sem experiência, no entanto as menores experiências são susceptíveis de proporcionar compreensão e autoconsciência quando devidamente aprofundadas. O Ermitão percebe que não existe crescimento senão por meio de si mesmo e de sua própria experiência. Se você não se conhece pelo que está vivendo, não vai se conhecer por nada.

Se a atitude da Sacerdotisa é meditativa e leva à sabedoria, o caminho do Ermitão é a autoanálise e leva ao autoconhecimento. A atitude do Ermitão é a do cientista Jacques Cousteau, que, munido de instrumentos, mergulha no lago Titicaca, fotografa os, até então desconhecidos, sapos gigantes. A atitude da Sacerdotisa é a do curtidor, do Jacques Mayol,[34] que encontra a si mesmo no fundo do mar e se diverte brincando com os golfinhos.

O Ermitão não está interessado em divulgar seus conhecimentos, promulgar doutrinas, nem instruir discípulos, como acontece com o Hierofante. Apenas segue o mandato socrático: "Conhece-te a ti mesmo", que aparece na entrada do oráculo de Delfos.

O Ermitão não é um personagem solitário, um iogue que vive isolado do mundo, fugindo de qualquer impacto que possa provocar respostas em seu inconsciente. Pelo contrário, tais respostas são muito importantes para ele. O iogue solitário corre o grande risco de ser atropelado por um ônibus, no momento em que deixa seu retiro e topa com um *outdoor* de roupa íntima.

O Ermitão muda o foco. Deixa de colocá-lo nas circunstancias para pôr em como e porque estas lhe afetam. Sabe que se algo lhe move é porque há uma área sensível. Se pergunta por que isto me irrita, por que isto me dói, por que isto me entristece, por que isto me dá medo, por que isto gera uma determinada oscilação de voltagem emocional ou instintiva. Deixa de colocar a responsabilidade (ou a culpa) em terceiros, no mundo cruel e se responsabiliza pelo que lhe acontece. Para de tentar mudar as circunstancias pois sabe que ele as atrai para ajudá-lo a crescer, para aprender alguma coisa de si mesmo e até que não à aprenda se repetirá. Ao identificar suas áreas sensíveis, pode cuida-las e cura-las, deixando assim de ser impactado pelas circunstancias de maneira que permanece no seu centro de onde pode ser fértil e nutrir o mundo com sua simples presença.

Sem dedos apontando o céu, lembra os sábios taoístas: *Quem sabe não fala, quem fala não sabe. O Sábio fecha a boca e os olhos, se faz impenetrável ao mundo exterior para o qual só abre seu coração. Então o Sábio se funde com o Todo".* Tao Te King, Cap. 36

Assim como o Zero e o Nove estão vinculados numerologicamente, O Louco e O Ermitão não *Tarot de Marselha* são andarilhos, enquanto todas as outras cartas mostram situações estáticas.

> *"Quem reprime o desejo (O Louco), reprime a autoconsciência (O Ermitão). A sabedoria que foge da loucura não é sabedoria. Esta sensatez não é mais do que medo".* Esquenazi

O Ermitão é um andarilho porque, estando enraizado no seu centro, está em casa em qualquer lugar, enquanto que aquele que não está no seu

---

[34] . Primeiro mergulhador que a pleno pulmão imergiu mais de 100 metros. Ver o filme "The Big Blue".

centro sempre precisará de um lugar para voltar, sentindo-se estrangeiro em todos os outros. Para quem está no seu centro, a ideia de se perder carece de significado.

NA LEITURA TERAPÊUTICA

Momento atual: O consultante está sentindo a necessidade de conhecer-se melhor, provavelmente para deixar de sofrer. Se deu conta de que seu sofrimento não é consequência das circunstancias, senão de como estas lhe afetam. Perguntando-se por que cada situação lhe afeta da maneira que lhe afeta vai indo para dentro e começa a se conhecer.

Âncora: "Melhor só que mal acompanhado" diria alguém com esta carta na Âncora por excesso. Uma pessoa tímida, compulsivamente introvertida, sempre analisando e julgando os outros e a si mesmo. Tem dificuldade para agir, carece completamente de audácia, especialmente para relacionar-se (sempre tem assuntos particulares mais importantes para resolver) e expressar suas emoções e necessidades de amor e sexo. É sexualmente imaturo e tem uma forte tendência a fazer da frugalidade, da austeridade e de toda forma de abstinência e privação, os princípios fundamentais de seu movimento pessoal. Sempre está muito preocupado consigo mesmo, especialmente com sua alimentação, (tudo lhe faz mal) sua saúde e sua segurança, para a qual pode trabalhar como um autômato. Quando abre a boca é para glorificar a purificação, o jejum, o autoconhecimento e o desenvolvimento espiritual ou para condenar o hedonismo. Com seu distanciamento do mundo, tenta esconder suas carências emocionais e seus medos de se expor e especialmente de ser rejeitado. Pode inclusive considerar-se um santo canonizável. É um personagem sombrio, maníaco, receoso, suscetível, lamuriento e solitário (ninguém o suporta, nem ele faz por onde). Nega seus impulsos instintivos até chegar a ser, especialmente com a presença de um Cinco de Espadas (A Derrota), venenoso, destrutivo e autodestrutivo. Com o Oito de Copas (A Indolência), poderíamos detectar nesse lúgubre quadro, a presença de tristeza profunda e tendências depressivas e a procura da compaixão alheia.

A seriedade é uma enfermidade. O sentido de humor é uma das partes mais essenciais da religiosidade.   Osho

Essa tendência ao isolamento, produto de uma desconfiança e insegurança extremas, devido a atitudes paternas hostis na infância, denunciadas pelo Nove de Espadas (A Crueldade), pode ser tratada com o floral de Baby Blue Eyes*, que trabalha restaurando a confiança e a inocência infantis. O de Oregon Grape* facilitará fazer amizades, dissolvendo o medo da hostilidade dos outros. A essência de Beech amainará seu exagerado espírito crítico e a de Califórnia Wild Rose devolverá o entusiasmo pela vida e pelos outros.

Por falta esta pessoa tem uma incapacidade crônica de ir para dentro e observar-se. Quando lhe assaltam emoções não gratas, se é homem corre ao bar e se é mulher vai fazer compras. Acaba sendo uma perfeita desconhecida de si mesma. A essência de Black-Eyed Susan* pode ajudar a que reconheça suas emoções ocultas.

Infância: Foi uma infância solitária e sem prazer. Viu-se privado da companhia de outras crianças, e seu lar era exageradamente sério – "festas e bagunça, nem pensar"–, austero e uma gargalhada era considerada uma falta de respeito. Talvez houvesse um idoso ou um enfermo cujo repouso não podia ser perturbado. Faltou atenção e sobrou crítica para as iniciativas e opiniões da criança. Esse contato com os adultos de sua família a levou ao isolamento e a desenvolver um sentido analítico muito pronunciado. Sentiu que não tinha direito de ser amado, cuidado, nem escutado, e que o melhor seria fugir, desaparecer no mundo interior. A Sacerdotisa e O Ermitão nesta posição indicam introversão. Contudo, com a primeira carta, o acento está na invalidação da ação, da palavra e do movimento e, com a segunda, está na solidão, na seriedade e na falta de prazer acompanhadas de críticas.

Relacionamentos: a) O relacionamento pode estar ajudando a pessoa a se conhecer melhor. Provavelmente seu companheiro/a está tocando em certos pontos sensíveis que desencadeiam emoções intensas. O autoconhecimento se dispara quando deixa de pôr o centro da questão no seu/sua companheiro/a e o coloca em compreender porque a conduta de seu parceiro mexe com ela. Se dá conta de que seu parceiro/a lhe está dando a possibilidade de conhecer-se ao identificar e ter que trabalhar tais áreas sensíveis. b). Temos aqui alguém que não consegue relacionar-se. Seus medos de se expor corporal, emocional e, inclusive, intelectualmente cortam qualquer possibilidade de comunicação. Talvez tenha sido muito rejeitado na infância (Três de Espadas - A Dor) e hoje tem medo de mostrar suas feridas, preferindo manter distância. Sugerimos o uso do floral de Pink Monkeyflower*, que alimenta a coragem para abrir-se emocionalmente.

No cúmulo do cinismo, pode chegar a dissertar (embora não seja um amante da oratória como O Mago) sobre os benefícios da castidade, quando se sente paquerado(a).

Voz da Essência e Método: A pessoa não se conhece, jamais se deu atenção, nunca olhou seu lado interior, não sabe quem é nem o que quer. Sempre interpretou o *script* sem nenhum questionamento. Hoje precisa voltar-se para si mesmo, dar-se atenção e estar alerta para seus impulsos internos. Integrar o arquétipo do Ermitão significa fundamentalmente centrar a atenção.

1º- Percebendo que as circunstâncias não são o problema, mas como elas mexem comigo e isso depende de mim pois a mesma circunstancia afeta a duas pessoas diferentes de maneira diferente. Se alguma coisa dói, amedronta ou me irrita ou me deixa triste, é porque eu tenho uma zona vulnerável que preciso identificar, compreender e curar, de maneira que vitimar-se ou brigar com as circunstancias, só serve para atrai-las de novo com mais força.

2º- Reconhecidas e aceitas as áreas sensíveis, há que revisar o passado para reviver as circunstancias originais (geralmente na infância) que as criaram e que são evocadas pelas situações atuais que nos impactam. No momento em que revisamos o passado nos damos conta que o que foi dramático e impactante até o ponto de criar uma ferida, quando éramos crianças dependentes e vulneráveis hoje por hoje com nosso tamanho, independência e experiência não nos afeta. Esta percepção leva a curar a área sensível e a partir de daí as circunstancias deixam de nos afetar de maneira que podemos permanecer em nosso centro e sem medo de abrir o coração. Sugerimos que a pessoa seja seu próprio Freud, observando, registrando e analisando tudo o que gera oscilações de voltagem emocional e instintivo, em vez de ignora-lo porque pode incomodar. Estes serão os conteúdos que facilitarão o autoconhecimento e a cura.

O floral de Chesnut Bud será de grande ajuda para tirar de suas experiências as lições necessárias para conhecer-se melhor e abordar a vida. Indicaremos terapia, talvez análise bioenergética.

Caminho de crescimento: Usando as chaves que apareceram nas posições anteriores a pessoa deixa de vitimar-se ou brigar com as circunstancias para investigar os motivos profundos de suas reações a tais circunstancias. Assim começa a dar-se atenção e a conhecer-se melhor.

Resultado interno: Esta pessoa, produto de todo o processo que vimos até aqui, conseguiu identificar, entender e desativar as dificuldades internas que tinha para ir para dentro, assumindo suas emoções, entendendo que o mundo não está cheio de canalhas que por alguma razão misteriosa se gratificam em faze-la sofrer, senão que atrai exatamente aquilo que, por tocar em uma ferida, a obriga a trabalhar para cura-la. Curar essas feridas a leva a centrar-se, a ser menos vulnerável ao mundo de maneira que pode entregar-se à vida. Podemos dizer que hoje o consultante se conhece a si mesmo, sabe o que quer e o que não quer, observa o mundo a partir de seu centro sem cair em seus delírios e emana uma agradável sensação de centramento e paz.

Resultado externo: A pessoa encara o mundo com a atitude que vimos no Resultado Interno. A vemos madura, centrada, sabendo preservar sua luz dos embates da inconsciência general sem pretender ser a dona da verdade. Essa atitude a leva a ser um elemento fértil na sociedade na qual se move. Pode interessar-se por alguma área relacionada ao autoconhecimento ou à terapia analítica.

A Fortuna (A Roda da)

Títulos		Número	Letra hebraica	Caminho cabalístico	Atribuição astrológica	Princípio Universal
Marselha Waite	A Roda da Fortuna	10		21°		O Princípio da Expansão e o Movimento
Crowley	A Fortuna	A *Tetra-kys*	ב, ך no final Qaph A palma da mão Q e J		♃ Júpiter A Expansão	
Osho Zen	A Mudança	A Árvore da vida		Netzach Jesed		

Títulos: Tradicionalmente "A Roda da Fortuna", no *Tarot Egípcio* é "A Retribuição" e também foi conhecida como "A Roda das Reencarnações". Crowley abreviou e a intitulou "A Fortuna" enquanto no *Osho Zen* chama-se "A Mudança". Seu título esotérico é "O Senhor das Forças da Vida".

Número: Cabalistas e pitagóricos recorreram ao número Dez, atribuído a este Arcano, quando pretenderam dar uma explicação da Realidade. Os pitagóricos definiram a *Tetrakys*, formada por dez pontos dispostos em uma pirâmide plana de quatro andares, de onde tudo sai e para onde tudo retorna como a melhor imagem da totalidade em movimento. Pitágoras compara a *Tetrakys* ao oráculo de Delfos: expressa a perfeição e proporciona conhecimentos do indivíduo e do mundo

O Dez

tanto no plano material como no espiritual. A *Tetrakys* era invocada como a divindade da harmonia.

Tetrakys (Visão Nova Era)

Os cabalistas definiram dez sefiroth ou esferas da manifestação com as quais diagramaram a Árvore da Vida, que representa o Cosmos* e suas manifestações: Desde o não-manifestado, Ain Soph Aur, a Luz Vazia e Ilimitada, atravessou como um raio o espaço cósmico dando lugar a dez emanações de si mesmas chamadas sephiroth. O caminho percorrido pelo raio através de tais esferas representa o próprio processo da manifestação que se inicia a partir de Kether, um ponto de condensação que permite à luz de Ain Soph Aur enraizar-se. A partir de Kether emanam as outras nove esferas em um movimento de oscilação do raio, da direita para esquerda e vice-versa, revelando como o processo de criação está marcado pela polaridade.

A Árvore da Vida também é um instrumento de investigação da realidade e um método prático de evolução da consciência.

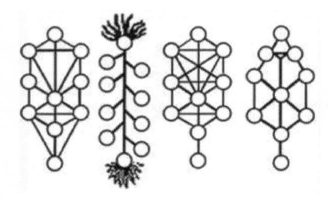

Estrutura de Kircher em "Oidipus Aegypticus",1652
Adaptação de Robert Fludd em "Complete Works., 1526
Ilustração de "Porta Lucis", Ausburgo, 1516
Ilustração de " Pa'amon Ve Rimmon, 1708

A primeira referência escrita da Árvore está no "Livro da Claridade", que apareceu no sul da França entre os anos 1150 e 1200. Aryeh Kaplan, que recentemente o traduziu para o inglês, data do século 1º a.C. Existem diferentes representações da Árvore da Vida, mas a mais usada pelos cabalistas atuais teve sua primeira publicação em 1652, na obra de Kircher, *Oedipus Aegypticus*.

Continuando com a evolução da Árvore, os cabalistas deste século chegaram à Árvore Tridimensional, que integra em suas colunas o Princípio do Cinco: quatro elementos equilibrados, inspirados pelo Espírito.

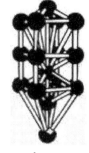

Na tradição chinesa, o ser humano tem dez almas: três superiores, chamadas *houem*, e Sete inferiores, *pö*.

O dez implica uma terminação, contamos com a escala do um ao dez por ter dez dedos. Um final que incorpora simultaneamente um começo: 10 = 1. Contém a semente criativa da etapa que vai começar. O Dez representa então um ciclo completo e o retorno à unidade, à criação e ao movimento.

A Árvore tridimensional

CORRESPONDÊNCIAS

Letra hebraica: כ ou ך se estiver no final da palavra. Qaph é a letra atribuída à Fortuna. Significa "a palma da mão", no qual tradicionalmente os ciganos leem a fortuna e também "mão fechada" ou "punho", que simbolicamente representa o ato de agarrar alguma coisa. Trata-se de uma letra dupla, masculina e azul, cujo valor numérico é 20 ou 500, se estiver no final da palavra. Seu som duro é Q e o suave é o do J espanhol. O som mais parecido em português é o R de Rodrigo.

Caminho cabalístico: O caminho 21º, de Qaph une e equilibra Netzach, (A Vitória), que representa a Natureza do desejo, com Jesed (A Misericórdia), entre cujos atributos está a memória. Conecta a personalidade com a individualidade. As emoções mais espiritualizadas de Netzach conduzem o caminhante até as imagens abstratas de Jesed.

Atribuição astrológica: ♃. Júpiter é o planeta da expansão e do crescimento. O Júpiter celta tem como principal atributo uma roda. Representa a expansão do conhecimento e a procura espiritual. Encarna o fator desconhecido, incalculável, inerente a qualquer fenômeno, ao contrário do determinismo de Saturno. Sendo masculino, podemos ver nele o pai que estimula o crescimento, enquanto o Sol é o pai que dá a vida e Saturno o que limita e disciplina. A energia que faz melhorar nossas vidas quantitativa e qualitativamente é de natureza de Júpiter. É o fator essencial do otimismo e do entusiasmo que nos induz a levar a vida com mais generosidade, amplitude e profundidade. Um Júpiter mal aspectado pode dar lugar a todo tipo de excessos. Na parte física, produz tendência a engordar, artrite, pressão alta e problemas derivados de um sangue de baixa qualidade: erupções, furúnculos e problemas hepáticos. Júpiter governa Sagitário e com Netuno rege Peixes.

Símbolos: O centro da carta está ocupado por uma roda, símbolo de movimento e irradiação, de vida e de mutação incessante, assim como da revelação do desconhecido. A roda participa da ideia de perfeição sugerida pelo círculo.

Roda da Fortuna de Marselha e Waite e A Fortuna de Crowley

A Lei também está simbolizada pela roda: a Dharmachakra ou Roda da Lei. Temos também a roda do Carma, a do Samsara ou da inconsciência, a roda das Reencarnações, a roda de Ezequiel, as rodas de cura dos índios norte-americanos, etc. Nossa roda em dez raios que representam a totalidade do espaço e o retorno à unidade essencial. Três figuras aparecem nela. Nesse momento, a esfinge está no topo, o macaco Hermanubis[35] (deus composto, no qual predominam elementos simiescos) está ascendendo, e o monstro Tifão, descendendo. As três figuras representam as três formas de energia que governam a sucessão dos fenômenos. No Oriente, são chamadas de

---

[35] Hermanubis é um deus egípcio. Mistura de Hermes e Anubis – que se representava geralmente com cabeça de cachorro ou de gavião e corpo de homem, segurando um Caduceu. Considerando-o uma degradação do culto de Hermes, Crowley o compara a Hanumán e inclusive o representa com a imagem que usa para o deus-macaco no Mago.

gunas e no Ocidente, são conhecidas como o Enxofre, o Mercúrio e o Sal alquímicos.

> *"As gunas encerram em um único conceito ideias de fase, potencial, qualidade, elemento, formas de energia. Estão continuamente girando, de maneira que nada pode permanecer em um estado em que predomine uma delas. Por mais densa e inerte que seja uma situação, chegará o momento em que começará a agitar-se e mudar".* Crowley

São três: **Tamas.** Representa a escuridão, a ignorância, a inércia e a morte. Na carta, está representada por Tifão, filho de Hera e da serpente Píton. Concebido quando Hera encolerizou-se por Zeus ter criado Atena de sua própria cabeça sem sua colaboração, Tifão devia matar Atena, mas Zeus, com seu raio, venceu-o, enterrando-o sob o Etna, que a partir de então se torna um vulcão. Tifão representa a energia instintiva, que impedida de expressar-se amorosa e criativamente e assim transcender se embrutece. Tamas e Tifão estão relacionados com o Sal alquímico. Quando Tamas governa o mundo são as épocas negras da humanidade: guerras, pestes, desastres naturais, involução, fanatismo, dor e morte por todas as partes.

Rajas. Representa a energia em movimento, a agitação, o brilho, a inquietude intelectual e o impulso dinâmico, encarnado por Hermanubis, guia que conduzia as almas até Osíris e também a personificação da morte. Sendo Hermanubis uma forma simiesca de Mercúrio, Crowley relaciona *rajas* ao Mercúrio alquímico, enquanto outros autores escolhem o Enxofre. Quando *rajas* predomina se dão os grandes saltos científicos e tecnológicos: a roda, a máquina à vapor, o motor de explosão, a aviação, os computadores e a internet.

Sattva. É a Supraconsciência. Seus atributos são a calma, a serenidade, o conhecimento, a lucidez e o equilíbrio. É representada pela esfinge, símbolo de estabilidade em meio às mudanças. Essa é a síntese das forças elementares, representadas pelos quatro querubins. Outras tradições enfatizam o papel de guardiã do umbral dos mistérios. Crowley a vincula ao Enxofre alquímico. Quando *sattva* governa são as eras douradas da humanidade onde o amor, a consciência, a prosperidade e a solidariedade prevalecem.

O movimento da roda indica que nada pode permanecer imutável, tal como expressa o I Ching: "O imutável é a mutação". O que permanece é aquilo que muda, que se ajusta ao correr dos tempos. O movimento da roda cria dez espirais, mostrando seu poder de geração. Em cima, vemos estrelas azuis e amarelas dispostas ordenadamente por trás das quais se adivinha o anel de Nuit. Nove raios, símbolos da centelha divina que dá vida e fertiliza toda a Existência, precipitam-se. O raio, arma fulminante de Zeus (Júpiter em Roma), é comparado à emissão do esperma divino. Para os maias, o raio é a palavra escrita de Deus, e o trovão é sua voz.

No centro da roda está O Sol (arcano XIX=19=1+9=10=Fortuna), símbolo da individualidade e da consciência.

Significados gerais: Esta carta está mostrando o Princípio Universal do Movimento e da Expansão. Mostra o Universo mudando permanentemente. Essas mudanças, diz Crowley, apesar de serem governadas por determinadas leis, não são de maneira alguma predeterminadas, nem existem inteligências governando-as. Assim como a Vida tem o propósito de manter-se viva e multiplicar-se podemos dizer com Osho que *"A existência não tem propósito nenhum"*. Osho

A Fortuna faz referência também aos fatores desconhecidos e imprevisíveis que influem na dinâmica global.

Em um nível mais humano, esta carta mostra o mundo abrindo toda uma gama de oportunidades, de possibilidades, de encontros e de propostas. É no desafio de aceitá-las ou não e de como interage com elas que a pessoa cresce, resgata e lapida seu ser, e vai, ao mesmo tempo transmutando-se em função das novas experiências.

NA LEITURA TERAPÊUTICA

Momento atual: A pessoa está em contato com um impulso interno de expandir seus horizontes, talvez seu mundo tenha ficado pequeno, talvez se sinta sufocada pelos seus limites atuais, especialmente se sai com a Torre, de maneira que se sente atraída pelo desconhecido. Sente a necessidade de encontrar novas pessoas, atividades, culturas, ideias, lugares geográficos, cursos interessantes, descobertas internas e vislumbres espirituais. A segunda carta nos indicará as dificuldades internas para se jogar na aventura ou em que aspectos da vida profissional, emocional, espiritual, etc., aparecem essas oportunidades. Não as aceitar, colocando-se uma máscara do tipo avestruz seria perder uma linda oportunidade para crescer sem dor.

Âncora: Temos aqui duas possibilidades:

Por excesso a pessoa busca compulsivamente o novo e isso a tira do presente, pois o novo está no futuro, deixando-a desenraizada e dificultando-lhe chegar a resultados concretos no que tem entre suas mãos. Assim não conclui nada, e lhe falta base para realmente ir adiante, de maneira que

172

permanece insatisfeita. A falta de centro e enraizamento a levam a esbanjar sua energia em movimentos pouco efetivos e não aproveita as oportunidades que podem aparecer. Em um nível mais interno está compulsão em relação ao novo se manifesta como uma dificuldade muito grande para interiorizar (A Fortuna e O Ermitão são opostos complementares) de maneira que não extraem lições de seus momentos difíceis. Assim acaba arrastada pelos acontecimentos. Detrás de toda essa aparente mudança esta pessoa se encontra sempre repetindo a mesma história. Se acontecer algo agradável, fica eufórico, se é desagradável desespera-se, passando da euforia ao desespero sem um instante de serenidade e sossego. Pode tentar compensá-los imediatamente com comida, bebida, sexo, distrações, etc., especialmente se aparece com o 7 de Copas (A Corrupção), e tentar continuar enganando os outros e a si mesmo com a fachada de que tudo está ótimo.

Se o consulente mostra um falso bem-estar, sugerimos Agrimony para ajudar-lhe a aceitar com honestidade seus verdadeiros sentimentos, enquanto a essência de Chesnut Bud pode ajudá-lo a estar mais atento e a observar-se melhor.

Por falta a pessoa morre de medo de tudo o que seja novo, assim que se enclausura no conhecido negando-se a ver o que está além de suas quatro paredes. Esta interpretação estaria sugerida se A Fortuna aparece com A Lua ou um quatro, cujo caso sugerimos a flor de Aspen, que fortalece a coragem e a força interior.

Infância: Pode indicar que a criança era naturalmente aventureira e essa atitude foi reprimida, criticada e condenada pela família. Por exemplo, o filho de um diplomata que muda de país, escola, casa e amigos a cada poucos anos, viveu demasiadas mudanças e situações inesperadas e intensas que a deixaram insegura. Sentia-se à mercê dos acontecimentos, sem estabilidade, referenciais sólidos nem figuras paternas que lhe colocassem limites amorosamente. Cabe pensar que está se sentiu abandonada e desprotegida. Assim, mais tarde, sua relação com as mudanças e o desconhecido se tornou problemática.

Relacionamentos: a) O relacionamento está ajudando o consulente a expandir seus horizontes, abrindo-se para pessoas, propostas de trabalho, viagens, ou novas ideias. Claro que isto pode se dar de maneiras muito diferentes. A menos agradável seria se o casal transforma a relação em algo insuportável que obriga a à pessoa a caçar novos rumos. b). Esta pessoa é incapaz de fixar-se emocionalmente. Sua atração pela novidade e seu medo de comprometer-se é tão grande que não se aprofunda em nenhum relacionamento e fica dispersando-se e/ou vivendo vários amores superficiais ao mesmo tempo.

Voz da Essência e Método: Provavelmente esta pessoa reduziu durante muito tempo seus horizontes, talvez viveu enclausurada e/o dedicando-se a alguém ou a algum assunto específico. Por mais que se aferre a sua zona de conforto, geralmente cada vez mais inconfortável, a essência está pedindo novidades. O conhecido se tornou obsoleto, nesse espaço já não há espaço para o crescimento. A pessoa necessita identificar, trabalhar e desativar, medos, crenças, padrões de conduta e outros bloqueios internos que lhe dificultam atrever-se a explorar o desconhecido, expandindo seus horizontes, fazendo contato com novas pessoas, ideais, atividades, culturas, lugares geográficos, etc. Ampliando seu raio de ação emocional, profissional e mental e, portanto, de experiência. Também se fica amarrada ao conhecido, se si entrincheira detrás da Grande Muralha vai dificultar a chegada do novo. É importante criar uma greta por onde possa acontecer a surpresa. Também sugerimos que a pessoa busque novas oportunidades, que mande seu currículo a novas empresas, busque sócios, abra filiais de seu negócio em outras cidades, etc. Se na Âncora encontramos cartas que indicam apatia e tendência ao enclausuramento e à introversão doentia (O Ermitão, A Sacerdotisa) ou o Oito de Copas (A Indolência), a essência de Califórnia Wild Rose lhe ajudará a renovar o entusiasmo pela vida.

Caminho de crescimento: Usando as chaves que apareceram nas posições anteriores a pessoa está perdendo o medo ao desconhecido e começa a expandir seus horizontes e a aproveitar novas oportunidades que talvez sempre estiveram aí, mas não as vias. Estas novas experiências lhe ajudaram a desenvolver uma maior firmeza e autoconfiança.

Resultado interno: Produto de todo o processo que vimos até aqui, conseguiu identificar, entender e desativar as dificuldades internas que tinha para sair de sua área de seguridade e lançar-se ao desconhecido. Deixou a periferia da roda para atingir o centro, de onde contempla os fenômenos, aprende com as situações e escolhe para vivenciar aquelas que mais lhe gratificam. Sem expectativas, interage com o mundo sem fricções destrutivas. O que há de ser feito será feito.

Resultado externo: Esta pessoa está encarando o mundo com uma atitude expansiva e aventureira, com sua atenção dirigida a todo um conjunto de novas situações: trabalhos, negócios, relações de todo tipo e conhecimentos sem perder seu centro.

O Tesão

Títulos		Número	Letra hebraica	Caminho Cabalístico	Atribuição astrológica	Principio Universal
Marselha Waite	A Força	11		19°		
Crowley	O Tesão	O Impulso para o desco-nhecido .	ט Teth, Serpente T	$\mathcal{S}$ Leão Eu crio Eu quero	Integra-ção dos lados animal e racional
Osho Zen	O Avan-ce			Jesed Gueburah		

Títulos: Na maioria dos Tarots, esta carta leva por título "A Força". Seria a força de caráter que antigamente equiparava-se ao autocontrole, à força moral necessária para dominar as chamadas "baixas paixões". Assim, esses baralhos mostram uma mulher impecavelmente vestida, que fecha boca de um leão tomando-a delicadamente entre suas mãos. Os aspectos mais sutis do ser (intelectual e espiritual) submetem o lado animal (emoções e instintos). A alma, a casa de Deus, controla o corpo, é a casa do diabo; os instintos são podados, mas a alma será recompensada com o paraíso. Passa-nos por debaixo dos panos todo o ódio e o medo que as religiões tem do corpo e especialmente do sexo. Os novos tempos mostraram que mortificar o corpo para purificar a alma é uma aberração e, desde W. Reich, estabelecem-se as bases da terapia corporal, como muito bem sabiam os romanos quando afirmavam: *"Mens sana in corpore sano"*. Também mestres como Osho, Don Juan e Rolando Toro nos advertem que sem o resgate do corpo pouco ou nada se pode avançar não caminho espiritual.

> *"Uma pessoa que não está em contato com seu corpo nunca pode estar em contato com seu espírito, porque este está em uma região mais profunda. Você não tem consciência do espiritual porque tem muita tensão no corpo e muita tensão na mente. A tensão corporal foi criada por aqueles que em nome da religião, estiveram pregando atitudes anticorporais. "*
>
> *A Meditação: A Arte do Êxtase* — Osho

Não é questão de que uma de nossas partes controle as outras, mas só as integrando obteremos os melhores resultados, tal como enuncia a sabedoria popular quando disse: "Da união vem a força". No *Tarot Egípcio*, esta carta se chama "A Persuasão" dando uma conotação mental a este controle. Assim, fez-se necessário uma atualização. Esses preconceitos não podiam passar o umbral da Nova Era sem serem desmascarados.

Crowley, rompendo com o velho paradigma, a chama "*Lust*", cuja tradução literal seria "A Luxuria", um título adequado para a Natureza (Existe algo mais luxurioso que a natureza na primavera?) Mais que fica curto para o ser humano, pois lhe dá uma conotação limitada à sexualidade. Decidiu chamá-la *Lust*, que alguns estudiosos têm traduzido como "Luxúria", dando um significado predominantemente sexual a esta carta, reduzindo seu sentido, que é muito mais abrangente. Eu a chamo de "Tesão", tal como Roberto Freire usa no seu livro *Sem Tesão não há solução*. Seria a Luxúria no seu sentido mais amplo, no restrito ao puro desejo sexual, mas generalizado a todos os aspectos da vida. Existe algo mais luxurioso que a Natureza? É o entusiasmo que surge naturalmente com determinadas atividades ou pessoas e que nos leva a nos integrarmos. Ficamos totalmente no aqui e agora e nos desabrochamos em diversidade, criatividade e beleza, liberando prazer e gratificação.

No *Osho Zen* é "O Avance". Os cabalistas conhecem esta carta como "A Filha da Espada Flamífera" e "O Senhor do Leão".

O Onze
O Hexagrama Pentáfico

Número: Com a exceção do *Tarot de Waite* e daqueles que nele se inspiraram, esta carta se corresponde com o número Onze. Se com o Dez concluíamos um ciclo que nos levava a um retorno à unidade: $10 = 1 + 0 = 1 =$ Unidade = Tudo o que existe = Deus, com o Onze, partimos para uma nova polarização: $11 = 1 + 1 = 2$. Recebemos um impulso para o desconhecido. O Onze e o Dois, sendo números primos, por redução são iguais, e nas cartas a eles associadas (A Sacerdotisa e O Tesão) a figura central é uma mulher. O patriarcado em geral e o Cristianismo em particular, que tinham o Um como representante de seu deus masculino, não mostravam muita simpatia pelo Dois, que, representando o feminino, seria um número de oposição e luta quase diabólico. O Onze acabaria representando a transgressão da lei e dos limites determinados pelo Dez. Agostinho, teórico da Igreja Católica, sintetizador das doutrinas de Aristóteles com os dogmas cristãos, referia-se a este número como "o brasão do pecado". Onze é o número de Nuit. Na África, o Onze está relacionado com os mistérios da maternidade. São onze as aberturas que tem o corpo de uma mãe. Os maçons representam este número com o Hexagrama Pentáfico, o pentagrama inscrito no hexagrama, tal como aparece na ilustração, O Onze – O Hexagrama Pentáfico.

Para a tradição chinesa, o Onze é o número pelo qual se constitui na sua totalidade o caminho do Céu e da Terra: *tcheng*. É o número do Tao. Para algumas escolas, o Onze, juntamente com o 33 e o 44 são números mestres e não podem ser reduzidos.

CORRESPONDÊNCIAS

Letra hebraica: ט. Teth, a letra atribuída ao Tesão é simples, feminina, de cor amarelo-esverdeado, e seu valor numérico é nove. Significa "serpente" e representa "o Arquétipo da Energia Feminina Primordial". Segundo o ocultista C. Suares Teth é o asilo do homem, seu escudo e proteção. Corresponde-se com nosso T.

Caminho cabalístico: O caminho de Teth, o 19º, une e equilibra Jesed (A Misericórdia) com Geburah (A Severidade). É a ponte que integra a polaridade da construção e a destruição. Sabemos muito bem que o ser humano se fortalece quando, desejoso de construir alguma coisa, acha obstáculos e resistências, enfrenta-os e continua adiante. Disse Madonna Compton nos Arquétipos da Árvore da Vida: *"Geburah e Jesed são a luz e a sombra do drama do mundo"*. É o segundo caminho horizontal, equilibrado à beira do Abismo.

Leão - Johfra

Atribuição astrológica: ♌. Leão é um signo de Fogo, fixo e regido pelo Sol. Como o rei da selva, o leonino sente-se o centro do mundo. Esse signo governa no corpo físico o coração, as costas, a medula vertebral, a aorta, as coronárias e os olhos. Os leoninos são voluntariosos, ativos e adoram o luxo e as coisas finas e requintadas. Têm tendência a querer dominar os outros. Têm aversão pelas mesquinharias e pelas grosserias e geralmente são nobres e generosos, mas podem chegar a se ofender se os outros esquecem dos favores prestados, pois imaginam que essas pessoas devem tudo a eles. Sua nobreza pode transformar-se em altivez, arrogância, prepotência e até desprezo. Gostam de tomar decisões, são perfeccionistas, intuitivos, honestos, exibicionistas, mundanos, precisam brilhar e se sentirem importantes tanto frente aos outros quanto ante si mesmos. É apaixonado e normalmente se entrega com facilidade a seus impulsos amorosos e instintivos. É espontâneo, extrovertido, bom ator e com tendência a sofrer de megalomania, febres, desidratação e problemas cardíacos, quando reprime sua extraordinária carga emocional. Seus verbos são: "Eu quero" e "Eu crio" e sua frase integradora é: "O poder criativo do Universo está fluindo através de mim, agora sob a luz do amor e da humildade".

Símbolos: A figura central é uma mulher nua montada voluptuosamente sobre um enorme leão de sete cabeças. É Babilon ou Babilônia, a mulher que cavalga sobre a Besta que tanto horror causou a João, o Evangelista, como podemos ver nos capítulos 13, 17 e 18 do Apocalipse. Em todas as narrativas do Antigo e Novo Testamentos devemos sempre estar alerta às projeções de seus autores, aos mistérios cabalísticos colocados cuidadosamente pelos iniciados e aos símbolos manipulados convenientemente pelos levitas para acumularem poder e sacramentar seus interesses. Ver A *Bíblia Darmouth* (Boston: Houghton Mifflin, 1950), para conhecer como os estudiosos reconstituíram o processo de compilação da Bíblia realizado durante séculos por diversas escolas de rabinos.

A virgem imaculada dos baralhos antigos, que com sua pureza conseguia conter e dominar a besta instintiva e irracional, aparece em termos de igualdade no Tarot da Golden Dawn, transformando-se no de Crowley na mulher sensual que cavalga o leão. Nessa relação entre a Bela e a Fera, ninguém domina ninguém. A mulher entrega-se a seus impulsos, não está controlando sua montaria, as rédeas vermelhas são um símbolo da paixão que une nossos aspectos humanos mais sutis à nossa natureza animal.

Tanto o Leão como a mulher aparecem em amarelo-ouro, a mais ardente das cores. Intenso, violento, agudo até a estridência, cegador como o metal fundido. É a cor do sol, considerado em inúmeras culturas de origem divina e símbolo da eternidade. Apenas a família imperial chinesa podia usá-lo. É também a cor das espigas maduras do verão.

São sete as formas da paixão representadas pelas sete cabeças do Leão: a de um anjo, a de um poeta, a de uma mulher adúltera, a de um homem valente, a de um sátiro, a de um santo e a de um leão com corpo de serpente, a kundalini, o aspecto mais espiritualizado do Fogo: a serpente, Teth.

A Força de Marselha e Waite e o Tesão de Crowley

Essa mudança de atitude em relação ao corpo e ao sexo é um dos signos dos novos tempos. Junto com a libertação da mulher (motor da Era de Aquário) é uma das transformações mais claras que confirmam a entrada na Nova Era. Os tempos da divisão estão abrindo espaços aos da integração. Hoje sabemos que a aceitação de cada um de nossos aspectos é o primeiro passo para qualquer transformação se quisermos nos integrar como seres plenos, realizados e felizes. A mulher e o leão são a viva representação do novo paradigma, em que tudo forma parte do Todo, em um Universo contínuo. A mulher em êxtase, em divino êxtase, rompe com o papel cruelmente degradado que as religiões lhe impuseram: a esposa submissa, mãe sacrificada, sempre sofrendo, que não teve prazer nem quando foi fecundada. Culpada, desde o paraíso, de deixar-se levar pelos impulsos de sua natureza, tentar ao homem e o levá-lo ao pecado e, claro, ao castigo. Os machos que congelaram seu coração quando se entregaram à luta pelo poder sempre estiveram muito atentos para manter as mulheres presas e incultas, pois morriam de medo da mulher que vive em contato com as fontes de seu prazer interior.

Ver em http://rohaut.blogspot.com.br/2013/07/a-mutilacion-genital-femenina.html o mapa da mutilação genital feminina.

A mulher e o Leão estão resplandecentes, irradiando sensualidade, vitalidade, prazer, alegria e força de profundas raízes animais. Na mão direita, Babilônia segura o Graal, a matriz de sua plenitude, da qual surgem dez chifres-serpentes, símbolo da mais exaltada criatividade, que se expandem em todas as direções.

Nuit

Da ponta da matriz vermelha e incandescente surgem dez raios de luz branca que energizam as dez estrelas da Assiah, o mais denso dos Quatro mundos cabalísticos, indicando que a energia da matriz se concretiza também nos planos materiais. Esses dez raios luminosos, dispostos em semicírculo, representam, segundo Crowley, a nova ordem da Era de Aquário.

Vejamos a imagem do Feminino que nos passa o *Livro da Lei*, em seu primeiro capítulo:

"Eu sou o brilho nu do voluptuoso céu noturno... Eu que dou todo o prazer e púrpura embriaguez do senso mais íntimo, desejo-te. Põe as asas e acorda o esplendor enroscado dentro de ti: vem a mim. Aparecei, ó crianças, sob as estrelas e tomais vossa fartura de amor.... Eu estou sobre vós e em vós. Meu êxtase é vosso êxtase. Minha alegria é ver vossa alegria. Nada amarreis. Que não haja nenhuma diferença feita entre vós e qualquer uma coisa e qualquer outra coisa, pois daí vem dor. Tomai vossa fartura e vontade de amor como quiserdes, quando, onde e com quem quiserdes... Amor é a Lei, Amor sob vontade.... Tu não tens outro direito a não ser fazer tua vontade. Pois vontade pura e livre de propósito, livre de ânsia de resultados, é toda via perfeita... Eu vos amo..." .Nuit

Atrás da mulher aparecem dez círculos raiados e sombrios que estão representando a velha ordem, os arcaicos sistemas de classificação do Universo. Entre as patas do Leão vemos as imagens daqueles que se entregaram à Babilônia (Apocalipse 18:3) e, assim, atingiram o Graal (A plenitude), entraram em êxtase e fundiram-se com o Todo (experiência espiritual de Kether).

Significados gerais: Temos aqui a Vitalidade, Força e Brilho dos seres vivos. É a vibrante e luxuriosa vitalidade da Natureza. No mundo do ser humano, é o tesão, produto da aceitação e da integração do lado animal (instintos, emoções, impulsos vitais e necessidades biológicas e corporais) com o lado racional com seus correspondentes efeitos colaterais: entusiasmo, vitalidade, alegria de viver, autoestima e autoconfiança, fazendo também que a pessoa se sinta mais sensual e sexy. A criatividade biológica primordial que originalmente está dirigida para dar continuidade à espécie enchendo o planeta de crianças é elaborada pela mente e expressada em uma ampla variedade de possibilidades como mostram os cornos-serpentes. Aqui, a energia/inconsciente animal brota selvagem e naturalmente, integrando-se amorosamente com o lado consciente, dando lugar a uma overdose de energia que se canaliza na criação, na autorealização e na transcendência, tal como nos ensina o Tantra.

Aqui já não existe uma identificação com uma determinada imagem: "eu sou isso ou aquilo", mas eu sou eu e me expresso do jeito que eu sou. Então, abre-se um enorme leque de possibilidades latentes dentro de cada um de nós que antes não eram factíveis. Nesse sentido, no baralho de Marselha e de Waite temos a lemniscata na cabeça da mulher que, como vimos no Mago, representa a conexão com as infinitas possibilidades da existência.

NA LEITURA TERAPÊUTICA

Momento atual: A pessoa está entrando em contato com um impulso interno de aceitar e acolher seu lado animal (emoções, instintos, impulsos vitais e necessidades biológicas e corporais) dando-lhes uma expressão adequada através da razão se dá conta que passou parte de sua vida reprimindo ou até condenando esse lado e percebe que como consequência a vida perdeu a graça, e a vitalidade e a criatividade foram se apagando, podendo gerar somatizações corporais.

Âncora: Indica uma cisão energética entre o coração e o sexo que podemos ver como uma linha horizontal no corpo da mulher um pouco acima do umbigo. Um conjunto de seduções e rejeições por parte do progenitor do sexo oposto, gerou dita cisão. Quando a criança se entregava de corpo e alma à atração que sentia por dito genitor, era rejeitada. Construiu uma estrutura de defesa de caráter rígida caracterizada pelo medo a soltar-se e entregar-se pois teme ser manipulada e rejeitada. Tem dificuldade de sentir prazer sem culpa. Se esconde detrás de uma máscara de perfeccionista, orgulhosa, ordenada e ambiciosa e desenvolve um corpo com postura erguida e orgulhosa com a cabeça e a coluna muito eretas. Ainda que seu corpo costuma ser bem proporcionado e harmonioso, com um olhar brilhante e vivaz, evita entregar-se e amar.

Isto pude ser vivido de duas maneiras:

Por excesso, com mais de 60% de Fogo, mostra uma pessoa que tem um forte lado instintivo e uma sensualidade intensa que não consegue integrar harmoniosamente com seus critérios mentais e/ou religiosos, mas que tampouco pode esconder totalmente, como poderia ser o caso de alguém que tivesse O Ajustamento ou O Príncipe de Espadas nesta posição. Não confia em sua criatividade nem em sua capacidade de conseguir seus objetivos por seus próprios meios, usando sua sensualidade e poder de sedução como moeda. Tem medo de que lhe falte essa atenção e interesse que consegue quando seduz e dos quais seu ego se alimenta. Vive sua sexualidade intensamente, mas não se envolve emocionalmente. A essência de Hibiscus* a ajudará a recuperar a afetividade podendo viver assim integrando sexo e emoções.

Por falta indica que esta pessoa não só reprime cronicamente sua sexualidade, desconectando-se das fontes internas de sua energia, senão que dá as costas aos impulsos de sua natureza animal em função de um conjunto de crenças de consenso social, que inventou para julgar seus impulsos que são absolutamente seus. Acaba acreditando que o correto é esse delírio coletivo que chamamos conduta normal e o incorreto são seus desejos, seus impulsos, suas vontades de....

"O fato de que uma opinião seja compartilhada por muita gente não é prova concludente de que não seja completamente absurda. De fato, vendo a maioria da humanidade, é mais provável que uma opinião difundida seja idiota mais que sensata"
Bertrand Russell (1872-1970)

Sem dúvida entre os padrões mais poderosos estão os familiares, onde a identidade, a sensualidade, os impulsos instintivos som sacrificados em nome de papeis: ou de esposa, marido, mãe, filha, etc.

"A sensualidade é uma das maiores bênçãos da humanidade. A sensualidade é sua consciência filtrando-se através do corpo. O orgasmo não é algo necessário para a reprodução, senão que abre uma janela para a evolução superior da consciência".
Osho

Uma educação puritana, indicada pelo O Hierofante ou o Quatro de Espadas – A Trégua na Infância, pode gerar repugnância ou vergonha ante seu próprio corpo e suas funções fisiológicas. A necessária aceitação do corpo se facilita usando a essência de Crab Apple.

Infância: Temos várias possibilidades: a). Uma forte e contínua repressão ou invalidação da criatividade da criança, assim como de suas expressões corporais, emocionais, instintivas, e de sua sensualidade e impulsos vitais, que poderia vir reforçada pelo Três de Copas (A Abundância) ou o Oito de Espadas (A Interferência). b) As crianças de quatro a seis anos passam por uma forte descarga hormonal que as leva a viver uma fase de expressão precoce de sua sexualidade apaixonando-se pelo genitor do sexo oposto e buscando com ele uma intimidade corporal e sexual, conhecida como Complexo de Édipo/Electra. Segundo Freud a criança com esta idade vive a sexualidade em todo seu corpo e não especificamente nos genitais como é o caso do adulto. O contato é sexual, mas não procura a penetração. A repressão ou castigo dessas expressões assim como o abuso sexual deixam a criança traumatizada e mal resolvida na relação com seu corpo.

c) A sedução e a rejeição foram a tônica geral da infância. O genitor seduz e no momento em que a criança fica mais excitada, entregando-se e esperando o contato amoroso, liga a TV e manda a criança para seu quarto. Esta fica criando um elo entre excitar-se, entregar-se e sofrer.

Relacionamentos: a) O relacionamento ajuda a pessoa a identificar, respeitar e acolher suas emoções e instintos, seus impulsos e necessidades biológicas e dar lhes uma expressão elaborada integrando assim os lados animal e racional. b). Tem dificuldade para entregar-se e assim, consciente o inconscientemente, usa seus atributos para seduzir e manipular a seu parceiro/a, enquanto que congela suas emoções. Se sente nutrida com a atenção e o interesse que obtém quando seduz. Assim trata de manter permanente seduzida o seu parceiro/a para garantir a continuidade de sua relação. c). No entanto, se tem medo de perder sua liberdade não se compromete podendo chegar a ser promiscua, mas sem envolvimento emocional. Coloca toda a lenha na fogueira, se mostrando muito sensual, sexual, atrativa e criativa até que seduz e consegue o amor do outro. Depois perde o pique já que o que realmente quer e lhe excita é conquistar. Não estabelece relacionamentos profundos e duradouros já que seu compulsivo sedutor lhe exige estar sempre disponível e desvinculada para continuar suas conquistas. Pode ser que esteja esperando o parceiro ideal que vai chegar algum dia e para o qual tem de estar disponível ou pode ser que tenha medo de ser abandonada se se entregar ao amor.

Voz de a Essência e Método: Integrar este arquétipo começa por escutar, acolher e respeitar os impulsos procedentes do lado animal (instintos, emoções, impulsos vitais e necessidades corporais e biológicas) e dar lhes uma expressão adequada usando a razão. Finalmente, da integração do consciente e do inconsciente depende o equilíbrio do ser humano. Assim recupera sua energia e dará um grande salto para diante na sua vida. No momento em que a pessoa aceita seus impulsos já não necessita se impor nada, nada tem que provar e a ninguém tem que convencer. O floral de Califórnia Pitcher Plant* lhe ajudará a aumentar a vitalidade, desenvolvendo os aspectos mais instintivos do ser. É fundamental incrementar as atividades que geram entusiasmo, prazer e desengatilham a criatividade. O uso da essência Indian Paintbrush* revitalizará sua expressão criativa enraizando-a com as forças telúricas. Podemos sugerir o uso da essência de Sunflower* para desenvolver o autocentramento e a autoconfiança.

Caminho de crescimento: Usando as chaves que aparecerão nas posições anteriores a pessoa está se permitindo integrar seu lado animal, talvez pela primeira vez na vida. O consulente está gostando cada vez mais de si mesmo. Relaciona-se e empreende atividades com entusiasmo, energia e disposição. Não é de um entusiasmo compulsivo, produto da exaltação mental ou da euforia (atitudes muito características do Cavaleiro de Espadas), mas de um incremento da vitalidade que quer se concretizar criativamente. Por outro lado, sua sexualidade expressa-se cada vez com maior força.

Resultado interno: Esta pessoa, produto de todo o processo que vimos até aqui, identificou, entendeu e desativou as dificuldades internas que tinha para integrar seus lados animal e racional. Se sente mais firme, alegre, sensual, leve e apaixonada pela vida e por si mesma, mais espontânea, receptiva, mais instintiva e espiritual, mais Zorba e mais Buda. Com maior autoconfiança se atreve a expressar sua criatividade.

Resultado externo: O consulente irradia brilho e entusiasmo. Sua vida sexual é plena e criativa. Suas ocupações lhe dão prazer e uma profunda gratificação. Sua inventividade e seu entusiasmo na ação dão um brilho especial a tudo o que faz. Opta por atividades onde pode expressar plenamente sua criatividade. Cuidado para que o ego não se apodere de tudo isso, transforme o amor em arrogância e leve o trem a descarrilar.

O Pendurado

Títulos		Número	Letra hebraica	Caminho cabalístico	Atribuição astrológica	Princípio Universal
Marselha Waite Crowley	O Pendu-rado	12 O comple-to	מ ou ם no final da palavra. Mem, Água ou Mares M	23° Gueburah Hod	▽ Água: emoções, sensibilidade Ψ Netuno: Dissolução transcendên-cia.	O Princípio da Entrega
Osho Zen	A Nova Visão					

Títulos: Segundo Crowley, esta carta se chamava "O Afogado" antes de receber seu título atual "O Pendurado". Assim, seria mais óbvia sua relação com o elemento Água. Com frequência aparece como "O Enforcado", coisa estranha, pois não está pendurado pelo pescoço. Destacando um aspecto parcial de seu significado, no Egípcio aparece como "O Apostolado". Os cabalistas a chamam "O Espírito das Águas Poderosas".

Número: O Doze é a manifestação da trindade (Espírito) nas quatro esquinas do horizonte e nos quatro mundos cabalísticos, passando-nos a ideia de realização final, de conclusão concreta. Vivemos em um mundo estruturado espaço-temporalmente acima deste número.

O Doze

O Zodíaco está formado por 12 signos, obtidos não só pela multiplicação dos quatro elementos pelas três qualidades – cardeal, fixo e mutável –, mas pela observação do firmamento. O ano está formado por 12 meses e o dia tem 2 x 12 = 24 horas. Os chineses dividem o tempo em grupos de 12 anos e atribuem um animal para cada ano. No pensamento africano, a vibração sonora ao formar o ovo cósmico definiu os quatro pontos cardiais e executou três giros em espiral acima de cada um deles. Então se separaram o Céu e a Terra e apareceram os Grandes Demiurgos, que organizaram a criação. Para esses povos, o Doze é o número da ação.

CORRESPONDÊNCIAS

Letra hebraica: מ ou ם. A segunda letra mãe, Mem, é a letra atribuída ao Pendurado. É azul, seu valor numérico é 40 ou 600, se estiver no final da palavra e se corresponde com o M de nosso alfabeto. Significa "Água" ou "Mares". Simbolicamente, representa a mulher, a mãe e seu som. Como o AUM, é o retorno ao silêncio eterno.

Caminho cabalístico: O caminho de Mem (23º) eleva a mente concreta de Hod (A Glória, o Esplendor) para a poderosa Força de Geburah (A Severidade). Aqui Hod representa a concentração profunda do intelecto e Geburah a lei da justiça inexorável. Neste caminho, as formas de Hod,

185

isto é, os conceitos de Mercúrio, são animados e provados pelo poder de Marte.

É o caminho da Água ou de Netuno; enquanto O Louco é o caminho do Ar ou de Urano, O Eão é o do Fogo ou de Plutão; e o Universo é o da Terra ou de Saturno. A tarefa para quem trilha este caminho é ser um canal para as infalíveis leis cósmicas.

Atribuição astrológica: Água ou Ψ. O elemento Água e o planeta Netuno estão atribuídos a este Arcano.

"De todos os elementos, o sábio tomará a Água como sua preceptora. A Água é submissa, mas conquista tudo. Apaga o Fogo e vendo que pode ser derrotada foge como vapor tomando nova forma. Carrega a Terra macia e quando é desafiada pelas rochas, procura um caminho a seu redor.... Satura a atmosfera de modo que o vento morre. A Água cede a passagem para os obstáculos com uma humildade enganadora, pois nenhum poder pode impedi-la de seguir seu caminho traçado rumo ao mar".

Texto chinês do século XII

Na Alquimia, a Água é considerada o Primeiro Princípio, aquilo que está subjacente a todas as coisas. A vida apareceu nela, confirma a ciência, e na água do útero que desenvolvemos nos para depois encontrarmo-nos com os elementos Ar e Terra. Assim, podemos dizer que a Água é o mais estável e primordial dos elementos. É a Prakitri, a matéria-prima dos hindus, o Wu-ki, o caos, a indistinção primeira dos chineses. Representa a sabedoria, a vida espiritual, a eternidade, a pureza e a fertilidade. A Água representa as emoções profundas e as reações sentimentais em um grande leque que vai dos medos e paixões compulsivas até o amor livre de apegos, o Amor Universal ou devocional. Está diretamente conectada com o processo de conscientização, pela percepção dos anseios mais profundos da psique. Esta ideia é compartilhada pelos alquimistas para os quais o elemento Água é consciência, também chamada de Princípio Pensante. A consciência e a Água têm em comum certas propriedades, entre as quais está seu movimento ondulatório. Assim, fala-se da "onda da consciência".

Os três signos de água (Câncer, Escorpião e Peixes) são os mais distantes da razão. Estão representados por três animais de sangue frio, seres de baixo nível de evolução, que agem por instinto. São motivados pela emoção e podem ser muito intuitivos, sensíveis e inspirados.

Netuno representa o princípio da dissolução e da experiência de transcender o Eu para fundir-se com a totalidade. O tipo netuniano é idealista, receptivo, compassivo, inspirado, intuitivo, sensitivo, pacífico, com sentido artístico – Netuno é considerado tradicionalmente o planeta da música – e introspectivo. No entanto, pode ser disperso, irrealista, escapista das exigências do mundo concreto, de fraca vontade e pode até desenvolver uma máscara de vítima ou mártir. Netuno representa o Princípio da Dissolução e leva experiência de transcender o eu para fundir-se com a Totalidade.

Símbolos: A figura central é um homem pendurado e amarrado por um pé e pregado a três esferas verdes. Suas pernas formam uma cruz e seus braços um triângulo equilátero. Essa posição é exatamente a oposta da que veremos na mulher da carta do Universo, cuja letra Tau se complementa com Mem, formando juntas a palavra *Tum* que significa "perfeito", "firme" e "completo". Também os números de ambas cartas, 12 e 21 são opostos. Enfatizando esta oposição vemos que o número do Pendurado em alguns Tarots de Marselha está escrito ao contrário: IIX.

O Pendurado de Marselha, Waite e Crowley

Na carta de Waite, o sujeito está dependurado em uma cruz egípcia (que tem forma de T), som da letra Tau. A palavra Tau justamente significa "cruz". Na de Crowley, é um *ank* ou cruz ansata, símbolo da vida e da imortalidade, que segura o pé do homem. O *ank* está de cabeça para baixo, para referir-se a Mem, que é considerada a Tau invertida. Uma serpente se enrosca no pé esquerdo. É ela que propicia todas as transformações, é o Princípio Criativo e Destrutivo que opera todas as mudanças. Enfatizando o Três (número do Espírito, da síntese e da Imperatriz), O Pendurado está pregado a três discos verdes, cor atribuída a Vênus. A forma do ank e o símbolo de Vênus são muito parecidos. Assim como os pregos, Vau segura o Espírito à matéria (como vimos no Hierofante), da mesma forma que o Pendurado está unido ao amor e à vida no sentido mais elevado. Sem duvidar da coerência simbólica, considero que Crowley não foi muito afortunado pregando seu pendurado, que de imediato lembra a tortura da cruz e traz ideias de sacrifício e redenção. A carta está dividida em dois espaços. A parte superior na qual se acha o *ank* está banhado por uma luz branca, sutil e evanescente que irradia desde um ponto central mais elevado. É a luz de Kether. Esse hálito luminoso se manifesta por meio de dois círculos que dividem a área em três espaços que se correspondem com os três mundos cabalísticos: Atziluh, Briah e Yetzirah. A parte inferior mais densa se refere ao mundo material ou Assiah. Nessa parte, temos as Tabelas Elementares, que em número de 400 (10 x Mem) representam todas as energias da Natureza. Todo esse "jogo de luzes" está mostrando a imersão da luz na matéria, iluminando-a e ajudando-a a evoluir. Do Sahasrara Chakra ou centro coronário 18 (número da Lua) raios de luz iluminam o espaço mais escuro onde morre o ego, dissolvendo-se no Todo. Não esqueçamos que a experiência espiritual de Kether é a Fusão com a Divindade. É justamente nesse espaço que a serpente da transformação e da nova vida começa a se agitar. O Pendurado mantém seus olhos fechados, indicando que sua atenção está direcionada fundamentalmente para o interior. Sua expressão é de êxtase, não de sofrimento, e sua cabeça está raspada como a dos monges budistas, para indicar que rendeu seu ego.

Significados gerais: Como não poderia ter sido de outra maneira, surgiram muitas deformações na interpretação deste Arcano. A mais divertida foi a de Court de Gebelin que, colocando-o em pé, viu-o como símbolo da prudência: com um pé não chão está decidindo onde irá colocar o outro.

Certos autores, vinculados à doutrina cristã, veem nesta carta um símbolo de redenção. A redenção da matéria pelo Espírito, das trevas pela luz, dos humanos pecadores pelo Cristo redentor. Para os tempos que correm, essa ideia não é adequada. Redenção implica dívida, queda, pecado. Que pecado? Em uma era em que "*todo homem, toda mulher é uma estrela, o único pecado é considerar alguma coisa como pecado*", disse-nos Crowley.

O Universo é contínuo, as separações levam ao engano e ao

sofrimento. A natureza última do Espírito é a mesma que a dos pensamentos, das emoções e da matéria física. A aparente diferença é apenas a variação no grau de densidade. O mais denso não pecou, não deve pagar por um crime que não cometeu nem precisa ser redimido. É a carta da imersão do Espírito na matéria, da luz na escuridão para iluminá-la, para fazer-se um com ela. O Princípio Criativo impregna a manifestação, dissolve-se nela. No mundo humano, seria o consciente entregando-se ao inconsciente. O ser rende sua mente e sem julgamentos nem preconceitos se deixa fluir nas emanações de seu coração, com a determinação e o desapego da água em seu caminho para o mar, que é a morte do ego. Temos no Pendurado uma inversão, pois o comportamento (o concreto, a matéria, o quatro) sempre esteve por baixo, submetido aos princípios, à moralidade (o abstrato, o espiritual, o três), e aqui o quadrado (A cruz de suas pernas) está encima do triângulo (os braços).

Em outras palavras, O Pendurado está pendurado e não pode se soltar. A pergunta é: A que estamos amarrados e não nos podemos soltar? A algo que paradoxalmente não escolhemos: A nossa própria natureza. Somos o que somos e não podemos ser outra coisa. A mangueira não dá abacates e o abacateiro não dá mangas. Se convencemos o abacateiro a dar mangas ele vai fazer um esforço brutal, vai se frustrar pois nunca vai dar mangas e vai sofrer pois vai negar-se a si mesmo que é dar abacates. Assim pois, O Pendurado em um nível humano concreto representa o **Princípio da Entrega à própria natureza**. E quem se entrega a sua própria natureza se entregará com mais facilidade a uma causa maior, a uma causa social, científica ou ambientalista, a um ideal, a um mestre iluminado, à vida e ao mundo e será uma entrega real sem ter que renunciar a nada.

Nos aproximamos do mais universal na medida em que mergulhamos no mais íntimo, assim neste processo de entrega ao que somos nos conectamos com a Totalidade, podendo chegar a fazer contato com a Divindade interna e o Grande Espírito omnipresente. Podemos dizer que o primeiro passo em direção à felicidade, harmonia ou nirvana é a plena autoaceitação independentemente das opiniões que a sociedade, a família ou nossa própria mente, cheia de crenças importadas, possam ter em relação a certos aspectos nossos, catalogados geralmente como defeitos. Se os aceitamos podemos entender e polir mas se não os aceitamos vão estar nos manipulando o tempo todo desde a sombra através das projeções[36].

A renúncia e o sacrifício são ideias que sempre têm acompanhado este Arcano. A renúncia à vontade pessoal deve ser entendida. Quem se entrega

---

[36] Ver a 1ª Llave para o Bienestar: A plena auto-aceptación en www.tarotterapeutico.info español NOVEDADES

189

à sua natureza íntima, deixando-a direcionar sua vida, aproxima-se inexoravelmente de seu Ser Superior ou Supraconsciência, *self* ou Faísca Divina, que está perfeitamente sintonizado com a Totalidade e acaba vivendo o êxtase de ser canal da Divindade.

> *"Ninguém é uma ilha. Somos todos parte de uma única Força vital, parte de uma única existência. A possibilidade do amor aparece basicamente porque nas profundidades de nossas raízes somos um só."*   Osho

Essa entrega não tem nada a ver com obedecer a determinadas normas e proibições, seguir cegamente condutas padronizadas, expectativas familiares ou sociais para sentir-se protegido dentro do rebanho, esperando que sejam cumpridas as promessas correspondentes. Isso significaria negar-se a si mesmo, defecar em cima dos próprios potenciais e de nossa essência divina e, principalmente, sofrer e desperdiçar a vida.

> *"O objetivo mais importante dos sábios deveria ser libertar a humanidade da insolência do auto sacrifício, da calamidade da castidade; a fé deve ser aniquilada pela certeza e a castidade, pelo êxtase. "*   *O Livro de Thoth*. A. Crowley

NA LEITURA TERAPÊUTICA

Momento atual: A pessoa está questionando-se até que ponto ela se aceita tal como ela é na realidade. Pode ser que pelo fato de insistir durante décadas a ser o que não é, tenha perdido a noção do que realmente é, mas se dá conta que não pode continuar assim porque sua falta de auto aceitação tem consequências nefastas em sua vida:

✔ Aumenta superlativamente a necessidade de ser aceito pelos outros.

✔ Paga um preço absurdo para ter essa aceitação.

✔ É hipersensível a qualquer rejeição ou crítica

✔ Se torna cada vez mais falso para conseguir a aceitação alheia.

✔ Aumenta sua desvalorização

Âncora: Por falta mostra uma dificuldade crônica para auto aceitar-se, produto de uma programação infantil com fortes rejeições e estimulações onde lhe exigiam aparentar o que não era e esconder o que era e da qual ainda não se liberou. Continua tentando ser o que não é, provavelmente longe do mínimo vislumbre do que realmente é. Como efeitos colaterais estão presentes a dor, por não ser o que é e a frustração, por não conseguir ser o que crê que deve ser. O floral de Butter Cup ajudará a melhorar a auto aceitação e a de Larch a autoconfiança.

Por excesso, que pode ser sugerido pela presença de muita Água ou do Dez de Paus - A Opressão, indica que esta pessoa cronicamente coloca nas costas tarefas e obrigações para conseguir a aceitação dos outros, tornando-se a mártir que imagina que se sacrificando, renunciando a seus desejos e opiniões, e dedicando-se submissamente à família, a um trabalho de caráter social, espiritual ou a uma fraternidade não só vai ser aceito, mas também reconhecido e elogiado. Faz do sofrimento um mérito e do sacrifício, uma condecoração.

Aparentemente suas ações tem como finalidade ajudar al próximo, mas na realidade pretende comprar aceitação e esconder suas carências emocionais. Está geralmente cansada e deprimida, pode até pensar em suicídio, mas continua tratando de manipular e controlar emocionalmente os outros repetindo: "Eu que sou tão bonzinho, ajudo o mundo todo, depois ninguém está nem aí para mim", "Eu me sacrifico tanto por você e olha como você me paga".

Por trás desta necessidade de ser querido sempre tem uma grande falta de auto aceitação.

Por debaixo de seu disfarce de boa gente destila ódio e negatividade, especialmente com o Cinco de Espadas - A Derrota. Com o Oito de Paus - A Rapidez se sente sempre a beira de uma explosão identificando uma estrutura de defesa de carácter masoquista. Adia sempre o prazer para depois e equacionar sacrifício e amor. A essência de Centaury amainará sua timidez e suas tendências à submissão e ao servilismo, dando-lhe um maior senso de individualidade, autoestima e capacidade para dizer não. Chicory ajudará a trabalhar a carência emocional coberta de uma falsa aparência de conduta amorosa que é usada como um meio de solicitar e manipular a atenção dos outros em benefício próprio, com toques de auto piedade, martírio e possessividade.

Infância: Nada lhe foi dado de graça só pelo fato de existir e de ser uma criança originalmente espontânea e carinhosa. Cada bocado de atenção e aprovação foi condicionada à renúncia das próprias iniciativas e de sua capacidade de escolher. Foi criado para obedecer e submeter-se. Escutou muitíssimas vezes "Obedece e cala a boca", "Criança não tem vontade" "Você não é bom para nada". Acabou fazendo da renúncia, da submissão e da obediência cega sua lei de vida. Sacrificar-se significou garantir sua integridade física e psíquica. Talvez, criou-se em um ambiente de sacrifício e renúncia: "Primeiro a obrigação, depois a devoção", "O paraíso, o prazer, virá como prêmio ao sofrimento e ao sacrifício neste vale de lágrimas".

Relacionamentos: a) O relacionamento está ajudando nosso consultante a perceber que a única coisa à qual está realmente amarrado e não pode soltar-se é a sua própria natureza. Isto pode ser percebido de maneiras mais amorosas ou menos. O parceiro pode apoia-la para ser ela mesma, mas também pode dar-se ante a evidencia de que tentar ser como o parceiro quer que seja só traz sofrimento e frustração. b). Esta pessoa tem uma forte tendência a viver em função do outro, adaptando-se a ele como a água se adapta ao recipiente que a contém. Dedica-se a satisfazer seus desejos e expectativas porque acha que submeter-se é a única forma de ser aceita. O floral de Pink Yarrow* lhe ajudará a estabelecer fronteiras emocionais sadias a partir da noção de sua individualidade.

Voz da Essência e Método: Integrar O Pendurado significa:

Reconhecer que nossa natureza essencial não depende de nossa vontade, crenças, sentimentos ou das situações.

Deixar de tratar de se adaptar ao que pensamos que temos que nos adaptar e adaptarmos ao único que podemos nos adaptar que é a nós mesmos. De fato, quando deixamos de insistir em ser o que não somos fica mais fácil perceber o que somos e obrar em consequência.

Aceitar e assumir tudo o que vem de dentro. No momento que assumimos que somos como somos, o ego se desinfla, finalmente que mérito tem sermos o que somos. Você não pode perder nem adquirir sua natureza essencial. O que mais podemos fazer é resgatá-la, poli-la e preservá-la.

Sugerimos que a pessoa trabalhe para identificar, entender e desativar as dificuldades internas que tem para entregar-se plenamente ao que ela é. Algumas perguntas podem ajudar a entender melhor o processo: O que faço ou deixo de fazer para que me aceitem? O que faria ou deixaria de fazer se não buscasse a aceitação dos outros? O que é que me impede de aceitar-me plenamente? Quais foram minhas primeiras experiências de não aceitação na família? Essas experiências de alguma maneira se repetem?

Trata-se de parar de se submeter, de se anular e subordinar todas as obrigações com a família, o trabalho, a sociedade, o parceiro, etc. a ser honesta consigo mesma, entregando-se a sua natureza essencial, renunciando à vontade do ego e não o oposto que é o que geralmente fazemos. Depois se si sente impelida a entregar-se a um ideal ou a uma causa maior que se permita fazê-lo. O floral de Deerbrush* ajudará a ser mais sincero em suas motivações, transformando a emoção em ação. O floral de Califórnia Wild Rose estimulará as Forças amorosas de seu coração, ajudando-o a se entusiasmar com a vida.

Caminho de crescimento: Usando as chaves que apareceram nas posições anteriores a pessoa, percebe que nunca havia se aceitado tal como era e quais foram as consequências desta atitude: auto anulação, renúncia e sacrifício para conseguir a aceitação do mundo. Assim começa a aceitar-se e valorizar-se, permitindo-se ser mais ela mesma, respeitando seus impulsos e emoções.

Resultado interno: Esta pessoa, produto de todo o processo que vimos até aqui, identificou, entendeu e desativou as dificuldades internas para entregar-se a sua natureza independentemente das opiniões que a família e a sociedade possam ter de determinados aspectos ou talentos seus. Como consequência se entrega à vida e ao mundo.

O Ser entrega-se, integra-se, reintegra-se no Fluir Cósmico onde tudo repousa, flui, vibra, sorri e dança.

Resultado externo: O consultante está encarando o mundo com a atitude interna que vimos no Resultado Interno. Se entrega a si mesmo, à vida e ao mundo irradiando seu amor, sua compaixão, com consciência do significado profundo e universal que tem sua vida. Pode sentir-se atraída por atividades que buscam uma melhora da qualidade de vida dos seres.

A Morte

Títulos		Número	Letra hebraica	Caminho Cabalístico	Atribuição astrológica	Princípio Universal
Marselha	Sem nome	13 Ruptura de algo completo e estructurado (12) para enfrentar o desconhecido	] ou ⊃ no final Nun Pexe N	24° Tiphareth Netzach	♏ Escorpião Eu desejo	O Princípio da Transformação
Waite Crowley	A Morte					
Osho Zen	A Transformação					

Títulos: Esta foi, durante séculos, a carta mais temida do Tarot, tanto que em alguns baralhos, como o de Marselha, aparece sem título. Não Tarot Egípcio, é "A Imortalidade. Na maioria dos Tarots, incluídos Waite e

Crowley, aparece como "A Morte", e no Osho Zen chama-se com toda propriedade "A Transformação". Seus títulos esotéricos são "O Filho dos grandes Transformadores" e "O Senhor dos Portais da Morte".

Número: A Morte é o Arcano XIII. Este número era e é considerado popularmente como um indicativo de má fortuna e de todo tipo de desgraças. Os desenhistas dos baralhos antigos deixavam muitas vezes em branco o lugar onde deveria constar esse número.

Toda essa apreensão ao Treze tem sentido. Se o Doze nos passa a ideia de segurança, de algo que está completo e estruturado, o Treze significa a ruptura de tudo isso para, arriscando-se a enfrentar o desconhecido, continuarmos a evolução. Podemos dizer que a destruição é um fenômeno inerente à evolução. Assim, o Treze está relacionado com a morte do velho para dar lugar ao novo. Isso dava muito medo aos antigos que diziam: "Mais vale o ruim conhecido que o bom por conhecer".

Para os astecas, o Treze era o número que regulava os ciclos do tempo, suas semanas tinham 13 dias e seus séculos 54 anos, isto é, 13 vezes 4.

CORRESPONDÊNCIAS

Letra hebraica: E Nun, ן ou כ se estiver no final da palavra, onde Deixa de valer 50 para valer 700. Segundo o cabalista Soares, é "o Princípio da Indeterminação, em que a própria vida está em jogo". Nun, que significa "peixe", também se pode traduzir como "perpetuidade", "crescimento crescente" e "prolífico", que são ideias associadas à enorme capacidade de procriação que os peixes têm. Como verbo, traduz-se como "brotar", "germinar" e "gerar", e está associado à força procriadora. É uma letra masculina, de cor azul esverdeada, que se corresponde com nosso N. Hieroglificamente, representa o novo, jovem, gracioso e belo.

Caminho cabalístico: O 24°caminho, o de Nun une Netzach (A Vitória, a emanação da energia vital associada à arte, ao amor, aos sentimentos em geral e à Natureza) com Tiphareth (a Beleza, o centro, o Sol). Esse é um dos caminhos que unem a personalidade com a Individualidade, transcendendo a esfera do desejo de Netzah para integrar-se no amor de Tiphareth. O Eros transforma-se em Filos. Nesse caminho, a energia da personalidade projetada pela individualidade é absorvida na morte física ou reconceituada em uma iniciação. A beleza concreta e percebida no objeto do desejo não é outra coisa senão o reflexo da beleza da Individualidade, e este caminho as une.

Atribuição astrológica: ♏. Escorpião é o signo da Morte. Sendo de Água tende a dissolver as formas, dando lugar a uma recombinação de elementos que dá lugar a novas criaturas. É um signo fixo, governado por Plutão, o transformador, e por Marte. No corpo humano, rege a bexiga, o ânus, os genitais e o nariz. Tem quem diga que também governa o útero, que outros atribuem a Câncer.

Seus nativos são geralmente exaltados, com intensas emoções e desejos, e de forte vontade e instintos sexuais. No entanto, têm dificuldade para expressar tudo isso, porque têm muito medo de se expor. Gostam de lutar e superar os obstáculos. Sem chegar a ser sonhadores, sentem certa atração pelo misterioso e o oculto. São muito criativos e possuem uma excepcional capacidade de trabalho, de maneira que quase sempre conseguem o que querem, já que também são obstinados e sabem concentrar-se no que estão fazendo. Quando algo interfere em seu caminho, irritam-se tanto que podem explodir de forma perigosa, destrutiva e autodestrutiva. Tem fama de vingativos, ciumentos e invejosos,

Escorpião - Johfra

porém são seres sensíveis, vulneráveis e, embora queiram se mostrar autossuficientes e solitários, têm uma enorme necessidade de se relacionar. Um nativo de Escorpião não gosta de superficialidade. Sua sensibilidade acentuada lhe permite perceber a falsidade e a hipocrisia do mundo, contra as quais se revolta, às vezes de maneira impulsiva e violenta. Geralmente, entrega-se apaixonadamente a tudo o que faz, colocando todo seu potencial e energia. Tem tendência a sofrer de enfermidades infecciosas e problemas no aparelho urinário e genital. Corre o risco de envenenar-se e de ter de passar pela mesa de operações.

Seu verbo é "Eu desejo" e sua frase: "Eu uso meu poder interno construtivamente na autotransformação e na cura".

Símbolos: A figura central da carta é um esqueleto, personificação da morte, não como um estado final, mas como um corredor que leva a uma nova forma de vida. O esqueleto é também considerado símbolo do conhecimento, que atingiu aquele que atravessou a fronteira do desconhecido e que por meio da morte penetrou nos segredos do além. Em um outro nível, simboliza a brevidade desta vida. Quando se perde tudo,

Horus, Osiris e Isis

alguma coisa fica: o esqueleto. Não o vemos, mas segura tudo o que vemos. Representa a forma essencial, o que permanece. O que muda é o acidental, o acessório. Os ossos do corpo humano são governados por Saturno, que representa a estrutura básica das coisas: a energia que dá forma aos seres até chegar ao grau máximo de densidade e solidez. Um de seus nomes é "O Senhor das Pedras". O esqueleto com sua foice saturnina, com a qual Cronos (Saturno) castrou seu pai Urano para tomar o poder, está coroado com o capacete de Osíris.[37]

Representava a necessária aniquilação prévia que faz possível a aparição de uma nova vida, tal como a semente se decompõe para germinar. Esse processo de aniquilação e renascimento está explícito também na dança do esqueleto (e a dança é um dos melhores caminhos para desativar o ego) que, com sua foice, destrói o existente e cria uma série de borbulhas onde novas figuras passam a fazer parte do grande baile da vida e da morte. Os alquimistas falariam em putrefação: "*A putrefação é a morte dos corpos e a divisão das matérias do composto, que as leva à corrupção e as dispõe para a geração*". Dictionaire Mytho-hermetique. Pernety. Paris, 1787.

A Putrefação significa a destruição das formas, para que a vida renasça de outra maneira. A forma se vai, mas a essência permanece para tomar

---

[37] Este deus egípcio, neto de Ra, representava originalmente a força da vegetação. Com sua irmã e consorte Ísis, civilizou seu povo de caçadores nômades. Ensinou-lhes a agricultura, a fabricação de ferramentas, a manufatura do pão, o cultivo da uva, a elaboração do vinho e da cerveja de cevada Ciumento de sua obra e de seu poder, seu irmão Set, preparou-lhe uma armadilha trancando-o em um sarcófago e o jogou no Nilo. Ísis, sabendo que a alma do morto não se libera até passar pelos rituais funerários correspondentes, saiu imediatamente a sua procura e o achou em Biblos (Fenícia). Retornou ao Egito, ocultando-se nos pantanais do delta. No entanto, em uma noite de caça, Set, que tinha usurpado o trono, descobriu a arca, a abriu, esquartejou Osíris em 14 pedaços, que jogou no Nilo, esperando que os crocodilos os devorassem. Os jacarés não se atreveram a merendá-lo e Ísis conseguiu resgatar 13 pedaços (o pênis foi comido por um peixe) com os quais, e com a ajuda de Anúbis e Thoth, reconstituiu seu corpo, embrulhando-o com vendas. Ísis, insuflou com suas asas, vida à alma de Osíris. Ainda usando a sua magia, concebeu um filho póstumo: Hórus, que depois se vingaria do assassino de seu pai. A partir daqui, Osíris foi identificado com o Sol noturno que morre cada noite para ressuscitar no dia seguinte, transformando-se no deus dos mortos, da morte e da ressureição.

Sem nome no Marselha e A Morte do Waite e o Crowley

outras formas. Em verdade, é a morte que dá continuidade à vida, que sem mudar estaria estagnada. A morte não é senão o processo contínuo de destruição, sem o qual nada pode chegar a existir.

Aos pés do esqueleto aparece um escorpião, ao seu lado, uma serpente, e acima, uma águia. Esses três animais expressam a mesma ideia de transformação em três níveis diferentes. No escorpião, o acento está colocado na destruição. Depois da cópula, o macho é morto pela fêmea. Quando as crias nascem, seu primeiro alimento são as vísceras de sua mãe. Vemos aqui como a vida da espécie e, portanto, de seus indivíduos, está perfeitamente unida e determinada pela morte desses mesmos indivíduos. Rodeado de fogo ou ante um grave perigo, esse aracnídeo prefere se matar dando-se uma estocada com seu ferrão. A vida e a morte, a criação e a destruição, são os dois lados da mesma moeda. É interessante que o signo de Escorpião, no hemisfério boreal, cai em outono, época em que grande parte da vegetação morre, decompõe-se, fermenta, às vezes, embaixo da neve, e é nesta nova matéria-prima caótica – o húmus – que se prepara o renascimento para uma nova vida.

De ambos os lados do escorpião vemos duas flores, um botão de ópio à direita e uma flor de Datura Stramonium (Trombeteira) à esquerda, que estão aí para reforçar a ideia de destruição, ligada a transformação. Sabemos que o uso de certas plantas psicotrópicas, apesar de supor um desgaste para nosso organismo, podem ser de

Minoana, deusa cretense do céu, do mar e da terra

197

notória ajuda em momentos específicos de nosso caminho evolutivo. No entanto, essas duas são tremendamente destrutivas física e psiquicamente. Os antigos acreditavam que a serpente, "A Senhora da Vida e da Morte", era imortal. No entanto, apenas mudava de pele. Esse animal primitivo está presente em todas as culturas. Sua riqueza simbólica exigiria por si só um livro. Em primeiro lugar, a encontramos como "Senhora do Princípio Vital", fora do tempo, anterior a todos os deuses; ponte ou canal entre o Caos e o Cosmos*. Nela, o Espírito tem de submergir-se para regenerar-se e dar frutos. É o reservatório ou o potencial de onde se originam todas as manifestações e transformações. Segundo uma das mais antigas tradições da bacia mediterrânea, a serpente "Atum", emergindo das águas primordiais, cuspiu (em outra versão ejaculou) toda a criação.

Na antiguidade neolítica, a serpente era um símbolo constante e principal da Grande Deusa, tanto em Creta como no Oriente Médio. Na Mesopotâmia, em um sítio arqueológico do século XXIV a.C., foi descoberta uma representação da Deusa com uma serpente enroscada na garganta.

Na Índia, vimos os *nagakals* relacionados com os cultos tântricos ao feminino. No Egito, a deusa serpente Ua Zit seria a criadora original do mundo. Em Canaã, a deusa Astarte era representada com uma serpente, etc. Com o advento do patriarcado e seus deuses masculinos de guerra, vingança e morte, os símbolos da Deusa, em geral, e a serpente em particular, foram assimilados pelos novos cultos para "legitimar" o poder dos novos governantes e lembrar a derrota da antiga ordem matrilineare da Deusa ou foram simplesmente degradados e difamados. Assim, na mitologia grega, ao lado de Zeus, a serpente se torna um símbolo do novo poder. Aparece no escudo de Atena. Existem sérias razões para se supor que na Arca da Aliança, o símbolo mais sagrado da religião judaica, havia uma serpente de bronze, feita no deserto pelo próprio Moisés, que representava a Jeová e que era cultuada no templo de Jerusalém junto com sua esposa, a deusa Asherah. Esse culto existiu até que, durante a perseguição religiosa realizada pelo rei Ezequias (+/- 700 a. C.), a serpente foi retirada do templo e destruída.

Zeus derrota o monstro Tifão, mas não o mata, manda-o para baixo do vulcão Etna, onde continua cuspindo fogo; Apolo extermina a serpente Píton; Hércules mata Ladon; Baal, deus fenício do furacão, submete a serpente Lotan; Jeová mata a Leviatã; etc. No Cristianismo, Maria mata a serpente pisando-lhe a cabeça, dando continuidade ao mito hebraico, segundo o qual a serpente, agora símbolo da luxúria, e a mulher seriam as causadoras de todas as dores da raça humana: "*A serpente que tendo seduzido o pudor virginal de Eva, inspirou-lhe o desejo do coito bestial e de toda a impudência e de toda a prostituição bestial dos homens"*. Jacob Boehme. Paris, 1945.

O feminino é mutilado e degradado ainda mais, acabando como um sombrio e ridículo espectro de si mesmo, com a música de fundo de um tango de Carlos Gardel. Em muitas tradições, a serpente é um antepassado mítico que trouxe diversos conhecimentos, ajudando na evolução da espécie humana. Sua forma mais conhecida é Quetzalcoatl (A Serpente Emplumada), de origem tolteca, retomada mais tarde pelos astecas. Na África, existem inúmeros exemplos. Em todos eles, essa serpente simboliza o poder da sabedoria, que transformou suas civilizações. A serpente é também um símbolo de fecundidade. Na Índia, as mulheres que desejam ter um filho adotam uma naja: serpente áspride. Contam que os antigos tupis-guaranis chicoteavam os quadris das mulheres estéreis com serpentes para fazê-las fecundas. Em Angola, certas tribos colocam uma serpente de madeira embaixo da cama nupcial para garantir a fecundação. Tem quem veja na serpente um símbolo viril em suas aparições repentinas, enrijecida e erguida para lançar seu veneno. Podemos considerá-la sexualmente ambivalente: seu corpo é fálico e suas roscas são vaginais. A serpente representa o Princípio Vital Primordial, atemporal, anterior ao masculino e feminino.

> *"A serpente é um vertebrado que encarna a psique inferior, o psiquismo escuro, o que é estranho, incompreensível e misterioso".*
> *Structure et fonctionement de l'inconscient.* C.G. Jung

A águia, símbolo de Zeus, é "a Senhora do Trovão e do Raio" tanto na fria Sibéria quanto nas pradarias norte-americanas, no Japão, China, África, México, etc. Bruxos, sacerdotes, reis, heróis e especialmente exércitos a usam como emblema e com a intenção de participar de seus poderes. Várias penas de águia amarradas em um pauzinho são uns dos instrumentos de cura mais usados nas tribos de índios norte-americanos. Capaz de encarar a luz do Sol frontalmente, a águia é um símbolo de clarividência em muitas culturas. Os gregos, os romanos, os persas e os beduínos do deserto interpretam o voo das águias como premonição ou expressão da vontade divina. Essa ave de rapina representa aquilo que está acima da matéria, livre das ataduras das leis do mundo material, e simboliza transcendência, elevação espiritual e pureza. Representa a essência do ser humano: livre, eterna e divina. Atingir a águia, entregar-se à essência é o resultado final da transformação. É a nova vida que surge depois da putrefação, é o estado da águia do qual fala don Juan:

"Eu já me entreguei ao poder que rege meu destino e não me prendo a nada, para não ter nada que defender. Não tenho pensamentos para assim poder Ver. De nada tenho medo para assim lembrar-me de mim mesmo. Desprendido e natural, eu passarei pela Águia para me tornar livre".

O Presente da Águia— Carlos Castanheda

Ao lado da serpente, aparece o peixe, tradicionalmente símbolo da vida, da fecundidade e da prosperidade, devido a sua prodigiosa capacidade de reprodução, colocando milhões de ovas. Deve ser o peixe que merendou os genitais de Osíris. Na antiga Ásia Menor, o peixe era considerado o pai e a mãe da espécie, enquanto que na Síria era atributo das deusas do amor, passando na Grécia a ser, com a forma do golfinho, um atributo de Afrodite e associado também ao culto de Apolo, dando nome a seu templo oracular de Delfos. Na China, é símbolo de boa fortuna. Para os indígenas da América Central, representa o deus do milho e antes que a Igreja Cristã adotasse a cruz como seu símbolo principal, os cristãos primitivos usavam o peixe para representar Cristo e suas comunidades.

Significados gerais: Esta carta simboliza o Princípio Universal da Transformação, que exige a morte do velho, do que perdeu sua capacidade de pulsar no ritmo cósmico e que só por meio da destruição voltará a ser energeticamente vivo.

Um astrofísico poderia muito bem ver, no movimento ondulante da foice, o papel dos cometas que arrastam em sua cauda aqueles corpos celestes que perderam energia e estão velhos e desvitalizados. Aí acontece toda uma série de processos de aglomeração e separação de partículas, de reestruturações físico-químicas, de acumulação de energia graças ao movimento da cauda, à influência do núcleo e à captação de energia de estrelas próximas. Quando os novos corpos atingem um potencial cinético suficiente para tornar-se seres independentes, desprendem-se do cometa ao libertar uma parte de sua cauda. Na Antiguidade, os cometas eram considerados um mau presságio, anunciadores de catástrofes, mortes, epidemias, guerras, fomes, etc. Hoje são observados como premonições de grandes transformações, não necessariamente espantosas.

No mundo humano a morte representa uma profunda transformação, produto da identificação, compreensão e desativação de toda uma serie de padrões de conduta, que se bem foram necessários na infância para ter um mínimo de aprovação, cristalizaram tornando-se os eixos da falsa personalidade (ego) e décadas depois a pessoa continua fazendo suas opções de vida e tomando suas iniciativas automaticamente a partir de tais padrões e não a partir da essência. Esse é o momento em que começa a destruição das couraças nas quais se cristalizaram todo tipo de bloqueios, medos e traumas. As tensões musculares são aliviadas, e os padrões viciados de comportamento desmascarados. A armadura repressora que víamos no O Carro começa a rachar-se, e pelas fendas aparecem as borbulhas essenciais do ser mais autêntico. Inclusive quando esta transformação é desejada pode ser uma crise, cuja intensidade dependerá do grau de apego que o sujeito tem com seus neuróticos padrões de conduta e mecanismos de defesa.

A dança, tanto nos rituais dionisíacos, no antigo Egito, com os dervixes rodopiantes, com as danças xamânicas, etc. e na Índia, Shiva, o transformador, representado como Shiva Nataraj, aquele que dançando mata seu ego, leva ao transe sendo um meio de se libertar dos condicionamentos, e de fazer contato com sua verdadeira natureza.

Nesse sentido, podemos afirmar que o rock ajudou a salvar a humanidade de um desastre provavelmente nuclear. Foi em momentos álgidos da guerra fria, que os roqueiros, com uma nova linguagem e ritmo, colocaram a juventude para bailar, alquimizando e dissolvendo a raiva e frustração que seriam utilizadas pelas agências de inteligência para destruir ainda mais o planeta. Podemos agradecer a Lennon, Hendrix, Joplin, Morrison, Jagger, Page, Raul Seixas, e muitos mais.

Shiva Nataraj

NA LEITURA TERAPÊUTICA

Momento atual: O consulente está passando por uma crise, sentindo que está processando dentro dele uma profunda transformação. Percebe que tem atitudes diferentes e sente vontade de encarar as situações de uma maneira nova. Também podem manifestar-se impulsos até agora desconhecidos, deixando-o até assustado. Se dá conta de que quanto mais se identifica com os velhos padrões de conduta, necessários para sobreviver na infância, a crise é mais aguda. A segunda carta pode mostrar como essa transformação interna se concretiza na vida ou os bloqueios que a dificultam.

Âncora: Por falta é uma pessoa que sempre diz "Mudar? Antes a morte" ficando assim ancorada no passado e em seus padrões de conduta com os que se identifica. Nunca conseguiu acompanhar as transformações dos tempos e evita confrontar seus conflitos internos fugindo ou anestesiando-os. Sugerimos-lhe o uso do floral de Sagebrush* que facilita a ruptura com os velhos hábitos e falsas identificações, e ajuda a reencontrar a essência e a verdade interna. A de Walnut proporciona coragem para se libertar do passado e das ideias alheias, especialmente se está muito influenciada pela família, como indicaria um Dez de Copas (A Saciedade) na Âncora.

Esta atitude gera tensão que dificulta ainda mais a possibilidade de realizar transformações conscientes.

Uma segunda carta pode indicar-nos como essa tensão pode se manifestar: Com cartas coercitivas como o Quatro ou Oito de Espadas ou de Copas (A Trégua e A Interferência) pode não ter transformação, pedindo o floral de Cayenne*, que é como uma faísca catalisadora que propicia uma resposta energética intensa capaz de superar os bloqueios. Com a Princesa de Espadas, poderia dar uma atitude defensiva, crítica, desconfiada e agressiva frente a tudo que é novo. O floral de Oregon Grape* ajuda a dissolver esse padrão de desconfiança. Com a Rainha de Espadas em vez de transformar sua vida, quer mudar o mundo. É uma inconformista que coloca no mundo suas próprias insatisfações. Em sua revolta se destrói e destrói seu ambiente. Poderíamos recomendar-lhe o uso de Saguaro*, que alivia sua rebeldia extrema e resistência a autoridade.

Por excesso pode mostrar uma pessoa que vive mergulhada em workshops de autoconhecimento, no consultório do psicanalista, em rituais com plantas psicotrópicas, etc. Acaba com a cabeça cheia de informações que não leva a prática e com elas engorda seu ego. A transformação procede da consciência e a consciência vem da profundidade com que vivemos a experiência. Uma pequena experiência vivida com profundidade pode trazer muito mais consciência que inúmeras experiências superficiais. A essência de Blackberry* pode ajudar a levar a concretizações práticas todas essas informações.

Infância: Esta é a única posição em que este Arcano pode significar a morte física. Em 1° lugar da criança: um encontro com a morte no útero, no parto ou nos primeiros anos de vida, confirmado pela presença de Plutão próximo ao ascendente natal. Também a morte ou a perda de algum de seus pais que desapareceu de sua vida. Esta morte pode ser simbólica, ou o pai faz uma barbaridade, por exemplo, viola a filha, que fica tão impactada, ferida e enraivecida que diz: "Este canalha não é mais meu pai". Também pode falar da perda de irmãos ou de alguém muito próximo, inclusive um animal de estimação que marcou intensamente a criança.

Relacionamentos: a) A relação atual está ajudando a pessoa a transformar-se. De novo isto pode se dá de maneiras muito diferentes. Tanto pode se sentir amorosamente apoiada para conseguir libertar-se de padrões caducos de conduta quanto entrar em crise ao perceber que se quiser dar continuidade à relação tem que largar estes padrões e regras de conduta para viver desde sua verdade interior. b) Também pode mostrar a pessoa que se autoproclama como o catalizador das transformações de seu par, que "sabe" o que está tem que entender ou fazer para melhorar a relação e a vida, protegendo-se assim detrás do divã.

Voz da Essência e Método: Chegou a hora de agarrar o touro pelos chifres e encarar a crise: identificando, entendendo e desativando os medos e outras dificuldades internas para abandonar velhos padrões de comportamento, hábitos e rotinas, dando mais atenção à verdade interior.

Sugerimos terapia, especialmente desprogramação infantil, pois nela estão enraizados os velhos padrões, crenças e medos. O ser interno está sufocado embaixo das couraças e dos modelos de comportamento que a desconectam de sua natureza e que tem de ser abandonados. Integrar o Arcano da Morte significa também aceitar as situações que atraímos, evocadas pela necessidade de crescimento interior, embora sejam estas as que mais tememos. São essas situações e não as que esperamos (quando me jubile..., quando apareça minha alma gêmea...), as que nos ajudaram a nos transformar.

O floral de Morning Glory* pode ajudá-lo a se desprender dos hábitos mais destrutivos.

Um bom ponto de partida é desautomatizar cada ato, cada gesto, cada pensamento, colocando atenção em cada coisa, especialmente na respiração, tentando fazer de cada instante algo irrepetível.

Um erro comum é falar na transformação com o sentido de melhorar. A melhor maneira de piorar é falar em melhorar. Não se trata de ser melhor, mas de ser integralmente o que somos.

Caminho de crescimento: Usando as chaves que apareceram nas posições anteriores a pessoa começa a se transformar. Também produto de perceber as consequências de ter vivido durante décadas obedecendo padrões de conduta invasores dos quais agora começa a se tornar independente. Se trata de mudanças internas que se refletirão no mundo externo. Assim vai tomando atitudes mais autênticas, firmes e profundas. Acompanhada pelo Ermitão indica que essa transformação é o resultado ou ocorre paralelamente a um processo de autoanálise. Com a Princesa de Copas, mostra um despertar da criatividade e da capacidade de expressar os sentimentos. Com o Três de Espadas (A Aflição), indica que o consulente pode ser rejeitado por pessoas que não aprovam suas mudanças.

Resultado interno: Esta pessoa, produto de todo o processo que vimos até aqui, conseguiu identificar, entender e desativar as dificuldades internas que tinha para eliminar os caducos padrões de conduta inoculados na infância e se expressar a partir de sua essência. Mostra a morte da marionete programada e desconectada do verdadeiro ser.

Resultado externo: Esta pessoa encara o mundo com a atitude que vimos no Resultado Interno e como fruto de suas mudanças internas não somente deixa de atrair o que atraía, senão que também pode estar colocando sua energia na transformação de seu ambiente, firmemente apoiada em sua verdade interior.

A Arte (A Temperança)

Títulos		Número	Letra hebraica	Caminho Cabalístico	Atribuição astrológica	Princípio Universal
Marselha Waite	A Temperança	14 2 x 7	ב Sameck Soporte A serpente morden do seu rabo S	25° Tipharet Yesod	♐ Sagitário Eu vejo	O Princípio da Integração dos Opostos
Crowley	A Arte					
Osho Zen	A Integração					

Títulos: No de Marselha e na maioria dos Tarots se chama a "A Temperança". Junto com "A Justiça", "A Força ou Fortaleza e A Estrela, que para muitos autores continua significando esperança, temos uma alusão as virtudes do catolicismo.

Dessas quatro cartas, as três primeiras foram rebatizadas por Crowley, chamando-as "A Arte", "O Ajustamento", "O Tesão". Seus títulos esotéricos são "A Filha dos Reconciliadores" e "O Impulsionador da Vida".

Número: A Arte é o Arcano XIV. Duas vezes Sete é a união de duas entidades puras que, completando em si mesmas um ciclo, atingem juntas um novo estado de perfeição.

CORRESPONDÊNCIAS

Letra hebraica: ס, **Sameck**, simples e azul, de valor 60, está atribuída à Arte. Corresponde-se com o S de nosso alfabeto. Significa "suporte", "apoio", "coluna", "sustentar" ou "estabelecer". Hieroglificamente representa uma serpente mordendo seu próprio rabo: é aquela que se alimenta de sua própria substância.

É o Uróboro, a matriz cósmica que abraçando o Universo evita que se desintegre. Este é um dos símbolos mais antigos que se conhece. Representa a manifestação e a reabsorção cíclica, a união sexual e a autofecundação permanente. É a perpétua transformação da morte em vida e da vida em morte, a morte que sai da vida e a vida que sai da morte. Outra interpretação mostraria a união do mundo animal (A serpente) com o mundo espiritual (o círculo). Existiria aqui uma espécie de união de opostos que se vê mais clara em algumas representações em que a serpente é metade branca e metade negra, tal como vimos na ilustração. "O Um" do Mago.

Caminho cabalístico: O caminho de Sameck (25°) vai Yesod (o Fundamento, os alicerces, a esfera da Lua) até Tipharet (A Beleza, a visão da harmonia, a esfera do Sol). É um caminho vertical, equilibrado na coluna central da Árvore e considerado um dos caminhos mais importantes e difíceis da cabala prática; em que é vivenciada uma parte fundamental da Grande Obra. Trata-se, em termos alquímicos, da destilação do negro. Indo da Lua para o Sol, conecta a personalidade ou psiquismo astral de Yesod com a Individualidade de Tiphareth.

Aqui, o caminhante submete e verifica suas crenças nos desafios da vida cotidiana, estabelecendo (Sameck) sua própria verdade em um processo contínuo de tentativas e erros.

Atribuição astrológica: ♐ Sagitário é um signo de Fogo, mutável, regido por Júpiter. Governa no corpo humano os quadris, as costas e as nádegas.

Seus nativos possuem excelente e transbordante vitalidade, o que supõe uma grande necessidade de atividade e movimento. De temperamento entusiasta, ardente e impulsivo, são enormemente extrovertidos. Sagitário, que significa "arqueiro", é representado por um centauro armado, assim como Diana, deusa da caça e da Lua, de arco e flechas. O sagitariano aborda

Sagitário - Johfra

a vida como uma aventura, uma viagem, uma procura. Seu passatempo é fazer desta viagem uma jornada interessante, variada, expansiva; cheia de novidades, encontros e conhecimentos. Sente uma verdadeira fascinação pelo desconhecido, pelo risco e o jogo. Adora viajar e tudo o que é exótico e distante. Tem caráter alegre, jovem e otimista; de maneira que se relaciona com facilidade, embora seja também inconstante e superficial. O mundo da segurança, das rotinas domésticas e da tranquilidade não o satisfaz. Precisa fixar objetivos para conquistar, superar seus limites e viver em contínua mudança. É um excelente ator, porém sincero e franco. Seu sentido elevado da justiça pode levá-lo a questionar o sistema social. Sua missão é transmutar e impulsionar. Tem tendência a sofrer de ataques de ciática, gota, reumatismo, problemas nas articulações e também de tumores e enfermidades hepáticas.

Como bom jupiteriano, não sabe colocar seus próprios limites e cai em exageros as vezes destrutivos. Seu verbo é "Eu vejo" (visão = 60 = Sameck) e sua frase integradora é: "Eu manifesto a sabedoria interior e vejo o supremo nas coisas mais simples".

Diana de Éfeso

Símbolos: A figura central da carta é a própria Diana, a caçadora, a dos muitos peitos, tal como foi cultuada em Éfeso (Ásia Menor, hoje Turquia), representando provavelmente o feminino de uma maneira mais global: a Grande Deusa, que a todos dá a vida e também a morte.

Os guerreiros arianos que invadiram a bacia mediterrânea, até então (2500 a.C.) fundamentalmente matriarcal, casaram seus deuses de guerra e morte com as deusas nativas, mas não consideraram oportuno manter o culto à Grande Deusa ou Grande Mãe e, como não puderam eliminá-lo, simplesmente o desmembraram. Diana representa a estrutura natural, o suporte (Sameck) do fluxo e refluxo da Existência.

Aqui integra o rei negro e a rainha loira que se casavam nos Amantes, assignado a Gêmeos, signo oposto e complementar de Sagitário. Uma parte de seu rosto é negro e a outra é branca. O lado de rosto branco tem o cabelo e o braço negros e a coroa dourada do rei, com um rebite de prata. O outro

A Temperança do Marselha e Waite e A Arte de Crowley

lado tem o cabelo loiro, com a coroa prateada da rainha com uma marca de ouro e o braço branco. A mão esquerda branca (feminina) segura a copa de prata da rainha e a direita (masculina) tem a lança do rei sob a forma de uma tocha acesa. Sua roupa é de cor verde, para indicar que ela, como A Imperatriz, favorece o crescimento vegetal e a criatividade. Nela se misturam as abelhas e as serpentes das roupas do casal real. O Leão e a Águia aumentaram de tamanho e aquele trocou seu sangue com o glúten branco desta. Os símbolos polares dos Amantes estão aqui perfeitamente complementados, equilibrados, contrabalanceados e intercambiados. Não é apenas uma soma de polaridades, mas uma fusão e complementação profunda dos Princípios Masculino e Feminino. Cada um desses princípios não são completos em si mesmos, tampouco são totalmente incompletos, já que cada um deles, para poder existir, precisa levar uma referência de seu oposto em sua própria natureza.

O símbolo que melhor expressa esta ideia é o Yin-Yang taoísta, em que cada aspecto leva em seu centro uma gota de seu oposto complementar, tal como vemos na ilustração. Na carta, poderíamos perceber essa mesma ideia no fato de que as duas partes do rosto de Diana são maiores que a metade exata: cada um participa do outro lado.

Ela está misturando no caldeirão dourado os dois princípios: Fogo e Água, que aparecem no chão perfeitamente harmonizados,

Yin - Yang

207

mostrando graficamente, como nos disse Crowley: *"A satisfação do desejo de cada elemento, parcialmente incompleto, de completar-se através da assimilação de seu oposto. A Água se derramou sobre o Fogo e este se amalgamou com ela"*.

Toda operação alquímica acontece também dentro do alquimista, cujo veículo físico está representado pelo caldeirão dourado (símbolo de felicidade e de prosperidade no I Ching) indicando que, em virtude da operação, se espiritualizou. A aplicação de Yod (o Fogo, a energia sexual da kundalini) sobre He (A Água, a consciência) produz Vau (o Ar, a consciência espiritualizada) dentro do corpo físico que é a He final. O resultado é maior que a simples soma de suas partes. No caldeirão, estão presentes os quatro elementos tal como sugere a cruz de braços iguais gravada em sua borda.

Saindo do caldeirão, e como resultado da operação que se realiza nele, um raio de luz emerge e ascende, transformando-se em dois arco-íris que formam a borda do manto de arminho que cobre os ombros de Diana. O arco-íris é, em primeiro lugar, a expressão na Natureza da perfeita união da Água (A chuva de dia ou a umidade de noite) com o Fogo (A luz do Sol ou da Lua). Um resultado que também vai além em beleza e colorido que a simples união das qualidades de seus componentes. Em segundo lugar, o arco-íris representa a ponte que une a Terra e o Céu, passando ideias de elevação e espiritualização. Para os bororos do Mato Grosso, os índios de Nevada (EUA) e outras tribos africanas e asiáticas, o arco-íris é uma serpente (de novo Samek) geralmente maléfica que rouba crianças e anuncia catástrofes. Astrologicamente, o arco-íris está atribuído a Sagitário. A seta do arqueiro é um símbolo de penetração, unificação, decisão e de intuição fulgurante. Quando atinge seu objetivo, representa a realização final, e ascendendo junto com o raio que forma o arco-íris, também sugere a aspiração por unir-se com a Divindade. Como essa operação de juntar o Fogo com a Água envolve a manipulação da energia sexual, podemos considerar a libertação da seta como um orgasmo espiritual. É a onda de bem-aventurança do êxtase tântrico ou Mahamudra, o clímax dos místicos. Lembremos que Teresa de Ávila descreve suas experiências espirituais como um anjo espetando uma seta de fogo em seu coração. A seta ascendente simboliza a libertação dos condicionamentos materiais.

Duas Luas de três dias, veneradas na Índia como a Lua de Shiva, a mais feminina e receptiva de suas formas (A Lua da Yoni), cruzam-se frente à cabeça de Diana. E se complementam com um enorme disco solar que ocupa o fundo da carta no qual está gravado em latim a máxima alquímica: *"Visita Interiora Terrae Retificando Invenies Ocultum Lapidem"*, que literalmente significa: "Visita ao interior da Terra, retificando encontrarás a Pedra

Oculta" e que podemos interpretar como "Dentro de ti mesmo, retificando (seguindo a direção correta) encontrarás a Pedra Filosofal (o catalizador da transformação dos metais em ouro e do alquimista em sábio, assim como o elixir da eterna juventude).

As 8 operações alquímicas

Estas oito palavras correspondem se com as oito operações alquímicas. Observem que o corvo, que na Grécia era consagrado a Apolo, encima do crânio que se corresponde com a 1ª operação: a Calcinação, aparece na carta no centro do caldeirão, pousado em uma caveira símbolo da continuidade da vida através da morte e do renascimento.

As letras iniciais do mandato alquímico formam a palavra "vitriol", o solvente universal, formado pela combinação equilibrada dos três princípios alquímicos: o Enxofre, o Sal e o Mercúrio. As duas Luas parecem dois arcos prontos para disparar suas setas.

As três letras dos três caminhos inferiores da Árvore: Quoph, 29º caminho, A Lua; Shin, 31º caminho, O Eão; e Tau, 32º caminho, O Universo, formam a palavra *Qesheth* que significa "arco" e "arco-íris", que lança a flecha para o alto.

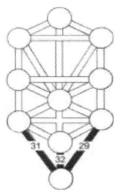

O Arco

O caminho de Sameck, a serpente que sustenta, é uma seta que atravessa o arco-íris entre os peitos de Diana, ordenados como os seis planetas, ou metais, ao redor do Sol ou do Ouro, que podemos considerar como os sete níveis de consciência. Esse caminho é uma etapa do Caminho da Seta que ascende pelo pilar central da Árvore. É o caminho do místico, o caminho do meio, que leva ao aspirante, sem desvios, de Malkuth à Kether, atravessando Yesod (A Lua, o passado, a mãe, o psiquismo astral), passando por Tipharet (o Sol, o eterno presente, a individualidade), e finalmente superando o Abismo, da mão da Sacerdotisa para atingir a luz de Kether. A máxima alquímica do disco solar nos indica como percorrer este caminho com sucesso. A seta é também um símbolo de Mercúrio, já que representa a vontade dirigida.

Significados gerais: Esta carta representa o Princípio da Integração dos opostos perfeitamente unidos e complementados. Nela se dá a consumação da Boda Real que vimos nos Amantes e que, com A Arte, formam a polaridade alquímica *Solve et Coagula*, "Separa e Junta"; estando aqui enfatizado o aspecto "Junta".

Junto com o processo de integração se dá o de espiritualização. Se no Arcano XIII a morte do robô dava lugar à libertação da Essência do Ser, na Arte, essa essência se manifesta na prática. O Louco atingiu sua segunda iniciação, a *práxis* é possível. A essência começa a expressar-se sem tensões nem angústias, imprimindo sua beleza e fragrância a tudo o que a pessoa faz. Assim, esta entra no fluir, de maneira que o caminhar se torna uma dança, a palavra transforma-se em poesia e o silêncio, em meditação. A partir da calma interna, da não ação, O Louco atua, e o resultado é A Arte. Agora podemos entender porque Crowley deu esse título a este Arcano, o qual é muito mais amplo e profundo que "a Temperança", que no melhor dos casos indica moderação e, no pior, domínio sobre as paixões.

No Taoísmo tem o "Wu Wei", a ação sem ação, a ação externa a partir da calma interna, a ação não como resultado da atividade mental, do ego mas do silêncio interior, do desapego, da vontade verdadeira. É o fazer sem fazer, a ação externa desde a calma interna. Como dizem os taoísta: *"Ser como um bambu oco"* Você não faz a canção, a canção a faz o vento. Você é apenas um canal. Mas quem é o vento? É o que vem de dentro, o que emerge do inconsciente com sua própria energia, alegria e hálito.

De uma história taoísta: *"— Cadê o Mestre? — Perguntou um monge recém-chegado às portas do mosteiro.*

— O Mestre está descansando — lhe responderam. Não querendo interromper seu descanso, o monge se retirou. No dia seguinte, voltou a perguntar e obteve a mesma resposta. No terceiro dia e no quarto se repetiu a história. No quinto dia, já impaciente, perguntou: — Como descansa este Mestre?

— O Mestre descansa trabalhando — responderam-lhe".

Na ação desde o centro, desde o silêncio interior, não tem desgaste, não tem tensão, não tem ansiedade por resultados, não tem esforço. Tem prazer, a ação é total, o equilíbrio das coisas não é violentado, o Mestre descansa trabalhando. Essa atitude Wu Wei é a verdadeira Pedra Filosofal. Podemos ver como a decisão tomada nos Amantes e iniciada no Carro está sendo concretizada na vida prática, na Arte.

Outra integração do que sempre nos venderam como opostos é o divertir-se trabalhando. Sempre que expressamos um talento este vem com prazer e energia de maneira que se optamos por atividades que nos

210

proporcionam esse prazer que vem de dentro, quando fazemos de nossa diversão nosso trabalho, estamos garantindo que nosso trabalho vai ter qualidade pois nele estão se manifestando talentos específicos. Assim deixamos de estar divididos de segunda a sexta fazendo algo que não nos dá prazer para obter dinheiro e sábado e domingo gastamos esse dinheiro para comprar prazer que não vem de dentro senão de fora. E se necessitamos incorporar conhecimentos para fazer melhor esse trabalho que nos diverte, vamos absorve-los com facilidade de maneira que a qualidade de nosso trabalho aumenta ainda mais e ganharemos dinheiro, pois a sociedade que hipocritamente diz que valoriza o esforço o que na realidade paga é a qualidade. Além do mais se fazemos de nossa diversão nosso trabalho quando acaba a jornada laboral vamos a encarar as relações, sejam familiares, amorosas ou de amigos como doadores e não como vampiros com o qual será mais fácil fluir nelas. Também quando fazemos o que gostamos não vemos o tempo passar de maneira que envelhecemos mais devagar. Com o corpo, o coração e o bolo sadios será mais fácil abrir a porta a transcendência espiritual[38].

NA LEITURA TERAPÊUTICA

Momento atual: Vemos a pessoa em contato com um impulso interno de fazer opções profissionais que lhe deem prazer. Se pregunta: Será possível fazer do que me diverte meu trabalho? Provavelmente sempre esteve metido em atividades sem graça, só por dinheiro, para dar satisfação a família ou por status. Talvez certas crenças que lhe impediam fazer o que realmente gostava estão perdendo força ao tempo que está cada vez mais insatisfeito, senão farto, de suas ocupações professionais habituais.

Ainda percebe que não adianta forçar a barra. Observa que os melhores resultados chegam quando faz aquilo que lhe dá mais prazer, aquilo que naturalmente sai de dentro, e isso não exige esforço. Qual é o esforço que faz a mangueira para dar mangas? Também percebe que quanto menos pensa em resultados e fica mais absorvido na ação, quando a ação é um fim em si mesma, e não um meio para atingir um fim no futuro, melhores são os resultados.

A vontade do *ego*, projetada no futuro, nos resultados da ação, estabelece objetivos que o inflam. Na vontade verdadeira o desejo procede do inconsciente, toma o corpo todo e se manifesta na ação sem ânsia de resultados.

---

[38] Ver en www.tarotterapeutico.info español novedades a 4ª llave para o bienestar: Haz de tu diversión tu trabajo.

211

Âncora: Por excesso temos uma pessoa que se identifica tanto com o que faz, que sua autoestima e humor estão em função de suas atividades profissionais, resultados e reconhecimento. É obvio que este padrão de conduta será mais difícil de manter se ele não gosta do seu trabalho. Podemos ter o caso da pessoa que fez de sua diversão seu trabalho, mas que se absorveu de tal modo nele que deixou de viver outras coisas. Com essa máscara, perfeccionista ás vezes alegre e popular, procura reconhecimento e status, ao mesmo tempo que foge de si mesmo e esconde suas emoções e desejos profundos, especialmente se na infância tem cartas que enfatizam a racionalização e a repressão como o Quatro, o Seis ou o Oito de Espadas (A Trégua, A Ciência e A Interferência respectivamente). Com um Sete de Copas (A Corrupção), pode indicar a dependência de estimulantes, como álcool, cocaína ou café para manter sua fachada animada. O floral de Agrinomy poderia ajudá-lo a ser honesto emocionalmente, reconhecer suas dores e expressar seus sentimentos.

Por falta mostra uma pessoa refém da maldição de Jeová: "Ganharás o pão com o suor do teu rosto" convencida de que uma coisa é trabalhar e outra muito diferente é se divertir de maneira que nem lhe ocorre que pode ganhar dinheiro com algo que lhe de prazer, pois segundo ele o trabalho não pode dar prazer, pois não seria trabalho. Seu prazer vem de gastar o dinheiro que ganha sem prazer. Como Sete de Paus (A Coragem) indica que esta pessoa se exige demais, violentando assim os ritmos naturais de seu corpo e podendo acumular tensão na musculatura. A flor de Dandelion* o ensinará a escutar as mensagens corporais, permitindo que a energia dinâmica trabalhe com menor esforço.

Infância: Um de seus pais (ou adultos com os quais a criança se criou) era uma pessoa compulsivamente perfeccionista, aparentemente eficiente, equilibrada e produtiva ou gostaria de ter sido. Esse adulto exigiu que a criança interiorizasse essas atitudes e ainda lhe exigiu um bom desempenho em tarefas que poderiam ser até impróprias para sua idade.

A criança não só se sentiu muitas vezes incapaz e desvalorizada pelo adulto, mas também ficou acreditando que só seria aceita pela família e, como extensão desta, pela sociedade, se conseguisse mostrar eficiência, capacidade de trabalho e autocontrole ou, no pior dos casos, perfeição a toda prova.

Relacionamentos: a) A relação ajuda a pessoa a fazer esta integração de polaridades, especialmente no aspecto profissional. Assim o parceiro, de maneiras diferentes, impulsiona a pessoa a optar por atividades profissionais que lhe dão prazer, a transformar esses impulsos internos, que na realidade são seus talentos que queriam se expressar, em uma fonte de renda. Também pode mostrar que a relação promove que a pessoa identifique e integre suas polaridades masculina e feminina. b) Vende no mercado das relações uma imagem de excelente profissional, inteligente, ocupado e provavelmente realizado ou a ponto de estar. Por detrás dessa fachada esconde seus sentimentos e necessidades emocionais. Aconselharemos o uso do floral de Evening Primrose* para facilitar-lhe uma expressão emocional mais quente e comprometida.

Voz da Essência e Método: A carta da Arte nesta posição indica que o consulente não está fluindo na vida. Pode ser que está envolvido em atividades de que não gosta (profissionais ou relacionamentos), ou se gostar, está obcecado com seus objetivos. Perde o momento, isto é, a vida, em um esforço que ele pensa que só acabará quando as metas forem atingidas. Se não conseguirmos atingir nossos objetivos é porque ou não são nossos objetivos verdadeiros, enraizados no inconsciente como para que através dele se expressem nossos talentos liberando energia e prazer ou temos de aprender ainda alguma coisa antes de atingi-los. Na segunda opção tem prazer na primeira não.

Integrar esse arquétipo significa aprender a fluir como resultado de integrar as polaridades. Profissionalmente sugere que a pessoa faça de sua diversão seu trabalho. Atividades que realmente tem a ver com ela mesma, ou seja, com seus potencias. Serão atividades que surgindo naturalmente de dentro com prazer e energia vão a garantir não somente desfrutar do momento senão a qualidade dos resultados e, portanto, o retorno econômico e o reconhecimento. Sugerimos que a pessoa se responda a algumas perguntas: De todas minhas atividades quais são as que faço somente por dinheiro? Que faria se não fosse necessário trabalhar para viver? Que medos e ameaças aparecem quando sinto necessidade de largar um trabalho sem graça e fazer o que eu gosto? De onde vem essas ameaças? A essência de Wild Oat a ajudará a escolher seu trabalho como algo que responde a um verdadeiro chamado interior. A Princesa de Copas sublinhará a importância de participar de atividades artísticas. O floral de Íris* lhe ajudará a desenvolver e colocar a criatividade artística no trabalho cotidiano.

Tratando-se de uma mulher, com o Dez de Copas (A Saciedade) ou A Imperatriz na Âncora, podemos imaginar que está dividida entre seu lar, seus filhos e sua realização profissional. Nesse caso, o uso do floral de Pomegranate* pode facilitar uma eleição mais consciente.

No plano das relações é importante que a pessoa entenda que na medida que esconde ou nega uma de suas polaridades (masculina ou feminina) vai se sentir manipulada por ela e pelas pessoas sobre as quais projeta tal polaridade. Na medida que as desenvolve e integra, rumo ao que os esotéricos chamam "Androginato Interno', isso deixa de suceder, não se sente mais cega e compulsivamente atraída ou repelida por ninguém e poderá fluir nas relações amorosas. Se nos amantes a pessoa está no masculino quando tem que estar no masculino e está no feminino quando tem que estar no feminino, aqui no Arte está nos dois ao mesmo tempo. Como disse Che: "Tem que se endurecer sem perder a ternura".

Caminho de crescimento: Usando as chaves que apareceram nas posições anteriores a pessoa se dá conta que não pode dedicar a maior parte de seu dia, ou seja, de sua vida a atividades sem significado que faz apenas para ganhar dinheiro. Já sabe o que lhe dá prazer e está investindo nele.

Resultado interno: Esta pessoa, produto de todo o processo que vimos até aqui, conseguiu identificar, entender e desativar as dificuldades internas que tinha para fazer de sua diversão seu trabalho. Se liberou da maldição de Jeová e deixou de estar dividida entre semana e fim de semana, trabalho e ferias, desfrutando o tempo todo com o qual encara as relações irradiando prazer. Seu trabalho/diversão lhe recarrega energeticamente de maneira que pode até rejuvenescer. Suas polaridades feminina e masculina se desenvolvem, aperfeiçoam e integram abrindo a porta para a transcendência espiritual.

Resultado externo: A pessoa encara o mundo com a atitude que vimos no Resultado Interno Trabalha no que gosta e como ele gosta. É naturalmente eficiente e dedicado, fluido e solto. Os frutos de seu trabalho e seu trabalhar estão impregnados da fragrância e a beleza de sua essência. É importante que não se esqueça que na vida existem mais coisas que o trabalhar, pois quando fazemos de nossa diversão nosso trabalho é mais fácil cair na tentação de passarmos o dia trabalhando.

Capítulo VIII

O Terceiro Heptenário

O Demônio

Títulos		Número	Letra hebraica	Caminho Cabalístico	Atribuição astrológica	Princípio Universal
Marselha Waite Crowley	O Diabo	15 15 = 1 + 5 = 6	ע Ayin Olho Muda	26° (imagem) Tipharet Hod	♑ Capricórnio Eu uso	A Energia Criativa no seu aspecto mais material. Os Instintos
Osho Zen	Os Condicionamentos					

Títulos: Em quase todos os Tarots, este Arcano se intitula "O Demônio" ou "O Diabo".

Diabo procede do grego "διάβολος", *diábolos*, no século V a.C. Significa o "caluniador" ou "acusador" como Satanás em hebreu. Demônio vem do grego *daimónios*: "que provem da divindade", "enviado por um deus" "que tem caráter divino, maravilhoso, extraordinário". São criaturas de caráter descontraído e festivo, amantes do sexo e a dança intermediarias entre os deuses e os homens relacionadas com as forças da fertilidade como os sátiros e as ninfas. Eu prefiro chama-lo o Demônio.

No Osho Zen Tarot, é "Os Condicionamentos" e, no Tarot Egípcio, é chamado "A Paixão". Seus títulos esotéricos são "O Senhor dos Portais da Matéria" e "O Filho das Forças do Tempo", por sua atribuição a Capricórnio, governado por Saturno (Cronos) o Senhor do Tempo. Waite o chama "O Habitante do Umbral". Também é conhecido como "O Príncipe dos Poderes do Ar", porque sua energia está mediando o fluxo das correntes astrais.

Número: O Quinze é o número atribuído a esta carta. Reduzindo-o: 15 = 1 + 5 = 6, obtemos um Seis, número da perfeição, produto da união dos opostos ou número do sexo. O Quinze é um Seis em um novo estado, com a experiência do caminho. Sendo 3 x 5 está mais ligado ao plano humano que o Seis.

CORRESPONDÊNCIAS

Letra hebraica: ע Ayin, é uma letra simples, de cor índigo, cujo valor numérico é 70. Significa "olho" e esotericamente seria "o olho que tudo vê". É uma letra muda que corresponde à nossa O. Hieroglificamente, representa o lado mais material das coisas. O sentido da vista é aquele que nos permite conhecer esse lado material, que no Oriente é conhecido como *maya* ou mundo da ilusão. Os físicos atuais também concordam: o que parece real a nível material, é uma ilusão. Tal como diz um ditado popular espanhol: *"Nada é verdade nem é mentira. Tudo é da cor segundo o cristal com que se olha"*.

Caminho cabalístico: O caminho de Ayin (26º) une e equilibra Hod "o Esplendor" com Tipharet "a Beleza". A esfera da mente racional de Mercúrio com a esfera da individualidade, governada pelo Sol. Esse é um processo de transferência da percepção consciente da mente concreta para a mente abstrata. Neste caminho, reorganizamos nossa perspectiva e obtemos uma visão renovada do mundo.

Atribuição astrológica: ♑. Capricórnio é dos três signos de Terra,

Capricórnio - Johfra

é o mais pétreo e resistente. E governado por Saturno, o Senhor das Pedras. É considerado um pesado e escuro signo que simboliza o mais elevado e o mais baixo ao mesmo tempo. Representa os condicionamentos e a conseguinte libertação. No corpo físico, governa os joelhos, os ossos, as articulações, os dentes, a pele, as cartilagens e a glândula pituitária, que por sua vez se corresponde ao Chakra Ajna, ou terceiro olho.

O trabalho do nativo deste signo é sondar os mistérios da Natureza e favorecer os benefícios derivados do uso da previsão e da prudência. Os capricornianos são geralmente astutos, prudentes e ambiciosos. Sentem-se tão atraídos pelo sucesso social, que são capazes de qualquer sacrifício para atingi-lo.

216

A pesar de serem muito materialistas, responsáveis, sérios e desconfiados, "têm um lado de caçador de mistérios, como um mago que esconde seus segredos, com medo de que possam ser usados contra ele", disse Ana Maria Ribeiro no seu livro *Conhecimento de Astrologia*.

Essa dupla natureza está contida em seu próprio símbolo, metade cabra, metade peixe: quando o mar cobriu as montanhas, a cabra submergiu no oceano, adquirindo a sabedoria interior. Quando o mar se retirou, ela teve de deixar sua metade peixe e aceitar os condicionamentos da matéria sólida, conta a lenda. De maneira lenta e segura, esses nativos conseguem geralmente todos seus objetivos. Quando aparecem obstáculos, irritam-se sobremaneira, vendo inimigos por todas as partes. São rancorosos e carecem de sentido poético. São estritamente utilitários, realistas e se preocupam muito com as fofocas. Não estão especialmente interessados em estabelecer relacionamentos afetivos. São cépticos em relação ao amor, mas no final da viagem se envolvem profunda e duradouramente. Por trás de seu aspecto sério e precavido, temos seres intensamente orgulhosos. Lhes fascina o poder e têm uma forte tendência à depressão e ao isolamento. Estão predispostos ao reumatismo e aos problemas ósseos em geral. Seu verbo é "Eu uso" e sua frase é "Eu atinjo minhas metas relaxadamente, deleitando-me a cada passo do caminho".

Símbolos: No Tarot de Marselha, vemos um animal estranho, antinatural, grotesco e assustador, com chifres de veado, asas de morcego e peitos de mulher, tal como o Cristianismo medieval representou a ideia do demônio, inspirando-se no chifrudo deus celta Cernunnos [39], em Pan, e no Mendes egípcio, mistura de fauno e de sátiro, que representaria a antítese da Divindade. Alguns baralhos contemporâneos como o de Waite e o da Golden Dawn continuam mostrando demônios feiosos, antinaturais e ameaçadores, que escravizam os seres humanos e parecem poderosos hierofantes de algum tipo de terrível magia negra.

Cernunnos

Esse apego a elementos folclóricos do cristianismo e a ideias ultrapassadas é extremamente anacrônico especialmente desde que Eliphas Levi, ainda no século XIX, reformulou esta carta, titulando-a "Baphomet", eliminando elementos

---

[39] Cernunnos, Deus celta da vegetação, Senhor dos animais, representava o Princípio Masculino Fecundante. Consorte de Cerridwen, a Grande Mãe, Deusa da fertilidade e do mundo subterrâneo, era considerado o pai da raça galesa e de seus deuses: Tutatis, Esus e Taranis.

grotescos, antinaturais e malignos. Com asas de anjo, uma tocha acesa na cabeça, o Caduceu na barriga sentado encima de uma esfera, e o pentagrama evolutivo na sua testa, como O Mago, aponta com uma mão o céu e com outra o chão[40].

O Diabo de Marselha, Waite e Crowley

Finalmente Crowley deu outro passo adiante, colocando um ser da Natureza: o Markhor (Capra Falconeris), a maior cabra selvagem conhecida, que aparecia por trás do Imperador. Markhor significa comedor de serpentes em persa, punjabi y urdu, pois segundo a crença popular do Indukuch (Himalaias Afegãos/Paquistaneses), estas cabras perseguem as serpentes e as devoram. Com suas doces uvas na cabeça nos lembra Pan, Pangenator, capaz de gratificar-se com todas as manifestações da Existência.

> *"Todas as coisas o exaltam igualmente. Ele não se regozija menos com o escabroso e estéril que com o plácido e fértil. Representa a capacidade de extasiar-se com qualquer fenômeno, por mais repugnante que pareça; ele transcende todas as limitações; ele é Pan, o Todo".* O Livro de Thoth — Aleister Crowley

Seus chifres têm forma helicoidal, simbolizando a força da geração. Zoroastro definia Deus como aquele que tem forma de espiral. Hoje, a ciência comprovou que o universo e o DNA, tem estrutura helicoidal. Os chifres são fundamentalmente um símbolo de poder. A palavra hebraica

---

[40] Ver na pag: 51

queren significa ao mesmo tempo chifre, poder e força. Os chifres do touro têm um simbolismo Lunar e são atribuídos à Grande Deusa da fertilidade, enquanto que os do carneiro são solares e representam a potência viril. Na gíria italiana, o pênis é chamado "corno". A exemplo de Dioniso, Alexandre Magno* foi representado com chifres de carneiro.

Por trás do Markhor, vemos uma representação absolutamente fálica da Árvore da Vida, cujo tronco (pênis) surge do marrom escuro da Terra – Malkuth ascende e, tornando-se dourado e luminoso, penetra no anel (vagina) de Nuit-Binah, Saturno.

As raízes da Árvore são dois testículos transparentes para poder ver as figuras que representam a vida em diferentes estados de evolução. As do esquerdo são femininas enquanto as do direito são masculinas, sendo uma delas semicaprina, indicando que o homem é mais animalesco que a mulher.

Em cada testículo, ocorre a mitose, ou processo de divisão celular, com os dois novos núcleos e os cromossomos acasalados no centro.

Em frente ao macho cabrão, temos o báculo do Adepto Chefe, que é uma forma do Caduceu onde as serpentes olham em direções opostas. Assim como o tronco da Árvore atravessa os céus, o báculo desce até o centro da Terra.

O fundo da carta está formado, como disse Crowley, *"pelas formas deliciosamente tênues, complexas e fantásticas da loucura, da divina loucura da primavera, já prevista na loucura meditabunda do inverno"*. Essas formas se assemelham aos chamados canais de Marte, planeta que governa o instinto.

Significados gerais: Esta carta sempre esteve vinculada a sexualidade e aos instintos em geral, de maneira que recebeu todas as conotações negativas que a moral da época dava ao instintivo. Assim era considerado a representação de todo o negativo. Inclusive autores modernos continuam insistindo nestes significados:

> *"Expressa o desejo de satisfazer suas paixões a qualquer preço; a inquietude, a excitação exagerada, o uso de meios ilícitos, a franqueza que dá lugar a influências deploráveis".* Le Tarot des Imagiers du Moyem Age. Oswald Wirth.(1880 – 1943)

> *"O Diabo é o portador da morte, da desgraça e da miséria. Personifica aquele que pratica o mal sem considerar as consequências que acarretará sobre os outros".*
> O Tarot Clássico. Stuart R. Kaplan.

De outro ponto de vista, mas dando-lhe também um caráter negativo, no Tarot Osho Zen o Demônio significa o conjunto de crenças e condicionamentos que fazem com que não sejamos o que verdadeiramente somos.

Para Crowley, o Demônio ilustra a energia criativa no seu aspecto mais material. No âmbito humano, representa os instintos, que são basicamente quatro:

- O instinto de defesa.

- O instinto sexual.

- O instinto de preservação.

- O instinto gregário.

O instinto de defesa faz com que nos defendamos quando nos atacam. Quando se desengatilha superamos o medo e conseguimos enfrentar e superar situações em que estamos em franca desvantagem.

O instinto sexual leva-nos ao desejo impostergável de unir-nos intimamente. No instinto de conservação da vida, estão os medos que nos levam a evitar os perigos reais, os cuidados corporais e o respeito aos ritmos do corpo. O instinto gregário leva-nos a agrupar-nos para enfrentar juntos os desafios da sobrevivência, tal como acontece ainda nas comunidades indígenas.

O prazer e a alegria são companheiros inseparáveis do exercício consciente de nossos instintos. Podemos dizer que o prazer é a ponta do *iceberg,* enquanto o resto é a necessidade biológica. O exemplo mais chamativo de como Mamãe Natureza esmerou-se dando ao ser humano, nesse caso à mulher, a capacidade de sentir prazer, é o clitóris, que, absolutamente prescindível para as tarefas de reprodução, tem uma enervação de assombrosa complexidade e tamanho.

Quando os instintos são reprimidos, sublimados e manipulados, ficamos alienados. Acabamos sendo inconscientemente escravos de padrões de comportamento massificados, criadores de hábitos (especialmente entre as crianças e os adolescentes) e confundimos o supérfluo com o necessário, a aparência com a realidade, acima da qual projetamos nossos desejos e nossas carências emocionais. Até que a vida se transforma em uma agonia permanente, sem brilho nem criatividade. Ao mesmo tempo, esse instinto reprimido vai tornando o assento do ódio, do pavor, da sexualidade vendida e da vingança e imprime de tal maneira os comportamentos que podemos dizer que se cria um ser psíquico, chamado "Id" ou "o Peleyo", por Brodem, e incorporado por Freud à psicanálise, que nos manipula desde o nosso interior.

Por isso, o Demônio do Tarot de Crowley está sorrindo, ele sabe que em suas mãos está nossa energia vital. Meio irônico, meio compassivo, ele sorri, dizendo-nos: escolhe: *se me proporcionas um canal para expressar-me, te dou energia, prazer e alegria, se me reprimes ficarás triste, enfermo e louco*".

Se decidimos assumir nossa instintividade, vivê-la plena e atentamente, integrando-a a nosso cotidiano, veremos como paulatinamente ela vai se expressando de um modo diferente, sem ansiedades nem compulsões, cada vez com maior sensibilidade, com maior consciência, com maior criatividade. Um povo não condicionado sexualmente possui tal vitalidade que será dificilmente manipulado, catequizado e/ou alienado. Por isso todas as estruturas de poder hierárquicas, sejam políticas, eclesiásticas e até algumas esotéricas reprimem a sexualidade.

NA LEITURA TERAPÊUTICA

Momento atual: A pessoa está sentindo o impulso de viver seus instintos, provavelmente reprimidos faz muito tempo. Certas crenças e medos que dificultavam sua expressão instintiva estão perdendo sua força especialmente se esta carta aparece com O Entusiasmo (A Força), o Seis de Copas –O Prazer– ou A Arte, indicando um resgate da sexualidade e dos instintos em general e um enfoque mais consciente do corpo e suas necessidades, repercutindo em um aumento de prazer, alegria, energia e autoafirmação. Percebe também as consequências de conter os instintos: baixa da autoestima e da vitalidade, manipulação por parte do reprimido quando não transformação do reprimido em raiva, agressividade, obsessões e/ou perversões.

Âncora: Por falta mostra que esta pessoa jamais se permitiu viver seus instintos. Em função de crenças, princípios, doutrinas, preconceitos e medos internalizados, passou a vida negando o que lhe é mais próprio e mais íntimo. Pode ser qualquer dos quatro:

Instinto de defesa: Se não se defende quando a atacam, não somente atrairá mais agressões senão que será manipulada pela raiva que acumula, destilando-a em seu ambiente ou expressando-a de uma maneira autodestrutiva ou explosiva.

Instinto sexual: Se não assume e vive seus impulsos sexuais colocando uma lista de pré-requisitos para se "*horizontalear*" com alguém, vai atrair pessoas que não vão aceitar essas condições e a sexualidade reprimida pode manifestar-se de uma maneira enfermiça, sem amor, com raiva ou com frieza emocional ou as perversões.

Instinto de preservação: Se quando o corpo lhe pede um sofá lhe dá um expresso duplo e outras três horas no computador não somente acaba com sua energia vital senão que vai atrair somatizações, gritos de alerta do corpo para fazer-lhe caso e cuidá-lo.

Instinto gregário: A pessoa se isola, tem medo de fazer contato e pode acabar imaginando intenções hostis nos outros e transformando-se em uma paranoica que em algum um momento pode querer vingar-se do mundo cruel.

Com o Sete de Copas (A Corrupção) indica voyeurismo, tendências ao estupro, ao sadomasoquismo sexual e outras perversões. Às vezes pode alternar-se com um forte sentimento de culpa. Recomendaremos o floral de Basil*, para integrar a sexualidade física com a espiritualidade em uma unidade consciente e prazerosa. Um caso não tão drástico é daquele cujo conflito em relação ao sexo, produto de uma educação moralmente severa, o impulsiona do puritanismo à promiscuidade compulsiva. Nesse caso, aconselharemos o uso do floral de Easter Lily*. Com um Cinco de Espadas (A Derrota), indicaria que a energia reprimida da libido sobe à cabeça e se manifesta como hostilidade mental e verbal. O Snapdragon* será recomendado para redirecionar a energia sexual para seus canais naturais. A chamada espiritualidade é, na maioria das vezes, a máscara de um instinto mal vivido. O amor e a espiritualidade são as manifestações mais transcendentes do desejo. Quem nega o desejo de sua natureza, mata o amor e a espiritualidade. Esse caso se dá em muitas mulheres que não integram a consciência do feminino nos planos físicos, rejeitando seu corpo e suas manifestações instintivas, resultando em estresse e em problemas nos órgãos da reprodução. O uso da flor do Alpine Lily* as ajudará a receber os instintos com o Eu feminino espiritual. Com o Quatro de Discos (O Poder), mostra o direcionamento da energia sexual para o poder e a riqueza material, para compensar o medo da intimidade que uma relação sexual supõe. Podemos sugerir o uso de Poison Oak*.

Aqui não temos a opção por excesso pois sendo um processo biológico se autorregula, assim como deixamos de comer quando matamos a fome. Não continuaríamos comendo por fome senão para compensar alguma carência. Uma atitude permanentemente defensiva ou uma obsessão por sexo seriam também uma compensação e não uma expressão genuinamente instintiva.

Infância: As expressões instintivas em particular e as funções fisiológicas em general foram reprimidas. O contato com seu próprio corpo, os jogos com a água, a terra e o ar livre foram muito limitados. Houve exageração com la limpeza e comer, cagar e urinar, foram desnaturalizados em função de maneiras corretas e horários apropriados. Nem precisa dizer que as expressões sexuais produto do chamado complexo de Édipo ou de

Electra que a criança vive entre os três e os seis anos foram massacradas com ameaças e castigos. Os aspectos sexuais da vida lhe foram escondidos e/o carregados de negatividade.

Relacionamentos: a) O relacionamento está ajudando ao consulente a assumir e desenvolver sua instintividade. No entanto, também pode mostrar que a pessoa está tornando-se consciente de uma forte carga sexual presa que dá lugar a estados ofuscados de consciência acompanhados de tumultos, brigas, ciúmes, projeções e fantasias negativas. Nesse caso, a essência de Black Cohosh* ajudará a desenvolver a coragem suficiente para confrontar e transformar ativamente essas circunstâncias destrutivas, em vez de encolher-se diante delas. b) Temos aqui uma pessoa que se relaciona, fundamentalmente, pelo instinto. A porta de acesso para seus relacionamentos é exclusivamente sexual. É incapaz de ver no outro algo que não seja o corpo nem de expressar carinho. Procura relacionamentos sexuais sem se envolver emocionalmente; pode ser um bom cliente do bordel local. O uso de Sticky Monkeyflower*, o ajudará a perder o medo de se expor no contato íntimo e lhe facilitará a expressão de seus sentimentos.

Voz da Essência e Método: Integrar O Demônio significa dar liberdade à expressão instintiva, deixando de inventar desculpas intelectuais, morais ou de qualquer outro tipo, para reprimi-la e assim manter um falso controle sobre as situações. Hoje é prioritário viver as necessidades biológicas e os desejos sexuais sem condicioná-los a nada que não seja o desejo sexual. O sexo é uma necessidade corporal como comer, dormir, fazer xixi, etc. e, embora possamos reprimi-lo com maior facilidade, deve ser vivido sem moralismos nem condições. Todo condicionamento do sexo a algo que não seja o desejo sexual é uma forma de prostituição.

"Por que não criar uma vida em que o sexo não traga experiências amargas, ciúmes, fracassos; em que o sexo se torna simplesmente diversão, nada mais do que qualquer outro jogo, simplesmente um jogo biológico? "   Osho

Uma filosofia religiosa exageradamente dissociativa, detectada pelo Hierofante na Infância ou na Âncora, pode ter alimentado um sentimento de desvalorização do corpo físico, ignorando e/ou rejeitando instintos básicos de sobrevivência. Nesse caso, aconselhamos o uso do floral de Manzanita*, que ajuda a resgatar o corpo e a integrá-lo com o lado espiritual. O floral de California Pitcher Plant*, planta insetívora, ajuda a integrar os desejos e as expressões mais instintivas de nossa natureza animal.

Sugerimos que a pessoa identifique quais são as crenças e medos que lhe impedem viver fluidamente sus instintos. Depois necessita revisar seu passado para reviver as situações específicas onde essas crenças e medos foram colocados, recordando também que baixo ameaças e chantagem foram estabelecidos. Então vai se dar conta de que o que foi impactante na infância para uma criança dependente e vulnerável não tem força para o adulto independente atual.

Quando nos exaltamos contra algo indica que estamos vinculados a esse algo. Os que condenam veementemente a homossexualidade ou outras condutas que saem do recinto "dos bons costumes" no fundo estão desejando vive-las, mas não se permitem". Esquenazi

Sendo que a raiva é uma emoção particularmente conectada com a repressão dos instintos sugerimos a Meditação Dinâmica de Osho. É importante que consiga dizer que não e coloque limites como uma forma de defender-se. Sugerimos identificar atitudes autodestrutivas e observar, detrás da raiva acumulada, que necessidades naturais estão sendo negadas. Os exercícios da análise bioenergética que ajudam a soltar as tensões pélvicas podem facilitar a expressão instintiva mais natural.

Caminho de crescimento: Usando as chaves que apareceram nas posições anteriores a pessoa está começando a diluir as crenças, medos e outros bloqueios que reprimiam a expressão de seus instintos que agora começam a aflorar. Como efeito colateral vem um *crescendo* da vitalidade, da afirmação pessoal, do prazer mais básico e claro da vida sexual.

Resultado interno: Fruto do processo de autoconhecimento e transformação, que vemos nas cartas, a pessoa conseguiu identificar, entender e desativar as crenças, medos e outras dificuldades internas que tinha para viver plenamente os instintos cuja energia criadora passa a manifestar-se em todos os aspectos de sua vida se sentindo mais vital, disposta, alegre e amorosa, bonita e com a porta aberta para o transcendente.

Resultado externo: Firmemente enraizado em sua natureza animal, vivendo plenamente sua sexualidade, expressando sua garra e sua criatividade, o consulente leva a vida com prazer, podendo se interessar em atividades onde pode expressar sua energia instintiva: esportes, turismo de aventura, atividades no meio da natureza, dança, etc.

A Torre

Títulos		Número	Letra hebraica	Caminho Cabalístico	Atribuição astrológica	Princípio Universal
Marselha	A Casa Deus	16 4 x 4 A destruí-ção das formas	ף o פ Phe Boca P e F	27° Netzach Hod	♂ Marte A autoafirma-ção através da conquista	A destrui-ção das prisões
Waite Crowley	A Torre					
Osho Zen	O Raio					

Títulos: Nos Tarots de Marselha chama-se *"La Maison Dieu"*, isto é, "A Casa Deus". Alguns estudiosos afirmam que este era o nome de certos hospitais-mosteiros que, na Idade Meia, acolhiam peregrinos, pobres e doentes. Outros falam que os hospitais se chamavam "*Hôtel Dieu*" e não *"La Maison Dieu"* que se referia à própria igreja. Hotel e Hospital procedem da palavra latina *"hospes"*: que da hospitalidade. Um nome um tanto esquisito para o que parece ser uma estrutura que está desabando. Tem quem afirma que *"La Maison Dieu"* viria de *"La maison du Feu" (A* casa do Fogo*)*.

Más tarde pasó a llamarse "La Torre fulminada por el rayo" o simplemente "La Torre". Outros títulos são: "O Hospital", "O Fogo do Céu" e no Tarot Egípcio "A Fragilidade". Seu título esotérico é "O Senhor das Hostes dos Poderosos".

Número: O Dezesseis sendo o quadrado do Quatro, leva até o extremo as qualidades que este número representa. Quando desenvolvemos um aspecto de uma determinada polaridade até o limite, na verdade estamos fortalecendo seu oposto. Se o Quatro representa a estabilidade, a ordem, a lei, a estrutura material das coisas, o sólido; seu quadrado, o Dezesseis, será o número da destruição das formas, das leis, da ordem estabelecida. Passa, pois, uma ideia de retorno ao informe, ao Nada.

CORRESPONDÊNCIAS

Letra hebraica: Phe, ‏ף‎ o ‏פ‎ se estiver no final da palavra é dupla, feminina e seu valor numérico é 80 se estiver no início e fim da palavra e 800 se no final. Sua pronunciação dura é P e a suave é F. Significa "boca" e se relaciona com os processos de ingestão de alimentos e com a fala. Sabemos que, para um alimento ser assimilado pelo organismo, sua estrutura tem de ser destruída. Um aspecto dessa destruição acontece na boca. Hieroglificamente, Phe representa o poder da palavra criadora.

Caminho cabalístico: Este caminho conecta o centro dos processos da razão Hod (o Esplendor) com a esfera dos desejos naturais Netzach (A Vitória) o intelecto puro com o sentimento puro. Isso significa a destruição das velhas formas. É um caminho horizontal e equilibrado no mundo da personalidade.

Atribuição astrológica: ♂ Phe letra dupla se corresponde com **Marte** que **representa** o princípio do dinamismo e da força. É pura ação e impulsividade. No mundo humano, é a energia da sobrevivência e da autopreservação. É a instintividade que dá coragem e impulso na luta pela vida. Marte é a autoafirmação do Eu para enfrentar as pressões externas, por isso é também a agressão, a competitividade, a guerra e a luta. Se Vênus leva a pessoa para a doçura e a afetividade, e a faz procurar uma vida tranquila e agradável, Marte a empurra a usar a força, a lutar e a conquistar. Se Vênus é o amor passivo e magnético, o prazer e a união, Marte é o lado animal do sexo que, para procriar, conquista e possui. O marciano não gosta de vida relaxada e tranquila, ele precisa viver intensamente, como enfeitiçado pelo perigo e o risco. Sua impulsividade natural lhe faz ser terrivelmente impaciente. Quer realizar seus desejos já, sem se importar com o passado e com as consequências futuras de seus atos. Assim, ele toma decisões continuamente e procura as soluções mais radicais. Marte governa Áries e, com Plutão, rege Escorpião.

Símbolos: A imagem mostra uma torre sendo destruída por chamas e raios. As primeiras torres conhecidas são os *zigurates* mesopotâmicos, hoje Iraque, que, tinham cem metros de altura. Cada andar era pintado segundo a cor de cada um dos sete planetas conhecidos na época. Essas torres eram observatórios astronômicos, embora representavam escadas por onde algum dia os deuses desceriam até a terra, e os humanos subiriam ao céu. Estavam coroadas por um templo e encarnavam o esforço humano para aproximar-se

A Casa Deus de Marselha e A Torre de Waite e Crowley

da Divindade, que para eles estava lá fora, ali em cima, longe no céu. Quando procuramos a Divindade fora de nós mesmos, sempre aparece alguém que se apresenta como intermediário, que estipula comportamentos, mandamentos, dogmas e tributos para conseguir a misericórdia e as recompensas de tal ente projetado. Acabamos parecendo aqueles cachorros que correm atrás de sua própria cauda, imaginando que é algo alheio a eles. Esses comportamentos massificados, que dão uma falsa segurança e ao mesmo tempo nos escravizam, formam parte da Torre que está sendo destruída. Do alto caem quatro figuras humano-geométricas. São os soldados da guarnição que, identificados com o papel de guardiões da torre adquiriram rigidez geométrica que sem dúvida vai virar farinha chegando ao chão.

No topo, o olho de Shiva, o Princípio destruidor e transformador da *trimurti* hindu, aparece aberto. Segundo esta tradição, quando isto acontece, os opostos se reintegram e o Universo se aniquila. Nos outros baralhos, um raio que cai do céu é o responsável.

Nos primeiros Tarots de Marselha o raio saia da torre. É a partir de Nicolas Conver, que o raio cai do céu. No de Visconti-Sforza, esta carta se perdeu.

Jean Noblet +/- 1650
Nicolas Conver 1761

227

Na esquina inferior direita, as mandíbulas abertas de Dis, o Deus romano da morte, cospem fogo nos alicerces da torre, indicando que a destruição se realiza desde a base.

Banhados no brilho do olho estão a pomba e a serpente que já vimos no Hierofante. Eles mostram dois caminhos (A vida e a morte). A vontade de viver e a de morrer. O caminho da serpente é o tantrismo hindu, o trabalho com a Kundalini usando a energia primordial em práticas sexuais, a entrega às energias naturais, os rituais dionisíacos e os mistérios de Elêusis. O caminho da pomba é o caminho da devoção pura, em que o instinto é sublimado. Na carta, a serpente tem a cabeça de leão, tal como aparece no Tesão, rodeada por um anel de fogo, fazendo alusão a Abraxas, a entidade que assimila nela mesma o positivo e o negativo, o luminoso e o escuro.

Significados gerais: A Torre é a expressão gráfica do Princípio da Destruição. Vemos nela a destruição pelo fogo de toda ordem material existente. Quando um sistema físico atinge seu ponto de máxima tensão interna, para atingir um novo equilíbrio, destrói sua estrutura. Um exemplo seria o desgelo, quando a temperatura sobe. Na tradição shivaista do sul da Índia, a Suprema Perfeição só pode ser atingida por meio da morte, pela destruição do existente, das formas do manifestado.

Costuma ser interpretada como desastres que destroçam a estrutura do consultante. Para Crowley mostra a destruição das prisões da vida organizada, das rotinas mecânicas que alienam o ser humano. É a ruptura das correntes que nos aprisionam a novas torres ou edifícios de apartamentos ou escritórios, em que repetimos gestos sem sentido, profundamente desconectados de nós mesmos, da Natureza e dos outros. Conectados a televisão e ao saldo bancário, vivemos poluindo, consumindo, compensando-nos autodestrutivamente de nossas frustrações, escondendo-nos, manipulados pelo Hierofante de plantão, inconscientes de que somos seres divinos.

Esses bonecos são os guardiões da Torre que estavam totalmente identificados com seu papel de defensores de uma ordem – sufocante e sem saída – estabelecida por terceiros. Quando a torre é derrubada, cai e o impacto destrói sua falsa personalidade e podem voltar a fazer contato consigo mesmos e com a realidade externa. Essas estruturas ou prisões que sufocam e limitam podem ser de dois tipos. Externas: vínculos profissionais, compromissos familiares, exigências financeiras, relações amorosas que de amorosas já não tem nada, etc. ou internas: *"Eu sou assim, tenho que ser assim, construí esta fachada para que me aceitem e para não passar de novo por situações nas que sofri, de maneira que tudo o que não se sintonize com essa fachada não deixo passar".* Essa camisa de força é o Ego com suas falsas identificações, suas fantasias, ambições e ilusões irreais. É a destruição do véu de *maia* rasgado pelo relâmpago da consciência. Essas ideias são familiares desde a carta da Morte, na qual o acento estava colocado na aparição da essência do ser, produto do abalo dos velhos padrões de comportamento cristalizado, em uma transformação originalmente interna. Na Torre, a destruição é mais ampla, extensa e explosiva. Às vezes, pode ser a reação espontânea a um estado prolongado de quietude, inércia e pressão interna. Aqui se destrói todo um estilo de vida, liquidam-se relacionamentos, vínculos, empregos, e tudo aquilo que limita o ser. Dependendo do apego com o que desaparece, a passagem por essa etapa pode estar acompanhada de uma agradável sensação de libertação e alívio ou pode ser uma experiência de perda tremendamente dolorosa.

NA LEITURA TERAPÊUTICA

Momento atual: A pessoa se sente sufocada e não aguenta mais. Está em contato com o impulso interno de dinamitar suas prisões, sejam externas (vínculos profissionais ou afetivos, compromissos familiares ou financeiros, etc.) ou internas (qualquer tipo de identificação que nada tem que a ver com a verdadeira natureza do ser e que costumamos colocar depois do eu sou... em definitiva o ego). Percebe também as consequências de haver permanecido em tais prisões. Na verdade, a origem da prisão externa é interna. A segunda carta mostrará em que área da vida está se dando esse questionamento ou em função de que critérios ou desculpas essa pessoa não destrói de vez o que a oprime.

Âncora: Por falta, especialmente com algum Quatro na Âncora, mostraria alguém que tem tanto medo do desconhecido, das mudanças, do "que vai lhe faltar", de mostrar sua vulnerabilidade, que passou a vida construindo fortalezas, identificando-se com grupos ou atividades, amarrada a empregos ou vínculos emocionais, organizando suas rotinas para que nada lhe possa pegar desprevenida e assim sentir-se segura. Emana raiva e negatividade, que direciona para assuntos que não estão vinculados diretamente com as verdadeiras causas de sua raiva e frustração, pois na verdade não quer confrontá-las. Se degrada com compensações e emite uma vibração pesada de rancores escondidos e frustrações sufocantes, tudo em nome de sua segurança. Usa a energia que lhe sobra para escorar sua prisão. O floral de Star Thistle* aumentará sua segurança interna e independência da matéria, alimentando a generosidade e a consciência da abundância interna e externa

Por excesso temos o destruidor, que destroça tudo o que toca e especialmente a si mesmo. Opta por atividades que não lhe dão prazer e que são uma carga pesada que se auto impõe, talvez por pressão da família, levando-a a viver em tensão permanente que vai se acumulando até que explode para fora destruindo a estrutura material que dava suporte a atividade, por exemplo levando a empresa à ruína, ou para dentro destruindo seu corpo físico. Quando algo se interpõe no seu "caminho", sofre de ataques de fúria explosiva. Seu problema está na falta de referenciais internos para escolher a vida que realmente reflita sua natureza interna. Seus negócios vão à falência, seus relacionamentos afetivos acabam em brigas, é expulso de seus empregos como um revoltado que sempre se dá mal. Pode estar sabotando-se para não crescer, para não se estruturar e assim não ter de se responsabilizar por nada. Nesse caso, confirmado pela presença do Louco, seria viável usar o floral de Fairy Lantern*, para ajudar-lhe a responsabilizar-se.

Esse comportamento destrutivo, em alguns casos delinquente, que pode ser produto de uma forte revolta contra o autoritarismo familiar, indicado pelo Imperador ou um Quatro na Infância), poderia ser aliviado com o uso da essência de Saguaro*. O floral de Wild Oat o ajudará a descobrir e investir na sua vocação, e o de Cerato aumentará a autoconfiança e o ajudará a ser independente das pressões e opiniões alheias.

O floral de Scarlet Monkeyflower* lhe proporcionará uma maior honestidade emocional para reconhecer e trabalhar o que realmente o irrita e o leva a explodir, especialmente com um Oito de Paus (A Rapidez) sem permitir que se acumulem e tomem um caráter desproporcionalmente cegante da consciência.

Infância: Esta época esteve marcada por desastres que quebraram sua segurança interna e sua confiança no mundo. Pode ter sido a destruição do lar familiar, brigas entre seus pais e irmãos, incêndios, guerras, etc. Com o Sete de Copas (A Corrupção) pode indicar abuso sexual.

Relacionamentos: a) O relacionamento está ajudando a pessoa a identificar e eliminar as suas prisões. Isto pode suceder de diferentes maneiras. O parceiro pode estimula-la amorosamente e dar-lhe apoio para que saia, por exemplo, de um emprego asfixiante, mas também pode ser a relação à que a asfixia e oprime até o ponto que não aguenta mais e está sentindo a necessidade de desfazer-se dela. b) Está vivendo seu relacionamento como uma prisão que a sufoca. Pode ser que esteja disposta a estourar o vínculo "martirimonial" que já devia ter sido desfeito há muito tempo e que levou o casal a acumular consideráveis e perigosas doses de raiva. c) É incapaz de criar vínculos. O menor compromisso é uma prisão insuportável. Não quer amarrar-se a nada e acaba seus relacionamentos explosivamente quando passa a euforia inicial.

Voz da Essência e Método: O ser verdadeiro sente-se em uma prisão, na qual o ego se tornou o guardião. A tensão interna é cada vez maior com perigo de somatizações corporais. É urgente reconsiderar o estilo de vida, as prioridades que determinam o cotidiano, para se libertar de toda essa estrutura limitante da qual só se libertará por meio da destruição: não existe mais flexibilidade nem possibilidade de contornar a situação. Sugere que a pessoa identifique o que a está sufocando, oprimindo e limitando, sejam prisões externas como vínculos profissionais, agenda saturada, compromissos familiares, relações, exigências financeiras, rotinas chatas e pesadas ou internas: falsas identificações, fantasias e outros elementos constituintes do ego. Como reconhecê-las? Quando perdemos o centro e nos exaltamos, o coração dispara, o sangue sobe à cabeça, a respiração trava, e vem o impulso de atuar compulsivamente é que há uma identificação. É necessário que a pessoa perceba, entenda e trabalhe para desativar os medos, bloqueios e outras dificuldades internas que lhe impedem dinamitar suas prisões.

Para dar esse salto à liberdade, sabendo melhor do que deve despojar-se e com uma consciência mais viva do ser interno, sugerimos o floral de Sagebrush*. Quando A Torre aparece na Voz da Essência pede para identificar e detonar as prisões, as cartas do Método sugerem como o consultante vai fazer, coisa que pode demorar um tempo. Por exemplo paulatinamente, com o Dois de Discos - A Mudança ou rapidamente, com o Oito de Paus - A Rapidez. No entanto se aparece no Método é o antes possível antes de que o corpo pague o pato.

Caminho de crescimento: Usando as chaves que apareceram nas posições anteriores a pessoa percebeu as consequências de se manter em suas prisões (externas e/ou internas), entendeu porque se manteve nelas e se ainda não as destruiu já foi a comprar dinamite.

Resultado interno. Esta pessoa, produto de todo o processo que vimos até aqui, conseguiu identificar, entender e desativar as dificuldades internas que tinha para desmantelar as estruturas limitantes que o aprisionava. Assim pois temos aqui a destruição das prisões externas e do ego que, igual que A Torre, costuma estar construído com tijolos de duas caras. A externa costuma ser de orgulho e prepotência e a interna de medo e auto anulação. Diga-me de que te gabas e te direi do que careces, diz o refrão.

Resultado externo. O consultante, que passou parte de sua vida prisioneiro em um labirinto de atividades e vínculos que o sufocavam, mantendo no alto um ego que oprimia a seu verdadeiro eu, através de todo o processo que vimos até aqui se fortaleceu de tal maneira que agora quando aparece uma situação que o sufocaria ainda mais, em vez de seguir aguentando mais e mais tensões desmantela o labirinto. Rompe suas prisões, larga seu modo de vida alienado, acaba com o ego ou pelo menos com seus aspectos mais grosseiros e limitadores.

A Estrela

Títulos		Número	Letra hebraica	Caminho cabalístico	Atribuição astrológica	Princípio Universal
Marselha Waite Crowley	A Estrela	17 A pureza e a espiritua -lidade O canon do equilí- brio		15°		
Osho Zen	O Silen- cio		ה H janela H aspira- da	Jokmah Tiphareth	♒ ♒ Aquário Eu sei	A renova- ção das categorias

Títulos: Este Arcano se corresponde com o Arcano VI de Etiellá, "o Ar", enquanto na maioria dos Tarots se intitula "A Estrela". Em alguns Tarots, aparece como "As Estrelas". No Tarot Egípcio, aludindo a seu significado tradicional, chama-se "A Esperança". No Osho Zen Tarot é "O Silencio". Seus títulos esotéricos são: "A Filha do Firmamento" e "O Habitante entre as Águas".

Número: O Dezessete transmite uma ideia de pureza e espiritualidade. Na tradição muçulmana, são dezessete os gestos litúrgicos e as palavras que compõem a chamada à oração. O alquimista sufi Gabir ibn Hayyan, (?-815 d.C) considera o dezessete como o Canon do equilíbrio de todas.as coisas. Também podemos chegar a essa ideia sem ler o "Livro da Balança" de Gabir, já que $17 = 1 + 7 = 8$, o número do Ajustamento, sempre representado por uma balança.

CORRESPONDÊNCIAS

Letra hebraica: ה. Até a revelação do *Livro da Lei*, a letra atribuída a este Arcano era Tzaddi. Mas quando Nuit, por boca de Aiwass falou: "Todas essas velhas letras de meu livro estão corretas, mas Tzaddi não é A Estrela", Crowley viu-se impelido a mudá-la. Observando que etimologicamente Tzaddi significa Czar, Kaiser, Senado, Senhor, acabou atribuindo-a ao Imperador, cuja letra era He. Também viu que He poderia ser atribuída à Estrela, que no Tetragramaton representa o Princípio Feminino, tal como aparece na carta sob forma humana.

Vimos no Capítulo 5, como se deduziam as atribuições astrológicas por meio das correspondências dos Arcanos Maiores com as letras hebraicas. Vejamos agora como essa mudança de letras aperfeiçoa a simetria da sequência dos signos. Colocando nas primeiras colunas a sequência tradicional dos Arcanos Maiores, a coluna de suas correspondências astrológicas fica como vemos na tabela.

Sendo que na sequência dos signos, Leão e Libra estão permutados ao redor de Virgem, podemos representá-la conforme a ilustração *"Antes da mudança"*

Trocando Tzaddi por He, O Imperador pela Estrela, aparece uma nova inversão: Áries e Aquário permutam suas posições em torno de Peixes, obtendo assim o "Duplo Anel do Zodíaco"

Waite privilegiou a sequência dos signos e modificou a dos Arcanos, trocando de lugar "A Justiça" (Libra) com "A Força" (Leão).

He é uma letra simples, feminina e vermelha, que tem o som do H aspirado inglês na palavra "home" e cujo valor numérico é cinco. Significa "janela" e hieroglificamente

0	O Louco	**Ar**
I	O Mago	**Mercúrio**
II	A Sacerdotisa	**A Lua**
III	A Imperatriz	**Vênus**
IV	O Imperador	Áries
V	O Hierofante	Touro
VI	Os Amantes	Gêmeos
VII	O Carro	Câncer
VIII	O Ajustamento	Libra
IX	O Ermitão	Virgem
X	A Fortuna	**Júpiter**
XI	O Tesão	Leão
XII	O Pendurado	**Água**
XIII	A Morte	Escorpião
XIV	A Arte	Sagitário
XV	O Demônio	Capricórnio
XVI	A Torre	**Marte**
XVII	A Estrela	Aquário
XVIII	A Lua	Peixes
XIX	O Sol	**O Sol**
XX	O Eão	**Fogo**
XXI	O Universo	**Saturno**

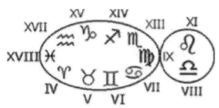

Antes da mudança

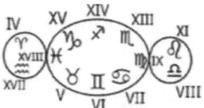

O Duplo Anél do Zodíaco

233

representa a vida universal, o sopro vital, o hálito do ser humano, tudo o que anima e vivifica.

Caminho cabalístico: O caminho de He (15º) une Tiphareth (a Beleza) com Jokmah (a Sabedoria). Aqui a individualidade se confronta com a dinâmica da pura energia divina. Nesse caminho, a individualidade toma consciência de suas origens e de seu propósito.

Aquário - Johfra

Atribuição astrológica: ♒ Aquário é um signo de Ar, fixo, governado por Urano e Saturno. No corpo físico, governa os tornozelos, os calcanhares, o sistema circulatório e a medula espinhal. Urano lhe comunica um forte desejo de liberdade para inovar, atravessar os véus dos mistérios e destruir as estruturas caducas e preconceituosas.

Saturno, o princípio da coesão, da estruturação e da ordem, faz com que os aquarianos se inclinem por princípios éticos e sólidos para governar suas vidas. Seu trabalho é procurar a verdade e fazer deste mundo um paraíso tanto pela aplicação prática de seus ideais como do uso de seus conhecimentos científicos. Os nativos mais puros chegam a ser impessoais, objetivos e com pouquíssimas considerações emocionais. São cidadãos do mundo, livres, sem apegos nem raízes. Aparentemente têm mais interesse em conhecer e aperfeiçoar a sociedade do que se conhecer e se aperfeiçoar. Parece que amam mais a humanidade que a seus vizinhos. Declaram que a amizade é mais importante que o amor e se entregam de corpo e alma a uma causa, mas têm sérias dificuldades para expressar suas emoções íntimas e relacionar-se com alguém em profundidade.

> *"É importante que o nativo de Aquário se lembre que entre a cabeça e os pés existe um corpo."*
> *Conhecimento de Astrologia*. Anna Maria Ribeiro

Têm uma mentalidade progressista, atrevida e revolucionária. Amam a liberdade, a justiça e a fraternidade. São humanitários embora não aceitem as falsas conciliações. Carecem de capacidade de adaptação e indulgência, embora, sendo muito sociáveis, acabam por adquiri-las. Geralmente têm muitos amigos. Adoram mudar e conhecer. Sua intuição é aguda. Podemos dizer que são seres que se anteciparam a seu tempo. Suas tendências patológicas são a anemia, problemas de coração (Aquário é o signo oposto de Leão, regente do coração) espasmos e palpitações, intoxicações, problemas circulatórios e doenças mentais. Os aquarianos estão entre o gênio e a loucura, entre a glória e a prisão. Seu verbo é "Eu sei" e sua frase: "Eu planto um mundo melhor vivendo a consciência cósmica aqui e agora".

Símbolos: A figura central é uma mulher nua. Sua nudez é símbolo de pureza e inocência. Ela é a mais pura manifestação da Grande Deusa, anterior a qualquer envolvimento com a matéria. Por isso aparece aqui desnuda, enquanto que na Sacerdotisa o faz velada e na Imperatriz coroada. No Eão, Arcano XX, mostra-se como a abóbada celestial. É Nuit, a Senhora das Estrelas, com forma humana.

A Estrela de Marselha, Waite e Crowley

Em sua mão direita, que se corresponde com Joakin, o pilar do amor, tem uma copa dourada da qual transborda um néctar *"que é também leite, azeite e sangue sobre sua cabeça, sugerindo a renovação eterna das categorias, das inesgotáveis possibilidades da Existência"*, diz-nos Crowley. Com a mão esquerda, correspondente a Boaz, o pilar do rigor, derrama o fluido de uma jarra prateada no ponto em que se junta a Água do mar de Binah (uma outra manifestação de Nuit) com a Terra de Malkuth. É interessante observar que as linhas de força dos fluidos são diferentes. As que se precipitam no Abismo são linhas retas. A geometria euclidiana (das retas) foi deixada de lado pelos modernos matemáticos e físicos quando perceberam que o Universo é curvo e que a linha reta não se ajusta à realidade. Na Natureza, não existem retas. Einstein enunciou que o Cosmos

235

tem forma espiral, assim como as linhas do fluido da jarra dourada que acabam se envolvendo com Nuit e lhe cacheando o cabelo, que delicadamente se submerge no Abismo. As copas, que segundo várias tradições são equivalentes aos peitos de onde flui e transborda o leite que alimenta a humanidade, são uma de ouro, solar, relativa ao aspecto consciente do ser, e outra de prata, lunar, relativa ao inconsciente. Parece, pois, que o inconsciente está se limpando de crenças ultrapassadas.

Produto do trabalho da mulher com os fluidos, surgem do Abismo os cristais, símbolo do início do desenvolvimento da vida e do conhecimento universal, e a terra é fertilizada, como mostram as rosas que aparecem na esquina inferior direita. As borboletas, que também simbolizam a libertação de velhos casulos, sobrevoam as rosas. O crescimento se dá nos três reinos: mineral, vegetal e animal. Por trás da mulher, temos a abóbada celestial, outra forma de Nuit, destacando-se Vênus, A Estrela de sete pontas, enfatizando que os principais atributos de Nuit são o amor, a beleza, o prazer, a união e a criatividade. Um amor gerador e criador, tal como é sugerido em suas espirais.

Na esquina superior esquerda, está A Estrela de Babilônia, também de sete pontas, como as letras desta palavra. Seus raios, também em espiral, banham o fundo da carta com uma luz sutil e tênue. Babalon ou Babilônia é outra forma de Nuit: a Mulher Escarlate, a voluptuosa mulher que cavalga a besta do Tesão.

A Estrela de Babalon

Significados gerais: Crowley rompe com o significado tradicional de esperança, uma armadilha com a qual as elites controlam: "*Sabemos que estão sofrendo, mas não se desesperem, não se sublevem, não percam a esperança, que as coisas vão melhorar*". A ideia de esperança, que não deve ser confundida com autoconfiança, sempre esteve relacionada com a salvação externa, ou seja, de que alguém vai chegar e vai nos salvar, assim nos desvalorizamos e permanecemos infantilizados.

Para Crowley a Estrela ilustra o Princípio Universal da Renovação das Categorias. O velho integra-se à Existência através de voltar ao não manifestado, e as novas experiências são realizadas. Esta carta encarna as forças cósmicas que levam à evolução das galáxias, das espécies, da sociedade, das ideias, do ser humano, enfim, de tudo que existe. Algo diferenciado tem de se dissolver no indiferenciado para possibilitar o movimento, as mudanças, a evolução, a continuidade, o eterno retorno.

No entanto essas linhas de força espiraladas da copa superior não são realmente espirais, mas um conjunto de linhas retas que seguem a forma de uma espiral. Sendo que a linha reta, inexistente na natureza, é uma abstração mental: a distância menor entre dois pontos, todas as crenças, princípios e valores acabam sendo abstrações mentais fora da realidade. Em um plano humano, a Estrela representa uma limpeza de crenças que leva ao resgate da mente perceptiva. Quantas mais crenças, princípios e valores temos na cabeça mais se distorce nossa visão da realidade. "Nada é verdade nem é mentira, tudo é da cor do cristal com que se mira", diz um refrão castelhano. Pois as crenças são o cristal. O budismo zen afirma: No busque a verdade apenas abandona tuas opiniões. Na medida em que vamos eliminando as crenças, ideias e julgamentos com os que nos embotaram resgatamos a mente perceptiva que tinha a criança não programada. A Estrela mostra este processo.

A maior parte dessas crenças está relacionada com a necessidade que a pessoa tem de ser aceita. Embora as coisas estejam mudando muito, a mulher diz: *"Se quero ser aceita tenho que ser boa, bem educada, agradar, não dizer 'não', estar atenta ao que os outros esperam de mim, esperar em silêncio ser reconhecida, ter sempre presente meus defeitos, mostrar-me desamparada, incapaz e dependente, esperar a ajuda dos outros ou do destino, não exigir o que me corresponde, não ser competitiva com meus colegas nem autoritária com meus subordinados, não forçar os outros a fazer o que eu quero, renunciar a tomar iniciativas, dar opiniões só se me pedirem e com pouca ênfase, estar disposta a mudar de opinião, esconder a agressividade e me desconectar da raiva, ser serviçal e tolerante, sacrificar-me, fingir, ser bonita, amável, sedutora sem chegar a ser provocativa, simpática, orientar-me pelos desejos e as necessidades dos outros, colocar como principal prioridade agarrar um marido (por razões de status, segurança econômica e autoafirmação de minha feminilidade) e, uma vez laçado, cuidar de meus filhos e marido, ser compreensiva com as dificuldades e erros dos outros, inclusive se meu marido me desvaloriza ou maltrata, sobrecarregar-me de trabalho, fazer exatamente o que esperam de mim, nunca me mostrar superior sendo original ou criativa, obedecer às regras do jogo, conseguir o que eu quero às escondidas e não abertamente, deixar que os outros descubram o que quero em vez de expô-lo claramente, saber esperar, estar disposta a executar ordens, desvalorizar meus conhecimentos ou minhas capacidades intelectuais, não assumir minhas responsabilidades comigo mesma nem analisar minhas experiências, culpar-me pelos meus fracassos, aceitar o que 'Deus ou o destino me manda', vestir-me na moda, sentar-me com as pernas juntas, não gesticular muito, inclinar a cabeça, não segurar o olhar, não interromper, saber escutar, sorrir mas não dar gargalhadas, diminuir-me corporalmente, em vez de me manter erguida, mostrar-me tímida, modesta e humilde, dar a outra face, evitar os conflitos, não discordar, trabalhar pelo "bem comum", deixar ou até pedir que os outros decidam por mim, sabotar minha autonomia, perdoar, 'ser feliz se você é feliz', não ter interesses nem critérios próprios, compadecer-me dos fracos, cuidar deles e ajudá-los, renunciar a meus sonhos e minha liberdade, renunciar a meus ideais, convicções e ideias, renunciar a ser feliz, renunciar a meus próprios méritos, renunciar a meu tempo e finalmente renunciar a ser eu mesma, sofrer em silêncio e não me permitir ser cuidada".*

E o homem diz: *"Para ser aceito tenho de ser o homem da casa, o provedor das necessidades materiais, não posso chorar nem mostrar medo, dar prioridade ao trabalho, embora a saúde e os relacionamentos estejam comprometidos, mostrar-me seguro e capaz sempre, ser competitivo, vencer, me impor, ser o melhor, nunca me dar por vencido, satisfazer materialmente à família e sexualmente à esposa (e a alguma outra mulher mais se for possível), manter minhas emoções sob controle, tomar iniciativas, fazer propostas, mostrar que sei do assunto, dar opiniões, mandar em casa, ser superior à mulher e às crianças, caminhar como se soubesse aonde eu vou, manter-me erguido, ser insensível, prático e enfrentar qualquer perigo e estresse[41]".*

Aqui resgatamos nossa percepção que se torna mais objetiva, realista, e global, capaz de identificar as forças que estão transformando o Universo. Quando o ser atinge esse estado de consciência, deixa de sentir-se só, isolado ou perdido em um mundo ameaçador, desconhecido e estranho, e percebe que é uma parte integrante e inter-atuante do Cosmos* junto com o qual pulsa.

NA LEITURA TERAPÊUTICA

Momento atual: A pessoa, se dando conta que uma boa parte de suas ideias, crenças e opiniões não funciona, pois sustenta iniciativas e decisões que a levam continuamente ao sofrimento, está questionando-as. A segunda carta do Momento Atual pode mostrar fatores internos que dificultam esta limpeza ou as primeiras consequências deste processo. Assim sua mente se torna permeável a novas compreensões, produto tanto de sua própria experiência como de uma visão mais realista e global da vida.

Âncora: Por falta esta pessoa tem uma grande dificuldade para mudar sua maneira de pensar. Está tão aferrada a suas crenças, princípios e valores que, por mais que estes se mostrem disfuncionais, caducos ou falsos,

---

[41] Extracto de "Meninas Boazinhas Vão para o Céu as Más Vão à Luta"de Ute Ehrhardt

238

continua defendendo-os e fazendo deles um guia para seus atos. Amarrando-se às suas crenças, só aceita aquilo que vai de acordo com elas e sistematicamente tenta forçar, eliminar, mudar e invalidar tudo o que, segundo suas crenças, não é admissível. O floral de Rock Water lhe ajudará a se flexibilizar mentalmente.

Por excesso não pode ver nada que não esteja querendo mudar ou melhorar. É um contestatário compulsivo que questiona tudo o que lhe rodeia e que, segundo ele, são empecilhos para a evolução da humanidade. Vende uma imagem de vanguardista e entusiasta, ponta de lança do pensamento pós-moderno. Sempre tem a razão e a ideia mais brilhante e atual. Chegando a tertúlia diz: Estão todos equivocados. De que estão falando? Intelectualmente, parece que foge do superficial e mesquinho, mas no final é ele que acaba sendo, pois é tão mental que não se permite a expressão de seus sentimentos e instintos e fica repetindo sentenças grandiloquentes. Pretende mudar o mundo, mas desconhece a si mesmo. É incapaz de relaxar e viver e, de suas vivências, extrair suas próprias experiências e critérios. Sugeriremos o uso de Vervain para ajudá-lo a enraizar em si mesmo seus ideais. Esse excesso de espírito crítico e condenatório é a tampa de seu sentimento de inferioridade e pode ser fruto de uma infância de crítica e desvalorização denunciada pelo Cinco de Espadas (A Derrota) na Âncora ou na Infância. O uso do floral de Beech favorecerá sua tolerância, sua aceitação das diferenças e sua capacidade de ver o lado positivo de cada pessoa ou situação.

Infância: Existiu aqui um conflito de valores. Os princípios ensinados ou até impostos em casa eram diferentes dos da escola ou da rua. Talvez o pai defendesse ideias que eram atacadas pela mãe e vice-versa ficando a criança no meio do fogo cruzado pois à aceitação de ditos valores, ideias ou crenças era condicionada a aceitação e o tratamento que a criança recebia. Pode ser que tenha sido criada em um lar "progressista" e/ ou fanático. Teve de adaptar-se a padrões de comportamento, que embora pudessem negar as caducas formas autoritárias e religiosas do passado, não deixavam de ser normas colocadas sem carinho. Tudo isto deixou a criança dividida e insegura.

Relacionamentos: a) O relacionamento está levando a pessoa a questionar velhas crenças, princípios e valores, ajudando-a assim a recuperar uma percepção mais realista e funcional. Se a relação estiver apoiada justamente nessas crenças e fantasias é muito provável que passe por uma crise. b) Vende no mercado das relações amorosas uma imagem de progressista, original, inovadora e contestatária de todo o caduco, estritamente mental que não mostra emoções nem desejos instintivos, como vimos na Âncora por excesso.

Voz da Essência e Método: Integrar este arquétipo é perceber que o importante não é que as crenças sejam corretas ou incorretas, senão que tem crenças que impedem que você seja você mesmo e sustentam decisões que levam ao sofrimento e crenças que não o fazem. Uma vez que compreendemos isso, podemos reformular nossas crenças, deixar de lado a falsa personalidade e nos relacionar sem preconceitos.

Chegou o momento de identificar e eliminar as crenças que não funcionam, pois são camisas-de-força para seu desenvolvimento. Discutir crenças é como discutir futebol ou religião. No entanto, podemos pega-las pelas suas consequências, como explica o trabalho sugerido: Desenhe seis colunas em um papel, na primeira coloca retrospectivamente duas ou três palavras identificando fatos que fizeram você sofrer a partir de uma decisão que você tomou (ou de permanecer indecisa) e da qual você se responsabiliza plenamente. Agora coloque na segunda o argumento que levou você a tomar tal decisão ou a permanecer indecisa. Se você encontrou dez fatos provavelmente vai encontrar dez argumentos. Quando você acabar a segunda coluna vai colocando na terceira a crença que sustentou o argumento. Você verá que não tem dez, senão três ou quatro que se repetem. Bem, você já sabe a que crenças não pode lhes dar bola. Na quarta você vai identificar a emoção que dá força a crença, pois a força de uma crença, é dada pela intensidade da emoção que sentimos quando essa crença foi incorporada. Por isso tem crenças que tem muita força e outras nenhuma. Na quinta transforme essa crença em um critério o mais objetivo, funcional e realista possível que mesmo que não deixa de ser uma cortina é um véu quase transparente, e que dê base para ações concretas, pois se queremos reprogramar o cérebro tem que partir para a ação, a mente por si só é incapaz. Assim na última coluna colocaremos para cada critério várias ações que podemos tomar a partir de tal critério.

A essência de Sage* lhe favorecerá a capacidade de extrair sábias conclusões da auto-observação e perceber a própria vida em um contexto maior. O floral de Shasta Daisy* ajudará a sua mente a ter uma visão do cotidiano integrado em uma perspectiva mais global, enquanto que a de Filaree* lhe proporcionará uma compreensão das coisas e da vida com um sentido cósmico.

Caminho de crescimento: Usando as chaves que apareceram nas posições anteriores a pessoa não somente se dá conta das consequências nefastas de manter crenças que ela não inventou, mas que necessitou incorporar para ser aceita pela família e a sociedade e começa a questiona-las e elimina-las melhorando sua percepção.

Resultado interno: Esta pessoa, produto de todo o processo que vimos até aqui, identificou, entendeu e desativou as dificuldades internas que tinha para eliminar princípios, valores, preconceitos e outras crenças que lhe impediam ser ela mesma e a conduziam a frustração e ao sofrimento. Mudou, pois, sua maneira de pensar. Sua mente se tonou mais perceptiva, flexível e tolerante e não lhe impede ser espontânea. Aumentou sua sensibilidade, de maneira que agora se sintoniza melhor com seu ambiente e interpreta as mensagens que trazem as circunstancias que atrai e é capaz também de entregar-se as experiências que antes estavam proibidas pelas crenças.

Resultado externo: A pessoa encara o mundo com a atitude interna que vimos no Resultado Interno e como consequência muda sua vida. Pode ser que se interesse por atividades que buscam a evolução da humanidade, em qualquer aspecto: ecologia, terapias naturais, consciência corporal, psicoterapia, agricultura orgânica ou em meios de comunicação, ajudando aos outros a livrar-se de crenças, doutrinas e dogmas de fé.

A Lua

Títulos		Número	Letra hebraica	Caminho Cabalístico	Atribuição astrológica	Princípio Universal
Marselha Waite Crowley	A Lua	18	ק Kuf A parte posterior da cabeza K	29° Netzach Malkuth	♓ Peixes Eu acredito	O lado escuro do Universo A sombra do inconsciente
Osho Zen	As Vidas Passadas		A escuridão o inacessível, a profundidade			

Títulos: Desde o Tarot de Marselha aparece na maioria dos tarots com o título de "A Lua. No egípcio, é "O Crepúsculo" e no Osho Zen Tarot, "As Vidas Passadas". Seus títulos esotéricos são "O Regulador do Fluxo e do Refluxo" e "A Criança dos Filhos do Poder".

Número: A Lua leva tradicionalmente o número Dezoito. Duas vezes Nove, e por redução também Nove, é o número da escuridão, do inacessível.

CORRESPONDÊNCIAS

Letra hebraica: ק. Koph ou Kuf é simples, masculina, carmesim, e seu valor numérico é 100. Significa "a parte posterior da cabeça" e está relacionada com o cerebelo, que governa os chamados processos involuntários, como as pulsações cardíacas e a respiração. É o elo entre os centros cerebrais superiores e a medula espinhal. A função corporal atribuída a esta letra é dormir e tem o som de K, mais duro do que o Qaph dura.

Caminho cabalístico: O caminho de Koph leva de Malkuth (o Reino) para Netzach (a Vitória), unindo as naturezas física e emocional. Temos aqui o aprimoramento do corpo biológico para entrar melhor em contato com os planos sutis. Neste caminho o iniciado toma consciência de seu corpo físico como um instrumento fundamental para sua evolução, encontrando-se com os fantasmas do mundo material de Malkuth que se instalaram em sua mente. São os fantasmas da escuridão do inconsciente coletivo, consideram alguns estudiosos.

Piscis - Johfra

Atribuição astrológica: ♓ Peixes é o signo correspondente a esta carta. É um signo de Água, mutável, feminino, governado por Netuno e Júpiter. Rege os pés, as mucosas, o sistema linfático e a aura. Sendo o último signo do Zodíaco representa a possibilidade de transcender. Os piscianos levam para frente seu processo de individuação à medida que servem e curam os outros. São muito sensíveis e impressionáveis, desequilibram-se com facilidade. Seu estado anímico se reflete como em nenhum outro signo na sua saúde física. Podemos considerar dois tipos de piscianos: o primeiro é mais intuitivo, espiritual, livre das amarras mais pesadas da vida material. É o místico procurador da verdade profunda, altruísta, humanitário, criativo e inspirado. Seu desejo de que todos os seres se vejam livres do sofrimento e sua tolerância o levam a entregar-se amorosamente ao mundo. O segundo tipo é escapista, disperso, indolente. Muitas vezes dependente de drogas, com uma mínima autoafirmação e autoestima. Esse tipo adora representar o papel de vítima.

O primeiro tende a fundir-se com o Universo. Sua compaixão[42] e tolerância levam-no a entregar-se amorosamente ao mundo. O segundo está desligado de si mesmo e anda confundido e confundindo os outros. É claro que os dois tipos convivem dentro do mesmo pisciano.

O pisciano tem tendência a engordar, a sofrer dos pulmões e das glândulas, a padecer de inchação dos pés e é muito vulnerável a intoxicações e infeções. Suas crises emocionais deixam-no frequentemente fora da realidade.

Seu verbo é "Eu acredito" e sua frase é "Eu sou um na minha integração com a vida".

Símbolos: Por baixo aparece um escaravelho levando entre suas patas o disco solar. É Kephra ou Kephri, o escaravelho sagrado egípcio, que, como o Sol, volta das trevas da noite, renascendo de si mesmo, por isso é chamado também "o Sol Nascente". Na arte egípcia, é representado empurrando uma bola de fogo na qual depositou seu sêmen. Essa ideia está inspirada em um fato real: esse coleóptero (popularmente o "rola bosta") coloca seus ovos em uma bola de estrume, que vai empurrando continuamente sob os raios do sol. O estrume esquentado pelos raios solares fermenta e

Kephra

assim choca os ovos. A bola representa o Sol, pois contém os elementos necessários para o crescimento e a alimentação.

Segundo essa tradição, Kephra é o pai dos deuses, o Grande Senhor da criação e da Ressurreição. Simboliza o ciclo solar do dia e da noite. Transporta o Sol, em silêncio, através da escuridão da noite e dos rigores do inverno.

Nesta carta, Kephra surge das águas de Nuit, onde repousa o caos primordial. E com a luz de sua consciência (o Sol) entre as patas, descobre na sua frente uma paisagem um tanto sinistra. Crowley escreve: "*Kephra é a mais alta força criativa, começando a materializar-se na forma orgânica mais primitiva*". Representa também a evolução orgânica da raça humana e o desenvolvimento celular do veículo físico humano, desde as raízes mais profundas da Natureza. Nos Tarots de Marselha, Waite e Golden Dawn, aparece um caranguejo ou uma lagosta saindo das águas primordiais. São os símbolos dos primeiros sinais de percepção consciente, representando a

---

[42] . Compaixão, segundo o budismo tibetano, é a vontade de que todos os seres vivos se vejam livres do sofrimento.

A Lua de Marselha, Waite e Crowley

humanidade saindo da inconsciência. O caranguejo às vezes anda para trás, mostrando o perigo que corremos de perder nossa consciência e involuir.

Na frente, vemos um caminho ou um rio tingido com sangue que surge entre duas montanhas altas e estéreis. Sobre ele nove gotas de sangue lunar (menstrual) pingam com forma de Yod desde a Lua. Sabemos que a raiz *mens* significa Lua e que a palavra *Ártemis*, a deusa grega da Lua, significa "a fonte superior da água".

Em ambos os lados do caminho, dois chacais espreitam, uivando incessantemente, assustando os caminhantes inseguros. O chacal é considerado um animal de mal augúrio porque é noturno, ronda os cemitérios e se alimenta de cadáveres. É considerado um símbolo de avidez, crueldade e desejo insaciável, ou seja, das emoções e sensações exacerbadas.

A consciência corre sério perigo de ser apagada pelos chacais que aqui não só estão representando tão somente a instintividade cega e compulsiva, mas também o medo, o ódio, a culpa e todas as emoções e sentimentos destrutivos. Os chacais estão aos pés de seu amo, o deus Anubis, filho de Osíris e Neftis, protetora dos mortos e esposa de Set. Anubis preside os ritos funerários, ocupa-se do defunto, embalsama-o e pesa seu coração. Se este for mais leve que a pena de Ma´at, que se encontra no outro prato, indicará que o morto está livre de culpa.

Esse psicopompo, que segundo a lenda encarnava em um cachorro selvagem, simboliza a morte e o caminho do morto até chegar ao vale da imortalidade. Em uma mão leva o báculo Fênix, atributo de Thoth, deus cabeça de Ibis, que pela forma de seu bico é uma ave lunar, símbolo de previsão e sabedoria. Na outra mão, segura a cruz ansata ou Ank, a chave que abre a porta do túmulo para os campos de Ialu, mundo da eternidade, especialmente quando segurada pela parte superior, o que ocorre na carta.

Anubis, Ibis e a Cruz Ansata

Essa cruz é considerada um símbolo de integração dos Princípios Ativo e Passivo, portanto um símbolo de vida.

Por trás de Anúbis, erguem-se duas torres escuras, de aparência sinistra. Nelas residem todos os preconceitos, superstições, tradições mortas e medos ancestrais que bloqueiam a evolução do ser humano. Estão também as ameaças e pavores colocados pelos pais e os religiosos na infância. Na verdade, as torres estão vazias, somos nós quem projetamos nelas tudo o que tememos.[43] No Tarot de Dali (1984), essas torres são os arranha-céus de Nova York.

Detrás das torres vemos duas montanhas azuis. Se seus cumes fossem os joelhos de uma mulher sentada em posição ginecológica estaria dando à luz, parindo o Sol que vemos entre as patas do escaravelho, indicando que a verdadeira luz só surge na medida que atravessa, ilumina e integra a sombra. A luz que nega a sombra é uma farsa, ou como disse Jung: *"Ninguém se ilumina fantasiando figuras de luz, senão tornando consciente sua própria escuridão."*

O desenho desta carta foi inspirado no movimento do mar, cujo fluxo e refluxo é governado pela Lua, mas não é a Lua da Sacerdotisa: o Princípio Receptivo que governa o inconsciente e o lar, o esotérico e a intuição, que une o desconhecido e o conhecido, o humano (Tiphareth) e a essência divina (Kether). Não é a lua cheia das fogueiras de Beltane, em que o povo se acasalava para fecundar os campos e trazer prosperidade ao clã. Esta é a Lua Negra, que com seus chifres apontando para baixo, é a lua da feitiçaria, da magia negra, das drogas que enlouquecem. Aqui não há mais luz. No entanto, essa escuridão também é a condição necessária para o renascimento da luz. Essa lua é a deusa dos mortos, o lado escuro de Hécate, que,

---

[43] Court de Gebelin afirma que estas torres são um lugar de descanso no qual o caminhante pode repousar e meditar.

representada com três corpos e três cabeças, é a nigromante, a deusa da feitiçaria dos terrores noturnos, dos fantasmas e monstros que causam pânico. Aparece acompanhada de asnos, cachorros e lobas. Com tochas na mão preside os sortilégios. No hinduísmo, temos Kali, o aspecto destrutivo do feminino, rodeada de chacais e outros animais que frequentam os crematórios, aparentemente bêbada, empunhando armas mortais e ensanguentadas. É representada em pé sobre o cadáver de Shiva, seu consorte, ou polaridade masculina.

A pregunta é: o que é que nos enfeitiça? O que nos enfeitiça nos manipulando sem que nos demos conta é tudo aquilo que escondemos na sombra: Talentos e aspectos nossos que quando manifestados na infância foram censurados, reprimidos, ameaçados, rejeitados ou castigados gerando sofrimento e medo. Então os escondemos primeiro da família, depois do mundo e finalmente de nós mesmos. Estes aspectos e talentos nos manipulam através das projeções. Projetamos nos outros aquilo que está escondido em nossa sombra. Assim como as flechas de Cupido eram de ouro e de prata nossas projeções são de ouro quando vemos em outra pessoa aspectos ou talentos que tivemos que reprimir, mas que não condenamos e nos identificamos e enganchamos com a pessoa em questão, apaixonando-nos loucamente por ela. Quando vemos ou colocamos em outra pessoa aspectos ou talentos nossos que foram tão severamente reprimidos que acabamos condenando-os, odiamos loucamente a pessoa que os expressa. Quando sentimos fortes oscilações de voltagem emocional ao respeito de alguém ou de uma situação podemos estar seguros que estamos projetando. Claro que quando passamos por uma situação com tais características temos a grande oportunidade de reconhecer e resgatar o aspecto ou talento que está na sombra. Esta carta é o que os místicos chamaram "A noite escura da alma".

Significados gerais: Representa o Lado Escuro do Universo. É o oposto complementar do Sol, tal como veremos na próxima carta. A luz e a sombra aparecem ao mesmo tempo, não existe sombra sem luz nem luz sem sombra; necessariamente a luz e a sombra coexistem.

No plano humano, representa os aspectos mais escuros do inconsciente, a sombra que atrai e espanta o consciente, como a Lua faz com Kephra. Essa atração é produto da necessidade que o ser tem de completar-se, de resgatar-se. Esse umbral é talvez o maior desafio conhecido. Se no Louco víamos o inconsciente do ser não programado que se manifesta expressando através da ação seus talentos e outras particularidades, na Lua temos o inconsciente sombrio formado por todo aquele que rebotou no muro das proibições e estimulações da programação e teve que ser escondido. Mas para resgatar e iluminar sua sombra terá que enfrentar justamente o que mais teme. Aqui o desconhecido é fonte de perigos, medos e alucinações. Quando o ser humano tenta seguir o caminho do seu coração, aparecem uma infinidade de ameaças, medos, dores, raivas e culpas; todo um conjunto de negatividade que foi inoculado nos primeiros anos da infância, justamente para que a criança não vivesse suas emoções naturalmente, acabando assim com boa parte de seus referenciais internos. A Lua refere-se ao passado ao qual estamos enganchados, especialmente à infância. Essa área psíquica não aparece de forma clara, possível de identificar, compreender, analisar e resolver, mas chega como uma nuvem escura, um gás lacrimogêneo que confunde, irrita e produz toda uma série de sensações internas, extremamente desagradáveis, que inibem a possibilidade de avançar.

NA LEITURA TERAPÊUTICA

Momento atual: A pessoa está se dando conta que não pode continuar sentadinha encima do baú da sombra fingindo que não passa nada. Já se deu conta que tudo o que esconde a manipula e está se debatendo entre o impulso interno de abrir o baú e aceitar, iluminar e integrar o que tem dentro e o medo de fazê-lo. Isto pode ser o produto de seu próprio processo de autoconhecimento ou de atrair situações que tocam e exaltam tudo o que está escondido, de maneira que é impossível continuar negando a sombra. Pode ser um momento difícil, confuso, conflitivo e angustiante onde o medo se manifesta de um modo agudo e paralisante, mas com um enorme potencial de crescimento. A essência floral de Mimulus reforçará a coragem e a paz interior necessários para enfrentar este tremendo desafio.

Âncora: Indica que esta pessoa teve que esconder tantos aspectos e talentos que foram a sombra, como a parte imersa de um iceberg, que apenas mostra uma parte limitadíssima do que na realidade é, e essa poderosíssima sombra a manipula continuamente mantendo-a em um estado de grave alienação de si mesma. Vive com uma forte tensão para manter o controle e com um medo permanente de que tudo o que está escondendo apareça, ou seja, de expressar emoções e desejos não compatíveis com a imagem que pretende passar ao público. Isto estaria confirmado pelo Ajustamento (A Justiça) na Infância ou na Ancora. A essência de Scarlet Monkeyflower* a ajudará a alimentar a honestidade emocional, favorecendo a integração do lado sombrio, assim como a de Black-Eyed Susan* que favorece a valentia para ir a encontro das partes sombrias ou desconhecidas da psique

Esse medo pode se desdobrar e se manifestar de diferentes maneiras:

O medo indefinido, especialmente do desconhecido, como pressentimentos negativos, pesadelos, superstições e uma contínua ansiedade e insegurança. A flor de Aspen confere confiança no desafio ao.

O medo da rejeição, da crítica e de qualquer outro tipo de hostilidade vivido na infância, indicado pelo Três de Espadas (A Aflição) fazem com que a pessoa projete esse estado paranoico a seu redor e reaja diante do mundo de maneira desconfiada e hostil, indicada pela Princesa de Espadas na Âncora, sugerimos o uso de Oregon Grape*, que quebra o padrão da desconfiança.

O medo do fracasso, pode ser produto de intensas expectativas por parte de seus pais quando criança. Estaria detectado pelo Oito de Espadas (A Interferência) na Âncora. O floral de Larch, que alimenta a expressão criativa, a espontaneidade e a confiança em sua capacidade, será o mais indicado neste caso.

O medo dos desafios comuns do cotidiano, acompanhados de timidez, introversão podem ser produto de superproteção/castração, assinalada pela Imperatriz, ou excessivas proibições sugeridas pelo Oito de Espadas (A Interferência). Essa predominância de pequenos medos pode abrir a consciência para um medo mais básico e real, e, portanto, com maiores possibilidades de ser trabalhado e resolvido. A essência de Mimulus ajudará a recuperar a coragem de viver com maior curiosidade, alegria e espontaneidade.

O medo de se expor, pode ser produto de um compulsivo "não gosto de mim", detectados pelo Cinco de Copas (A Frustração) na Âncora ou na Infância. Se esse medo se manifesta evitando o contato íntimo, amoroso e sexual ou fazendo do sexo uma ginástica impessoal, sugerimos o uso do Sticky Monkeyflower*.

O medo de perder o controle mental e/ou emocional, liberando impulsos destrutivos, seria indicado pela presença do Quatro de Espadas ou de Copas (A Trégua e O Luxo) ou o Cavaleiro de Paus na Âncora. Geralmente, o ego vai querer reforçar ainda mais o controle. Antes que a explosão ocorra, sugerimos o uso de Cherry Plum.

O medo de crescer e de enfrentar as responsabilidades de adulto (salientado pelo Louco na Âncora), produto de uma infância muito paparicada, superprotegida e dependente (A Imperatriz, e O Eão são seus respectivos indicadores), será aliviado com a flor de Fairy Lantern*, que facilita o trânsito por meio de tais bloqueios emocionais até a maturidade que integra o lado infantil.

O medo da perda de coisas, de tal maneira que a pessoa baseia sua segurança interna em seus bens materiais, indicada pelo Quatro de Discos (O Poder) na Âncora, procede de um estado de carência emocional muito profunda indicada pela presença da Rainha de Espadas na Infância. Esse tipo de avareza pode ser trabalhado com o floral de Star Thistle* e que fortalece a segurança interna, a generosidade e a confiança.

O medo da morte produto da identificação materialista com o corpo físico, resultado de uma educação estritamente racionalista, detectada pelo Seis de Espadas (A Ciência) ou por uma rebelião contra uma programação religiosa dogmática, inculpadora e repressiva denunciada por El Hierofante pode se tratar com a flor de Chrysanthemum*, que favorece o desenvolvimento da espiritualidade.

O medo de perder a individualidade no grupo faz a pessoa tornar-se tímida e retraída. (A Sacerdotisa nos Relacionamentos indicaria um caso assim) e que, apesar de sofrerem com sua solidão, se enclausuram em ocupações. A flor de Violet* estimulará a confiança de que os outros vão ajudá-lo e de que sua individualidade vai revelar-se com maior firmeza.

Por falta pode mostrar a criação de uma personalidade contra fóbica: tem tanto medo de ter medo que atua como se não tivesse medo. Se coloca uma máscara de segurança, otimismo, de despreocupação, tudo está bem, que pode ser trabalhada com a essência de Agrimony.

Infância: Tudo era perigoso; o mundo era assustador. Cuidado criança! O carro vai te atropelar! As iniciativas foram podadas com ameaças: *"Não se atreva!", "Nem pensar nisso!", "Vai de castigo para o quarto escuro!"*. Baixo esse tipo de programação se criou uma sombra dantesca que aglutinou a maioria das características e talentos da criança, sendo depois escondidos do mundo e de si mesmo/a. Com o Nove de Espadas (A Crueldade) pode indicar tortura física, castigos humilhantes e violentos. Talvez tenha sentido sua própria vida em perigo e adquirido traços esquizoides em sua personalidade.

Relacionamentos: a) A relação está ajudando a pessoa a reconhecer que existe em seu inconsciente um baú fechado a sete chaves onde guarda talentos e características de seu ser, guardados ali no passado baixo sinistras ameaças e cuja aceitação e expressão está travada por fortes medos. Isto se pode dar de várias maneiras das quais a menos agradável seria se a parceiro/a é a que toca suas áreas sensíveis, estimula a aparição dos aspectos sombrios e dispara seus medos como confirmaria o Nove de Espadas indicando que a pessoa se sente ameaçada por seu parceiro/a. Em qualquer caso pode ser um excelente estimulo para entender e desativar o medo e aceitar e integrar a sombra. b). Para esta pessoa relacionar-se é uma espécie de tortura psíquica, pois faze-lo significaria se mostrar, se expor, abrir o baú da sombra e isso dispara seus medos de que volte a ocorrer o horror que sucedeu no passado quando se expressava espontaneamente. Como fantasmas aparecem as possibilidades de ser rejeitada, criticada, abandonada ou violentada, caso ela se atreva a ser verdadeira. Não acredita em seu amor, em sua beleza, em seu *sex appeal,* e quase sempre prefere não se relacionar com ninguém, a não ser que haja também um elemento masoquista significativo em sua personalidade, como indicaria o Nove de Espadas ou o Cinco de Discos (A Crueldade e O Sofrimento), na Âncora.

Voz da Essência e Método: Integrar este arcano significa parar de negar a sombra, aceitar todos os aspectos, talentos e características que por diferentes motivos foram trancados no baú. Claro que para isso a pessoa necessita identificar e desativar seus medos ao que possa sair do baú. Trata-se de aceitar a própria sombra como algo inegavelmente nosso, fazendo desses medos um fio condutor que nos leva cada vez mais para dentro de nós mesmos.

Não serve de nada dar-lhe as costas a sombra e tentar avançar para a luz, pois quando fazemos isto, a sombra aumenta detrás de nós e como não a vemos nos manipula ainda mais. Ali encontraremos também medos, sensação de vulnerabilidade e fragilidade, obsessões, paranoias e ameaças, tudo isso procedente do passado. Resgatar e iluminar a sombra significa enfrentar justamente o que mais tememos, o que nunca quisemos ver, o que sempre negamos. Claro que não o negamos e escondemos porque quisemos, fomos obrigados a isso na infância. Água criança sabe instintivamente que para sobreviver necessita ser cuidada, alimentada protegida e aceita por seus pais, especialmente por sua mãe. Quando a criança se expressa e essa expressão traz uma rejeição, uma crítica, uma ameaça, uma condenação, um castigo ou uma palmada no traseiro o instinto de sobrevivência se dispara e esconde esse aspecto ou talento que havia expressado. Primeiro o esconde da família, depois do mundo e finalmente de si mesma. Esta tarefa começa pela aceitação e o reconhecimento dos medos e a busca de suas origens, dando uma revisão atenta e o mais objetiva possível da primeira infância. O tamanho do medo é diretamente proporcional a diferença de tamanhos entre em à criança e o gigante que colocou esse medo e também a dependência que criança tem desse gigante. Usando os medos atuais como um fio condutor podemos elaborar um historial retrospectivo que nos leva até a situação original onde esse medo foi introduzido. Quando revivemos essa situação com nosso tamanho, independência, experiência e consciência de adulto o medo se minimiza, pode não desaparecer completamente, mas já não nos manipula. Assim podemos desativar os medos e tomar as iniciativas correspondente. Os medos são neste momento nossos aliados. Aceita-los, reconhece-los, descobrir como funcionam e livrar-se deles é a tarefa e o trampolim. Detrás deles podemos encontrar belos potenciais (XVIII=IX=0) cuja realização pode nos dar muito prazer. Usaremos os florais da Âncora.

"Muitos de nossos problemas (talvez a maioria) existem porque nunca os encaramos, nunca os enfrentamos. E isso lhes dá energia, ter medo dos problemas lhes está dando energia, tentar evitá-los sempre lhes está dando energia porque você os está aceitando".   Osho

Caminho de crescimento: Usando as chaves que apareceram nas posições anteriores a pessoa se dá conta até que ponto sempre foi manipulada por sua sombra, percebe as consequências de essa manipulação e se sente capaz de confrontar seus medos, entreabrir o baú e começa a aceitar e integrar aspectos de sua sombra.

Resultado interno: Esta pessoa, produto de todo o processo que vimos até aqui, trabalhou e minimizou seus medos, reconheceu e integrou seus talentos e aspectos de seu próprio ser que estavam escondidos na sombra. Hoje sua sombra já não a manipula e se expressa na vida de um modo muito mais espontâneo e autentico. E mesmo que ainda possa haver alguma coisa no baú podemos dizer que deu um tremendo salto em sua evolução.

Resultado externo: A pessoa atrai uma situação que como um míssil impacta no baú da sombra não deixando a menor opção de continuar ignorando-a. Tudo o que está aí escondido aparece com uma força tal que a pessoa mesmo que morra de medo tem que aceita-lo como uma parte sua e tentar integra-lo. Claro que o processo de crescimento que vimos nas cartas que apareceram nas posições anteriores lhe estão dando a firmeza interior para poder encarar este desafio que provavelmente tampouco chegaria se a pessoa não estivesse pronta para ele.

O Sol

Títulos		Número	Letra hebraica	Caminho Cabalístico	Atribuição astrológica	Princípio Universal
Marselha Waite Crowley	O Sol	19 19=1+9= 10= 1+0=1	ר Resh cabeça RR-R	30° Hod Yesod	☉ O Sol A individuação	O lado luminoso do Universo A Conciência
Osho Zen	A Inocência					

Títulos: No Tarot Egípcio, é "A Inspiração" e no Osho Zen, "A Inocência". Nos outros "O Sol". Seu título esotérico é "O Senhor do Fogo do Mundo".

Número: O Dezenove é um número-primo relacionado com o Dez e com o Um (19=1+9=10=1+0=1), e passa uma ideia tanto de ciclo completo voltando à unidade como de individualidade.

CORRESPONDÊNCIAS

Letra hebraica: ר. Resh é uma letra dupla, masculina, laranja, cujo valor numérico é 200. Significa "cabeça" ou "fisionomia". Simbolicamente, representa o Fogo e se relaciona com as faculdades de pensar, querer e sentir.

O som original da Resh dura se perdeu, sabemos que existiu porque há dez palavras na Bíblia em que Resh aparece com *Dagesh* (o ponto dentro da letra). Seu som suave é "ere", como Eremita.

Caminho cabalístico: Esse sendeiro (30°) une Yesod (o Fundamento) a mente inconsciente, e o psiquismo da Lua com Hod (a Glória), a mente racional, concreta e consciente relacionada a Mercúrio. Aqui se esclarece a natureza da relação entre a mente e o corpo físico. Suas sensações são refinadas e a sexualidade é compreendida como a grande força secreta que usa o iniciado.

Atribuição astrológica: ☉ O Sol é a fonte de luz, calor, energia e vida. É o Princípio Universal pelo qual tudo vive e se movimenta. Governa a expressão mais elevada do Eu, a Individualidade, a Vontade Verdadeira e o Espírito. O Sol evoca ideias de grandeza, superioridade, majestade, autoridade, vida e energia radiante. Rege nossa criatividade, vitalidade e força de vontade. O signo em que está indica a melhor maneira de ser si mesmo. Sendo a fonte de energia, relaciona-se com a libido, nossa energia psíquica. Governa o signo de Leão e a casa V, e no corpo físico rege o coração, a circulação sanguínea, as artérias, a coluna vertebral e os olhos.

Símbolos: Na metade superior da carta aparece o Senhor da Nova Era, Heru-Ra-Ha, outro nome de Hórus, manifestando-se sob a forma do Sol. Ele não é somente a fonte de vida, luz e energia, mas também a manifestação da Divindade. O sol vivifica e manifesta as coisas, porém pode destruí-las. Segundo várias tradições, existiam vários sóis que foram abatidos com flechas para que não incendiassem as colheitas, deixando apenas um. O sol que se põe toda noite, renascendo a cada manhã, é símbolo de ressurreição e imortalidade.

Está no centro do sistema, assim como o coração está no centro do corpo humano. É o Atma ou Espírito Universal. No ser humano, representa sua parte divina, a chama viva que arde em seu coração, símbolo da consciência. Também pode representar o superego, aquela área do

O Sol de Marselha, Waite e Crowley

psiquismo incorporada pela influência da família e da sociedade que reprime o ser com proibições, regras e doutrinas.

O sol está representado na forma de uma flor de lótus, com duas fileiras de doze pétalas cada uma, simbolizando o florescimento da energia solar nos planos externo e interno (2 fileiras), de forma total e completa (12 pétalas). O lótus no Oriente é equivalente à rosa no Ocidente, representando também o amor, o coração, a espiritualidade e a imortalidade.

Os Rosacruzes colocam a rosa no meio da cruz, no local onde estaria o coração de Cristo. Crowley eliminou a cruz, deixando só a rosa, o amor. Com isso, quis indicar que todas as limitações artificiais, normas e leis da Era de Peixes, relacionadas com a cruz e com o Quatro, não têm mais efeito na Nova Era.

Embaixo do Sol, as duas crianças, que já apareceram no Louco, no Hierofante e nos Amantes, surgem, desta vez, com asas de borboleta. Livres e inocentes, estão celebrando a vida, bailando a vida, como diria Rolando Toro, desinibidos e livres de qualquer ideia de pecado, castigo ou morte. Os gêmeos são também um símbolo do que nós somos. Achamos que somos um, mas somos dois. Têm em nós uma natureza consciente e uma natureza inconsciente. Do equilíbrio e da simbiose dos dois depende nosso bem-estar.

Por trás das crianças, ergue-se uma montanha que representa a aspiração da Terra por atingir o Céu. Podemos considerá-la como um intermediário entre ambos. É verde, simbolizando a fertilidade. O cume da montanha está rodeado por um muro que delimita um recinto interno, mostrando que o processo de crescimento ou ampliação da consciência é interno, não tem loja onde possa comprar meio quilo de consciência.

Segundo a tradição hindu, existe um muro de rochas que cerca o Cosmos* no centro do qual se eleva o monte Meru, eixo do mundo, assento de Shiva e Parvati. Esse muro também pode representar as leis naturais ou as limitações que continuarão existindo na Nova Era.

Do Sol surgem doze raios curvos que delimitam os doze signos astrológicos no canto da carta, enfatizando a ideia de que o Sol se encontra no centro do Zodíaco, cinturão de Nuit.

Significados gerais: Esta carta representa a totalidade da luz do Universo. No plano humano, temos dois níveis:

1º A Individualidade. A consciência: somos a consciência que temos de nós mesmos. O Eu Central, aquele diamante que vimos na ilustração "Radiografia de uma bosta" do Capítulo 2, que não pode ser maculado pela programação, embora possa ficar escondido atrás das estruturas de defesa e de montanhas de lixo. É o "Self" da Análise Bioenergética, a Presença silenciosa que observa o mundo e a si mesma.

A ignorância nos cega para a percepção de nossa verdadeira natureza e faz com que nos identifiquemos com os aspectos mais passageiros e superficiais do nosso ser.

"O homem é a única criatura que se recusa a ser o que é."
Albert Camus (1913-1960)

Nos identificamos com nossa mente, nossas emoções, nosso corpo físico e seus instintos, nossa conta corrente, nosso carro ou nossa imagem no espelho, quando, em verdade, somos o proprietário disso tudo, o observador. Separados de nosso centro, ignorantes de nossa verdadeira natureza, deixamo-nos conduzir desatentamente por nossas propriedades ou as reprimimos cruelmente.

O caminho para eliminar a ignorância passa pela aceitação de tais impulsos, expressando-os e observando-os atentamente. Assim, integrando-os em nosso cotidiano, chegará o dia em que não nos identificaremos mais com eles: "Eu vivo em meu corpo, que amo e respeito, mas não sou meu corpo" "Aceito e expresso minhas emoções, mas não sou minhas emoções senão quem as observa". A expansão da consciência leva-nos ao centro e permite-nos ser mais objetivos tanto no plano interno como no externo. No plano interno porque vamos iluminando áreas escuras que não conhecíamos, e no externo porque, ao reconhecer como nossas estas áreas, já não as projetamos e começamos a ver o mundo exterior como ele é e não como o reflexo de nós mesmos. O descobrimento de si mesmo, de nosso Sol interno, que sempre esteve presente, manifestando-se por meio de intuitos, estados expandidos de consciência e *insights* em geral, é também o descobrimento do mundo.

Neste nível de consciência cada ser, cada indivíduo, é único e irrepetível e nesse sentido é especial. Cada ser tem seus próprios talentos e particularidades que o fazem diferente dos outros. Nesse centro residem o amor e a liberdade.

> *"Quando há liberdade não há medo, e a mente sem medo*
> *é capaz de amar infinitamente. E o amor pode fazer o que quiser".*
>
> Krishnamurti (1895-1986)

Essa Individualidade é totalmente diferente do ego; este nos separa da realidade e dos outros, a Individualidade nos conecta com o mundo, tal como o amor. Permite-nos passar ao segundo nível.

2º A Espiritualidade. Quando desenvolvemos nossa Individualidade (e não antes), ela pode se dissolver no Universo, como uma gota de água no oceano. Passamos de um ser único e diferente a um ser que é a mesma coisa que todos os seres. Todos somos um. O Grande Espírito que permeia cada ser humano permeia também os animais, as plantas e o Universo todo.

NA LEITURA TERAPÊUTICA

Momento atual: A pessoa se questiona até que ponto está sendo autêntico com ele mesmo. Faz contato com um impulso interno de desenvolver mais sua individualidade, que o leva a viver sua vida mais em função de si mesmo do que em função de terceiros ou de circunstâncias externas. Sente a necessidade de se expressar tal como vem de dentro e dar cordas soltas a seus talentos que pugnam por se expressar, especialmente sua criatividade arriscando a se tornar mais visível. No entanto, a segunda carta pode mostrar o que se opõe à manifestação plena de sua individualidade ou em quais aspectos concretos da vida esse processo se expressa com maior intensidade. Com o Hierofante poderíamos pensar em transcendência espiritual.

Âncora: Esta pessoa está desconectada de si mesma, de maneira que tem uma noção pouco estruturada de sua identidade. Em geral, isso pode se manifestar de duas formas diferentes:

Por excesso é um ego inflado. Sente-se vazia e procura preencher a noção de estar viva através dos outros, precisando ser sempre o centro das atenções. Para isso se pavoneia sem pudor, ostentando seus conhecimentos, seu brilho, seus êxitos, sua beleza superficial. Quando consegue ser admirado, sente-se satisfeito e eufórico. Não consegue relaxar nem ser um comum mortal enquanto houver alguém na plateia. Se ninguém lhe dá atenção, desinfla-se, e por baixo das penas aparece uma criança carente e desvalorizada. Essa excessiva identificação com aspectos ilusórios do eu pode ser revertida com o uso do Sagebrush*, que ajuda a reencontrar o Ser essencial. Para quem faz da beleza exterior o gancho para atrair a atenção, e não sabe sair na rua sem uma "máscara cosmética" (Princesa de Copas na Âncora), o uso de Pretty Face* ajudará esta pessoa a entrar em contato com sua beleza interna, favorecendo a aceitação de sua aparência pessoal. Com O Imperador na Infância e qualquer um dos Seis (A Vitória, O Prazer, A Ciência ou O Sucesso), na Âncora, confirmaríamos essa possibilidade, com uma relação conflitiva com um pai ou tutor autoritário.

Assim como ao Imperador lhe fascina ser o líder de alguma coisa, e apresenta sua candidatura a presidente das associações das quais participa. Os dois querem mandar, O Imperador para colocar todos para trabalhar e acumular dinheiro e poder, e o Sol para conquistar fama, glória e aplausos. Nos dois existem traços psicopáticos.

Por falta seria alguém cuja identidade desapareceu. Não sabe quem é nem o que quer. É incapaz de criar. Parece um fantasma que sofre de doenças resultantes de uma baixa defesa imunológica. Resignado a cumprir seu destino, é um Zé Ninguém que cala a boca e obedece. O uso de Equinacea* lhe ajudará a resgatar a integridade e a dignidade do Ser.

O Três ou o Oito de Espadas (A Aflição ou A Interferência) ou o Cinco de Discos ou de Espadas (O Sofrimento ou A Derrota) na Infância indicando que os pais anularam seu filho, com essa rejeição, críticas, humilhações, castigos e etc. confirmariam esse caso.

É muito comum se anular por meio da tentativa de ser normal. A conduta normal é um estado de alienação da própria experiência. Vivemos como se fossem próprios padrões, esquemas, valores, doutrinas, normas e todo tipo de parâmetros externos de consenso social enquanto negamos nossa própria experiência. Julgamos está por meio desses padrões que consideramos próprios, mas que não são próprios. Questionamo-nos em função desses parâmetros e pensamos que o correto e adequado é o standard, e o incorreto é o que vem de dentro. Para todos esses casos, o floral mais adequado será o Sunflower*, que resgata o sentido equilibrado da individualidade.

Infância: O sentido de identidade desta criança foi distorcido. Isto pode ter acontecido de várias maneiras:

Uma forte anulação da individualidade da criança, em que os medos, as ameaças, os castigos e as proibições quebraram sua noção de identidade, especialmente com a Lua, A Sacerdotisa, O Nove ou o Oito de Espadas - A Crueldade e A Interferência.

Uma expectativa familiar de brilhar, de destacar-se, mostrando-se a melhor da sala, do jogo ou da casa sugerida por O Imperador, O Mago ou O Seis de Paus ou de Discos (A Vitória e O Sucesso).

Com o Três de Copas (A Abundância) ou o Nove de Discos (O Ganho) mostra a criança sendo o centro obsessivo das atenções, paparicada pela família, de maneira que desenvolveu a crença de que o mundo está a seu serviço. Acabou disposta a fazer qualquer coisa para continuar sendo o centro das atenções. Em todos os casos saiu com uma sensação de identidade distorcida.

Relacionamentos: a) A relação ajuda a pessoa a fortalecer a noção de sua individualidade. Com o Hierofante poderíamos ver também o desenvolvimento da consciência espiritual. Isso pode se dar como um apoio amoroso do parceiro/a ou como uma reação de defesa ante intentos de anulação. b) A pessoa relaciona-se procurando satélites que inflem seu ego, ajudem-no a brilhar e a destacar-se na sociedade.

Voz da Essência e Método: Integrar o Sol significa ampliar a consciência, de sermos nós mesmos, que inicialmente passa, não somente pela aceitação dos impulsos do inconsciente, como também pela apreciação e o estímulo das qualidades particulares que nos levam a sermos um ser único. De todo modo, a presença desta carta indica que a pessoa está muito longe de si mesma e se identificando com papéis que nada tem a ver com sua natureza e com isso sua noção de identidade está muito diluída.

Esta carta pode ser trabalhada em dois níveis, sendo o segundo consequência do primeiro:

Primeiro o fortalecimento da identidade. Para isso sugerimos que trabalhe as qualidades solares:

1ª O sol faz seu caminho, não orbita os planetas. É necessário que a pessoa descubra porque vive em função dos outros.

2ª O Sol não pergunta aos planetas se querem mais ultravioletas. A pessoa necessita trabalhar sua autoexpressão identificando, entendendo e desativando as dificuldades internas que a impedem.

3ª. Nos mantem vivos. Se o sol se apaga em uma semana estamos a -70°, é a fonte de energia criativa. Sugere investigar e trabalhar os bloqueios da criatividade.

4ª. É visível. Quais são as travas para se mostrar?

5ª. Não briga com as nuvens para, que os seres que dependem dele para continuar estando vivos, o vejam em sua magnificência e gloria. Haveria que investigar onde estão as origens da necessidade de ter a atenção dos outros.

6ª. Sabe se retirar quando chega o momento. Algum problema para se sentir bem quando está só?

Será conveniente usar a essência de Sunflower*.

Depois o desenvolvimento do lado espiritual. A espiritualidade é o perfume da flor que dificilmente sentiremos se a terra em que está plantada não for fértil (se o corpo físico e seus instintos não estiverem sadios e em harmonia), se não chover (se a pessoa estiver carente emocionalmente) e se a atmosfera estiver poluída (se a mente estiver saturada de preconceitos e doutrinas). Trabalhando e harmonizando estes três níveis naturalmente a verdadeira espiritualidade aparece.

A essência floral de Lótus* atua como elixir espiritual que ajuda a alma a abrir-se para sua divindade interior enquanto que a de Star Tulip* facilita a meditação.

"Quinze minutos antes do amanhecer apenas espere e observe. Quando o sol aparece no horizonte, comece a sentir que está nascendo no seu umbigo. Não é necessário fixar a vista, pode piscar os olhos. Dez minutos serão suficientes, depois feche seus olhos e contemple o sol dentro de você." Livro *Laranja*. Osho

Caminho de crescimento. Usando as chaves que apareceram nas posições anteriores a pessoa inicia uma fase de especial afirmação da identidade pois se deu conta que continuar vivendo em função dos demais somente traz frustrações e sofrimento. Valorizou sua criatividade e opta por atividades onde a pode expressar.

Resultado interno. Esta pessoa, produto de todo o processo que vimos até aqui, identificou e desativou as dificuldades internas que tinha para ser ela mesma. Hoje é plenamente protagonista de sua vida, se expressa a partir de sua verdade e autenticidade com firmeza e se atreve a expressar sua criatividade. Se sente livre, espontânea e feliz, em contato com sua voz interior e com seu Ser espiritual.

Resultado externo. A pessoa encara o mundo com a atitude interna que vimos no Resultado Interno Está cheia de energia, canalizando-a adequada e espontaneamente para atividades criativas, de maneira que tem muitas possibilidades de ser vista e reconhecida pela sociedade.

O Eão (O Julgamento)

Títulos		Número	Letra hebraica	Caminho Cabalístico	Atribuição astrológica	Princípio Universal
Marselha Waite	O Julgamento	20 20 = 2 + 0 = 2	ש Shin dente Sh	31° Hod Malkuth	△ Fogo: Instintos, criatividade, espiritualidade ♇ Plutão A destruição, a transmutação	A mudança de Era O amadurecimento
Crowley	O Eão					
Osho Zen	Além da Ilusão					

Títulos: Este Arcano geralmente intitulado "O Julgamento" ou "O Juízo Final" foi tão bombardeado pelos dogmas de fé católicos que se distanciou muito do que seria a ideia original. Para resgatá-la, Crowley e Harris tiveram que desenhar uma carta totalmente inovadora e a chamaram "O Eão (grande espaço de tempo, usado na geologia).

No gnosticismo é a inteligência eterna emanada da Divindade Suprema." Com o título de "A Ressurreição", o Tarot Egípcio consegue livrar-se do dogmatismo cristão, mas, como veremos, ainda fica na metade do caminho. No Osho Zen Tarot, chama-se "Além da ilusão". Seu título esotérico é "O Espírito do Fogo Primitivo".

Número: O Eão é o Arcano número Vinte. Segundo a tradição maia, este número representa o deus solar em sua função de arquétipo do ser humano perfeito. Também no calendário religioso maia, de 360 dias, seus 18 meses são de 20 dias. Hoje na numeração quiche, a etnia mais próxima aos desaparecidos maias, o Vinte representa o ser humano com seus vinte dedos. Os índios hopis realizam a imposição ritual do nome de um recém-nascido aos vinte dias de vida. Por redução é um Dois.

CORRESPONDÊNCIAS

Letra hebraica: ש Shin, a terceira e última letra mãe é vermelha está associada ao elemento Fogo e a antítese. Sua forma lembra a de uma fogueira de três chamas rematadas por três Iods. Seu valor numérico é 300 e seu significado é "dente". Corresponde-se com o som "sh".

Caminho cabalístico: O caminho de Shin (31°) une Malkuth (o Reino) com Hod (a Glória ou o Esplendor). Nos textos da Golden Dawn, este caminho é chamado "O Esplendor do Mundo Material", por sua relação com o aperfeiçoamento do corpo físico. Paul Foster Case chama o processo desse caminho "a edificação do Corpo do Mestre". Esse sendeiro se refere também ao desenvolvimento da mente concreta. Desde Malkuth, o reino dos elementos, o aspirante dirige-se ao encontro do arquivo de imagens e formas-pensamento, desenvolvendo o domínio sobre a mente, assim como o discernimento.

Seu desafio é conectar o intelecto com a realidade concreta das coisas materiais.

Atribuição astrológica: △ e ♀ O elemento Fogo corresponde-se com "O Eão". Vejamos suas características principais.

Transformador — Destrói o velho facilitando a aparição do novo. Esse é o aspecto mais importante nas culturas agrárias. Os deuses do Popol Vuh foram queimados na fogueira. O fogo queima os campos e facilita a aparição, com as primeiras chuvas, de um manto verde de Natureza viva, geralmente muito mais exuberante que os campos que não queimaram.

Purificador e regenerador — Os druidas irlandeses, galeses e bretões acendiam fogueiras todos os 1º de maio (que segundo seu calendário era o primeiro dia do verão) e faziam passar o gado entre elas, para preveni-lo contra as epidemias.

Sutilizador — O fogo leva a matéria a seu estado mais sutil por meio da combustão. A chama expressa a aspiração que o fogo tem pelo elevado, pelo espiritual, para unir-se com as chamas do sol e das estrelas. O Fogo, segundo certas tradições, simboliza o Espírito, nosso lado divino, a chama que arde em nosso coração. Quando entramos em contato com nosso Ser Espiritual, toda nossa vida toma outro sentido, uma nova dimensão mais transcendental aparece. Acontece como se queimássemos toda uma série de interesses, desejos, compromissos e rotinas que perderam seu significado. Outros autores consideram o Fogo e o Espírito como elementos completamente diferentes e independentes.

Fonte de Energia — No ser humano, o Fogo é a energia da libido, nossa energia sexual que nos impulsiona a viver, a procurar prazer, a unirmo-nos, a reproduzirmos, a criar e a transformar o mundo ao nosso redor. Relacionar o Fogo com o Espírito e ao mesmo tempo com a energia sexual pode parecer espantosamente heterodoxo para a tradição dissociativa ocidental. No entanto, no hinduísmo, a kundalini, a serpente de fogo enroscada na base da coluna vertebral, é energia sexual que, uma vez acordada e devidamente canalizada, vai ascendendo pelo canal central do corpo sutil, *sushuma*, abrindo os sucessivos chakras e desenvolvendo a consciência. Á medida que a serpente ígnea vai subindo, sem deixar de ser energia sexual, se espiritualiza, e quando atinge o Chakra coronário (Sahasrara, Kether) se transforma em pura luz. Quando isso acontece, o ser humano entra em divino êxtase ou *Satori*.

Fonte de luz — Neste sentido podemos relacionar o Fogo com o conhecimento intuitivo.

Plutão representa o princípio da destruição e a transmutação. Impulsiona o indivíduo para seu renascimento e para o aprofundamento da experiência. As pessoas com um Plutão forte em seus mapas terão uma enorme força de vontade que pode ser dirigida para metas criativas, uma mente inquisidora, paranormalidade e desejos de transcendência. Às vezes, suas ambições são desmedidas, suas mentes obsessivas, suas emoções explosivas e podem ser cruéis e manipuladoras para conseguir seus objetivos.

Símbolos: A figura central, uma criança de olhos grandes e lindos, é Hórus, filho de Ísis e Osíris, na forma de Har-pa-khrad (o infante Hórus). Sobre sua cabeça está o deus da sabedoria (Ohyros) em forma de uma serpente alada de duas cabeças.

O Julgamento de Marselha e Waite e o Eão de Crowley

A criança é a representação em forma humana do Senhor da Nova Era, também chamado "Heru-Ra-Ha", de natureza solar e banhado em luz dourada. Seu dedo indicador está na boca como se ainda não tivesse decidido como será o mundo que gostaria de governar. Segundo essa tradição, o Universo é um reflexo de seus pensamentos, nós mesmos existimos porque estaríamos sendo pensados por Hórus. Neste sentido podemos entender o primeiro princípio do Kibalion: *"O Todo é Mente, o Universo é Mental"*. Há quem ache, invertendo o processo, que essa entidade é o aglutinador de nossos pensamentos, que os peneira e os manda de volta para nós. Seria uma forma-pensamento coletiva.

Horus

Por trás do Hórus-Criança, está sentado Hórus-Cabeça de Falcão, Senhor do Silêncio e da Força, tal como está representado no museu do Cairo e descrito no capítulo 3. Representa o Sol nascente e é símbolo da ressurreição. Envolvendo a criança em uma matriz azul, Nuit, representada como a abóbada celestial noturna, rodeia-o e o protege maternalmente. Seus mamilos são galáxias espiraladas, e em seu corpo brilham as estrelas. Seu cinturão, como o da Imperatriz, são as constelações do Zodíaco. Perfeitamente encaixado em Nuit está Hadit, seu companheiro, o Princípio Masculino na forma de um ovo com asas para destacar que ele é pura energia em movimento, o impulso primordial. Vejamos alguns extratos do segundo capítulo do *Livro da Lei* para conhecer melhor a Hadit:

"2. Eu, Hadit, sou o complemento de Nuit, minha noiva. 5. Vede! Os rituais do velho tempo são negros. 6. Eu sou a chama que queima em todo coração de homem e no âmago de cada estrela. 9. Lembrai-vos todos vós que a existência é pura alegria; de que todos os sofrimentos são apenas como sombras; eles passam e estão acabados. 22. Eu sou a Cobra que dá Conhecimento e Deleite e brilhante glória; e movo os corações dos homens com arrebatamento. 26. Eu sou a serpente secreta, enroscada a ponto de pular. 27. Existe um grande perigo em mim, pois quem não compreende estas runas cometerá um grande erro. Ele cairá dentro do mundo chamado Porque e lá perecerá com os cães da Razão. 44. Sim! Festejai! Regozijai-vos! Não existe pavor no além. Existe a dissolução, o eterno êxtase nos beijos de Nu".

Aos pés da criança está a letra Shin, sugerindo uma flor. Em suas três Iods aparecem figuras humanas: três bebês a ponto de nascer. Hórus está decidindo-se, está a ponto de criar (pensar) um novo Universo.

O Novo Mundo está aparecendo por todas as partes, apesar da estrutura fundamental do velho mundo de Peixes ainda estar em pé. Esta carta representa o momento cósmico que pode demorar vários séculos de transição entre uma era e outra.

O capítulo terceiro do *Livro da Lei* é o mais escuro e difícil. As palavras de Hórus pressagiam guerras, destruições (não podemos esquecer que este livro foi ditado em 1904), assim como o fim das religiões como seitas organizadas e hierarquizadas, e o início da luta da mulher por sua emancipação. Vejamos algumas passagens:

3. Em primeiro lugar deve ser compreendido que Eu sou um deus de guerra e vingança. 11. Adorai-me com fogo e sangue, adorai-me com espadas e com lanças. Que a mulher seja cingida com uma espada diante de mim. 17. Não temei nada; não temei nem dos homens, nem dos fados, nem dos deuses nem de nada. Nuit é vosso refúgio como Hadit é vossa luz, e eu sou a potência, a força e o vigor de vossas armas. 55. Que Maria inviolada seja despedaçada sobre rodas: por causa dela que todas as mulheres castas sejam completamente desprezadas entre vós. 56. Também por causa da beleza e do amor.

O dedo sobre os lábios é também uma alusão à Némesis, deusa romana da justiça e da vingança, muitas vezes representada cobrindo seus lábios com o indicador, para mostrar que a prudência e o silêncio são muito mais aconselháveis que a arrogância e o tagarelice.

Significados gerais: Esta carta representa todo o conjunto de transformações que acontecem no Universo quando mudamos de Era. Uma ordem tornou-se caduca, vai desaparecendo, vai sendo destruída implacavelmente por uma série de forças emergentes que dão lugar a um mundo novo. No mundo humano esta mudança é um **madurar produto de levar à prática a consciência** desenvolvida na carta do Sol. Tradicionalmente esta carta é interpretada como uma nova consciência como se a consciência do Sol não fosse suficiente ou necessitária ser renovada. Sucede que mesmo que o indivíduo tome consciência de certas questões internas, dentro dele tem uma criança carente e insegura, conhecida como a criança ferida, que impede que essa tomada de consciência se concretize na prática. Em geral a programação infantil nos deixa carentes e inseguros, uma parte nossa cresce e se torna um adulto geralmente ocupado e a vezes importante que como não recebeu suficiente amor e atenção tem dificuldade para nutrir amorosamente a sua criança interior que por sua parte morre de vontade de ser aceito e de medo de voltar a passar pelo sofrimento que passou na infância. Ambos fatores se tornam um potencial imenso para manipular.

O adulto pode se dar conta que tem que fazer tal coisa ou que tem que deixar de fazer tal outra, mas na hora de tomar a iniciativa correspondente a criancinha lhe dá uma rasteira ou lhe dá um empurrão. O passar pelo Eão é, pois, um amadurecimento produto da integração do adulto e da criança na medida em que aquele dá amor, atenção e segurança a este que cresce e deixa de manipular. A este amadurecimento lhe podemos chamar renascimento, outra interpretação tradicional deste arcano.

Agora podemos compreender o Tarot de Marselha e os que, nele se inspiraram: Court de Gebelin, Papus, Waite, etc. No Catolicismo, não existe a ideia de expansão da consciência nem a da sucessão das eras. Se no Oriente a paz interior e a compreensão suprema são coisas que se atingem neste mundo com base na dedicação e no trabalho interno, para o Catolicismo, a graça de Deus é algo que Ele dá a quem quer, geralmente depois da morte. As ideias mais próximas a um tempo novo e a uma compreensão nova na doutrina cristã seriam a chegada do Reino de Deus, acontecimento imediatamente posterior ao mistério da ressurreição dos mortos. Neste momento, os humanos dotados de uma nova consciência se autojulgam por seus pecados. Assim a imagem mostra a ressurreição dos mortos, embora seu título seja "o Julgamento", que sempre foi a pedra angular com a qual as religiões manipularam a humanidade.

NA LEITURA TERAPÊUTICA

Momento atual: A pessoa está se dando conta de que é constantemente manipulada por sua criança interior que a impele a atitudes infantis que trazem frustração e sofrimento. Percebe a necessidade de atender desde seu lado adulto as carências e medos dessa criança para poder levar à prática sem sabotagens suas iniciativas conscientes. A carta contigua nos dirá em que planos podem ser tomadas essas iniciativas ou que bloqueios dificultam a transição, por exemplo, um Oito de Espadas (A Interferência) ou o Sete de Discos (O Fracasso), indicaram que tais decisões estão sendo paralisadas por desculpas da mente ou pelo medo de fracassar.

Âncora: Esta pessoa tem uma dificuldade crônica para levar à prática suas percepções, pois está manipulada pelos medos e carências emocionais de sua criança ferida. Isto pode ser vivido de diferentes maneiras. Pode ser buscando compulsivamente segurança, proteção e aceitação. Se aparece com o Quatro de Discos - O Poder sua prioridade será a segurança material. Com A Imperatriz na Infância pode ter dificuldade para sair do lar paterno e se o faz vencendo seus medos repete a mesma estrutura familiar em sua própria casa. Obedece e reprime seus impulsos para tentar obter o amor de sua mãe superprotetora/castradora ou de pessoas com características maternas. Pode tornar-se refém de um emprego que não gosta nem lhe dá oportunidade de crescimento, a troca de segurança. Prisioneiro de uma relação por medo a solidão. Enfim, prisioneiro de qualquer útero que lhe impede crescer desenvolvendo seus talentos e potencialidades.

Teme que se toma atitudes independentes, vai a ser rejeitada. Nesse caso, o floral de Fairy Lantern* lhe ajudará a crescer, liberando-o do elo neurótico que lhe faz pensar que só vai ser aceito quando mostrar-se como "um coitadinho", dependente e obediente, tal como seus pais lhe ensinaram. Uma doença ou acidente na infância, detectados pelo Cinco de Discos (O Sofrimento) ou o Nove de Espadas (A Crueldade), poderia ter desenvolvido um padrão de excessiva dependência da família. O Sete de Espadas (A Futilidade) na Âncora ou na Infância indicaria que esta pessoa se deixa influenciar demais pelas opiniões alheias, sendo que essa dependência o incapacita de tomar atitudes. Com o Cinco de Espadas – A Derrota como segunda carta na Ancora, também é incapaz de levar à prática suas percepções, mas as usa para criticar e julgar ao próximo. A essência de Beech ajudará a desativar esta atitude e a ser mais tolerante, indulgente e compreensiva.

Infância: A criança foi impedida de tomar suas próprias decisões, suas percepções foram invalidadas, e suas iniciativas, podadas. E ainda, foi envolvida em um casulo de superproteção, no qual sua autonomia e autoafirmação desapareceram. Pode indicar também um parto traumático. Foi manipulada em um ambiente emocionalmente carregado com eventuais maremotos e se transformou em um manipulador, carente e inseguro.

Relacionamentos: a) A relação está ajudando à pessoa a dar-se conta de até que ponto está sendo manipulada por sua criança interna que até agora não via ou não queria ver. Qualquer coisa a leva a fazer dramas, dar birras, chantagear, proferir ameaças como nas telenovelas mexicanas. Se seu parceiro/a não entra no jogo poderia ter um mínimo de percepção objetiva a respeito de suas atitudes e identificar a criança ferida que faz todo esse circo. Este já seria o primeiro passo para amadurecer. b) Esta pessoa apresenta no mercado dos relacionamentos uma imagem de criança desamparada, dependente, extremamente sensível a qualquer impacto reagindo de maneiras compulsivas, manipuladoras e hiperemocionais. Busca no parceiro/a alguém que a nutra amorosamente e que lhe dê segurança. Vai atrair pessoas que não fazer nada disso. Ou vão permanecer impassíveis com suas atitudes ou vão ser tão infantis como ela transformando a relação em um pandemônio. É conveniente o uso de Fairy Lantern*.

Necessidade interna: Integrar este arcano significa quebrar a casca do ovo onde se esconde e protege. Responsabilizar-se por suas ações e omissões, compreender as situações pelas quais atravessa, tomar decisões e encarar a vida sem intermediários, torna-se necessário. É conveniente reconhecer e assumir a criança que ainda pede permissão, que espera aprovação para poder tomar iniciativas, preocupando-se ou se deixando intimidar pelo que acha que os outros podem pensar, falar ou fazer a seu respeito. Amadurecer significa se outorgar o certificado de adulto, que toma suas decisões e iniciativas a partir de sua consciência e compreensão, e assume as responsabilidades pertinentes. Dar essa certidão de adulto para a criança que procura aceitação e reconhecimento passa por dar-lhe aquilo que não teve e a deixou carente: atenção, carinho e apoio. A compreensão não vem da quantidade de experiências, mas da profundidade em que as vivemos.

Voz da Essência e Método: Integrar este arcano significa assumir plena responsabilidade sobre suas ações e omissões, tomando suas decisões e iniciativas a partir de sua consciência e compreensões sem deixar-se enganar pelas manipulações da criança carente e assustada. Sugerimos que desde o lado adulto esta pessoa dê carinho, atenção e apoio a sua parte infantil machucada que a manipula, em vez de buscar alguém que lhe dê tudo isso, coisa que nunca vai suceder e se lhe dão umas migalhas de atenção vai paga-las a preço de ouro. É fundamental que entre tantas atividades que são meios para alcançar fins faça algumas que são fins em si mesmas, como jogar, ver chover ou as nuvens passar, deitar-se no sofá a escutar música, cor, etc.

Assim a criança cresce, se integra com o adulto e a pessoa madura. Se tornará dona e responsável por sua própria vida e tomará iniciativas práticas a partir de sua consciência e percepção sem lhe importar o que vão dizer, pensar ou fazer os outros. A essência de Cerato fortalece a confiança na sua própria percepção e ajuda a tomar decisões firmes e precisas.

Caminho de crescimento: Usando as chaves que apareceram nas posições anteriores a pessoa se dá conta até que ponto é uma marionete nas mãos de seu lado infantil carente, inseguro e manipulador. Para de esperar que o mundo se adapte as necessidades desse pequeno ser e começa a lhe dar atenção e carinho.

Resultado interno: Esta pessoa, produto de todo o processo que vimos até aqui, conseguiu livrar-se das manipulações de seu lado infantil que tem saudades da segurança e o conforto do útero, nutriu suas necessidades de amor, atenção, contato e segurança acabando com suas carências e medos e hoje é uma pessoa madura que leva à ação suas percepções. Sua criancinha carente e inseguro se transformou em uma criança espontânea, alegre e curioso para conhecer coisas novas. Este madurar se pode considerar como um renascimento do ser para a grande aventura da vida.

Resultado externo: A pessoa está encarando o mundo com a atitude interna que vimos no Resultado Interno. Se torna dona e responsável de si mesma, faz o que no fundo quer, assume as consequências e peita o mundo, se for necessário, sem se importar com o "que vão dizer, falar ou pensar". Sua necessidade de segurança e proteção se minimizou de maneira que sai do útero e se sente atraída por atividades ou uma maneira de viver onde se sinta mais solta, independente e autônoma. Pode deixar o emprego para fundar sua própria empresa, sair do lar paterno ou de uma relação involutiva, desprender-se de uma determinada ideologia para passar a pensar por si mesma, etc.

O Universo

Títulos		Número	Letra hebraica	Caminho Cabalístico	Atribuição astrológica	Princípio Universal
Marselha Waite	O Mundo			32°		
Crowley	O Universo		ת			
Osho Zen	A Conclusão	21 21 = 3 x 7	Tau Cruz T e Z	Yesod Malkuth	$\hbar$ Saturno A materialização	A Síntese Final

Títulos: O último Arcano maior aparece nos baralhos de Marselha com o título de "O Mundo". No Tarot de Etiellá, chama-se "A Terra", e no Egípcio, "A Transmutação". No Osho Zen Tarot, é "A Conclusão" e no Crowley "O Universo". Seu nome esotérico é "O Grande Um da Noite dos Tempos".

Número: O Vinte e Um simboliza a perfeição final (21=3 x 7).

"O Vinte e Um é o número inverso do Doze. O Doze é par e representa uma situação equilibrada que resulta da organização harmoniosa dos ciclos perpétuos, enquanto que o Vinte e Um é ímpar e simboliza o esforço dinâmico da individualidade, que se vai elaborando na luta dos opostos e abrange o caminho sempre novo dos ciclos evolutivos".   Allendy (1889 - 1942)

Em muitas culturas a maioridade se atinge aos vinte e um anos de vida, justamente quando se completa a dentição. Nesse sentido, podemos considerá-lo como o número da maturidade, da responsabilidade e de algo que se completou.

CORRESPONDÊNCIAS

Letra hebraica: ת . Tau ou Taw é dupla, de cor cinza escuro, e seu valor numérico, 400, é considerado um valor limite. É a última letra deste alfabeto, seu som forte é T e o suave é a Z espanhola, ou Th inglesa na palavra *thing*. Representa, graficamente, a cruz egípcia, instrumento que se usava para medir a altura das águas do Nilo. Os arquitetos e pedreiros a usam para calcular a profundidade e como esquadro para tirar ângulos retos. Atualmente, continua em uso nos ateliês de arquitetos, desenhistas e alfaiates. Hieroglificamente, representa a alma universal, a reciprocidade, a proteção, a abundância e a perfeição. Carlos Soares a chama "resistência cósmica ao sopro vital (aleph) que a anima", considerando-a como o princípio oposto e complementar de Aleph, a primeira letra.

Caminho cabalístico: Este caminho vertical une e equilibra Malhuth (o Reino) com Yesod (o Fundamento: vai da Terra até a Lua.). Parece o último caminho, mas, na verdade, é o primeiro, pois é daqui que o caminhante começa sua evolução, saindo do puro condicionamento material em direção à compreensão da personalidade, reflexo da individualidade de Tiphereth em Yesod, em que se vive o mundo subterrâneo do psiquismo inconsciente. É aqui e agora, no corpo e nos planos físicos, que começamos nossa jornada espiritual ou como reza o ditado taoísta: *"O caminho para o infinito começa embaixo de nossos pés"*. O desafio deste caminho é perceber que a energia divina está presente em nossa natureza humana ou, em outras palavras, que somos Seres Divinos. Aqui percebemos que a matéria é sagrada.

Atribuição astrológica: ♄ Saturno é lento e frio, como uma bola de neve no espaço. Foi considerado pelos antigos como "o Grande Maléfico" em oposição a Júpiter "o Grande Benéfico". Hoje é visto de outra maneira: Saturno é quem coloca limites ao desenvolvimento e expansão das coisas. Estipula obrigações, regras e necessidades na vida pessoal e na sociedade. Dá forma às coisas, é quem leva os fenômenos até sua síntese final, até suas últimas concretizações e consequências. É Cronos, o Senhor do Tempo, que solidifica e estabiliza as coisas. Os governados por Saturno são ambiciosos e adoram o poder. Saturno-Cronos, segundo conta o mito, destronou seu pai Urano cortando-lhe os testículos, isto é, acabando com sua capacidade criativa, com uma foice de pedra que Gaia, a Mãe Terra, esposa de Urano, Pai Celestial, preparou especialmente para castrar seu companheiro. Para evitar que a história se repetisse, Cronos devorava seus filhos à medida que iam nascendo, tal como vemos nas telas de Goya e de Rubens.

O Tempo (Cronos) dá forma a tudo que existe, mas também vai destruindo as formas e dissolvendo as aparências no eterno baile da existência, em que tudoaparece e tudo desaparece, tudo se manifesta e tudo retorna à origem, tal como nos ensina o quinto princípio do Kibalion: *"Tudo flui e reflui, tudo tem seus períodos de avanço e retrocesso, tudo ascende e descende, tudo se movimenta como um pêndulo. A medida de seu movimento para a direita é a mesma que a de seu movimento para a esquerda; o ritmo é a compensação".*

E assim como Gaia acabou com seu consorte Urano, Reia, esposa de Cronos, fugiu para Creta para salvar Zeus. Creta foi a última civilização matrilinear europeia. Foi destruída definitivamente pelos dórios no século XI a.C. Este, quando cresceu, deu uma droga a seu pai que vomitou todos os seus filhos. Com a ajuda deles, lutou contra Cronos durante dez anos até que o encadearam e o mutilaram sexualmente, abrindo uma terceira geração de deuses.

Saturno encarna os princípios da coesão, da concentração, da fixação, da condensação e da inércia, por isso é representado como um esqueleto que maneja uma foice, tal como aparece na carta da Morte.

Símbolos: A figura central da carta é uma mulher — alguns autores consideram que se trata de um andrógino, bailando em perfeita harmonia com uma enorme serpente.

O Mundo de Marselha e Waite e O Universo de Crowley

Esse par representa o consciente e o inconsciente, perfeitamente integrados e cujo resultado é o conhecimento, a alegria e a celebração. A mulher forma com seus braços um triângulo e com suas pernas uma cruz, a mesma figura do Pendurado, só que invertida, assim como o 21 é o 12 invertido. Aqui o triângulo espiritual está acima da cruz da matéria, simbolizando a culminação da tarefa de iluminação das trevas que se iniciou naquela carta.

269

Com a mão direita, a bailarina segura uma foice, símbolo da colheita, cuja empunhadura é um raio que surge do olho de Shiva, que aqui está fechado, indicando que este não é momento de aniquilações. Por sua forma, a foice, como outras armas curvas, tem simbolismo lunar, de maneira que não estaremos enganados se dissermos que a mulher está segurando a Lua, está conectada com as suas emoções. Nas esquinas da carta temos os quatro querubins, que não são mais máscaras, como no Hierofante, mas fontes que jorram água. As fontes, sagradas em muitas culturas (os descendentes dos maias não pescam nas nascentes dos rios nem cortam as árvores à sua volta), são um símbolo de geração, purificação, plenitude e juventude. Os querubins sugerem estruturação completa do Universo. Eles formam um plano em um marco cor de café, cuja forma lembra uma vagina. Do outro lado, temos um segundo espaço em que a bailarina que transcendeu os condicionamentos físicos da matéria celebra a realização da Grande Obra. Está rodeada pela Via Láctea, representada pelos 72 quinários do Zodíaco ($72 \times 5° = 360°$), onde vemos as diferentes constelações, representando sob esta forma o cinturão de Nuit. Na parte inferior, aparece o desenho esquemático da "Casa da Matéria" em que estão ordenados por H.P. Sullivan os 92 elementos químicos segundo sua hierarquia. Atrás está o sólido geométrico de Moebius,[44] cuja superfície aparecia no Ermitão.

Significados gerais: Esta carta representa a Síntese Final de qualquer processo, sugerindo uma transcendência e a abertura de um novo começo onde o ser livre de sua programação, (de seu karma) integrado e pleno, em comunhão com seu impulso vital inconsciente, livre e feliz, baila extasiado, celebrando a si mesmo e a vida. Mostra a celebração da Grande Obra consumada. Em um plano espiritual, indica a Iluminação em que os condicionamentos do mundo, a ilusão do maia, já não limitam o ser, que continua vivendo no mundo, mas que já o transcendeu e agora não é mais seu escravo. Já não é mais do mundo, agora está no Tao, já não é. Especificamente simboliza a realização pessoal, a culminação de qualquer empreendimento, a realização concreta e final de projetos cuja conclusão é um trampolim para jogar-se em uma nova fase que se caracteriza por dançar com a serpente, ou seja, transformar em ações concretas os impulsos que vêm do inconsciente.

---

[44] . Este sólido, formado por dois tetraedros que se inscrevem e circunscrevem mutuamente, está postulado em seus estudos com os poliedros, formulado em seu trabalho "*Ueber die Bestimmung des Inhaltes ieder Polyëders*", de 1865, no qual demonstra matematicamente a existência de poliedros sem volume.

NA LEITURA TERAPÊUTICA

Momento atual: A pessoa entrou em contato com o impulso interno de chegar a resultados concretos em uma série de assuntos e abrir um capítulo novo caracterizado por fazer o que lhe vem de dentro. Esta conclusão é mais um produto do desenvolvimento de sua capacidade de realização mais do que de fatores aparentemente externos. A segunda carta pode mostrar que fatores internos, como bloqueios ou medos, dificultam esse processo. Por exemplo, o Três de Espadas (A Aflição) pode indicar que o medo de ser rejeitado ou abandonado freia o impulso anterior.

Âncora: Temos aqui por falta, alguém incapaz de fechar etapas e abrir outras novas. Se conformou, apegou e acostumou a sua vida repetitiva, sem novidades e provavelmente chata e aborrecida. Pode construir um pedestal onde vangloriar-se e fingir que conseguiu tudo o que queria, que nada necessita mudar. "Para que se estou tão bem assim? " diz tentando se enganar. Seu corpo também está cristalizado, provavelmente com uma estrutura de defesa de caráter rígido, indicada pela presença de um Quatro de Espadas (A Trégua) ou de Discos (O Poder) na Âncora. Esse excesso de rigidez pode ser trabalhado com Rock Rose, propiciando maior flexibilidade interna e capacitando a pessoa a sentir melhor o pulsar da vida e de suas próprias emoções. O floral de Cayenne* é um catalisador ígneo que pode ajudá-lo a sair da prisão dos velhos padrões de comportamento e a dar o "próximo passo". Por excesso pode mostrar um excesso de perfeccionismo que a impede não somente de concluir assuntos, (sempre está revisando o livro que escreveu e nunca o leva à editora) senão que também a impossibilita de abrir novos. A essência de **Buttercup*** pode ajudar a aceitar-se a si mesma e suas contribuições.

Infância: O ambiente familiar era muito sério e disciplinado, sendo os objetivos materiais e a segurança as prioridades fundamentais, talvez para assim alcançar um nível social ou econômico mais alto. Tudo estava decidido, organizado e estabelecido, sem a possibilidade de inventar ou de tomar iniciativa alguma. Para ser aceito tinha que adaptar-se a um sistema de hábitos e preconceitos, exigências, valores e tarefas. Com o Quatro de Discos - O Poder os primeiros anos desta pessoa foram uma prisão onde seus horizontes estiveram notavelmente restringidos e qualquer expressão espontânea foi condenada a fracassar.

Outra possibilidade seria que a infância da criança estivesse dividida em duas fases, morando durante um tempo significativo sob o teto de outras pessoas, como avôs, por exemplo, nas que as exigências de conduta eram diferentes e isso deixou a criança ainda mais confusa.

Relacionamentos: a) A relação está ajudando pessoa a concluir um ciclo de vida fechando toda uma serie de assuntos, seja abandonando-os porque não interessam mais ou chegando a seus resultados concretos para abrir outro ciclo com novas motivações e interesses. Claro que a relação pode estar incluída entre tais assuntos. Com o Oito de Paus - A Rapidez–, a

271

Torre ou o Cinco de Copas - A Frustração pode indicar que o consultante está acabando, o já acabou, sua relação de casal e abre um novo momento de vida. No entanto pode indicar uma nova etapa de vida juntos. Certos assuntos que eram o foco de atenção do casal foram concluídos, como por exemplo criar os filhos e hoje tem mais tempo, liberdade e energia disponível para outras cosas. O relacionamento passa para uma nova etapa. b) Mostra alguém que se relaciona esperando que o parceiro/a lhe proporcione o apoio necessário para concluir seus projetos econômicos e assim passar para uma nova fase de vida.

Voz da Essência e Método: Integrar este Arcano significa aprender a concretizar e realizar, pôr as mãos na massa e fazer o pão. O ser interno não aguenta mais belos projetos no ar; precisa resumir e passar para uma nova fase de vida, pois a atual já deu tudo o que tinha para dar. É hora de ser menos fumaça e mais pedra. O crescimento passa por concluir os assuntos pendentes para poder abrir um novo capítulo da vida. Existe duas maneiras de fazê-lo. Aqueles que se tornaram obsoletos, que já não geram entusiasmo, cuja data de validade venceu devem ser abandonados. Se hoje fosse o último dia de sua vida, você continuaria insistindo em tais e quais assuntos? Assim a pessoa resgata tempo e energia para levar para frente os assuntos vigentes até limpar a prancheta. Passada a página a pessoa necessita sentir que é o que realmente a anima e motiva antes de saturar sua agenda com novas atividades.

Nesses momentos, a terapia que pode dar melhores resultados é a Gestalt. O floral de **Hornbeam** estimulara sua energia para envolver-se com mais entusiasmo nas tarefas cotidianas. A flor de **Walnut** ajuda nos momentos de transição fortalecendo a determinação e a constância.

Caminho de crescimento: Usando as chaves que apareceram nas posições anteriores a pessoa está identificando claramente os assuntos que pedem ir para o lixo e os que estão aí para chegar a resultados concretos. Pode estar vislumbrando como consequência da iminente conclusão desses assuntos uma nova fase de vida.

Resultado interno: Esta pessoa, produto de todo o processo que vimos até aqui, conseguiu identificar, entender e desativar as dificuldades internas que tinha para concluindo uma série de trabalhos, projetos, tarefas, responsabilidades, relações ou obrigações, saltar para uma nova etapa de vida caracterizada por fazer o que seu inconsciente lhe pede. Geralmente é uma fase mais feliz e com mais tempo livre que pode hasta significar uma transcendência espiritual especialmente se aparece com O Hierofante ou com O Sol.

Resultado externo: A pessoa concluiu uma serie de assuntos, colheu os frutos de seu trabalho, chegando as últimas concretizações que lhe deram base para construir um trampolim que lhe permite lançar-se a uma nova fase onde se sente mais solta, livre e leve e faz mais caso de si mesma.

Apêndice 1 – Resumo de Significados

✳ Aspecto involutivo.

0 ou 22 – O Louco. O Princípio da Potencialidade Absoluta.
O Potencial iniciando sua manifestação. É a criança não programada, EPATIPIC: Espontânea, presente, alegre, total, imprevisível, perceptiva, inocente e capaz de se maravilhar. Salto para o desconhecido.

✳ Síndrome do Peter Pan. O eterno adolescente, irresponsabilidade, dependência, insegurança, busca de aprovação e amor incondicional, dificuldade de extrair lições das experiências, sem objetivos, traços de caráter oral em sua personalidade, manipulação.

01 – O Mago. O Princípio Masculino Universal, o Yang.
A ação e a mente em ação, comunicação, o dinamismo, a mente analítica, hábil e criativa, a capacidade de assimilar conhecimentos, argumentar e convencer, de elaborar projetos, ideias e teorias. Força de vontade.

✳ Refém do tirano mental. Comportamento agitado e ansioso, dificuldade para parar, calar, sentir e observar-se, desconexão e desconhecimento do lado interno, excessiva racionalização.

02 – A Sacerdotisa (A Papisa). O Princípio Feminino Universal, o Yin.
A receptividade (ao que vem de dentro e ao que chega de fora) e a mente silenciosa, receptiva e contemplativa. A meditação, a conexão com o interior e com a fonte das emoções, a calma, a ausência de ansiedade e de qualquer tipo de tensão. A sabedoria interior, o esoterismo, a não-mente, a intuição, a via para a o divino, a clarividência.

✳ Dificuldade para agir, comunicar-se e tomar decisões, desconfiança do mundo, fantasias, auto invalidação, falsa espiritualidade, timidez, repressão sexual, a dama de gelo, passividade.

03 – A Imperatriz. O Princípio Feminino Material
As Forças da Vida, a Natureza. A mãe que cuida, nutre, protege e facilita o crescimento dos seres vivos. O amor incondicional. Criatividade, sensualidade, prazer, frutificação, gravidez, entrega amorosa ao mundo.

✳ A "Supermãe", superprotetora, castradora, controladora, manipuladora, que procura aceitação se tornando imprescindível.

04 – O Imperador. O Princípio Masculino Materializado.
O poder econômico e político. As corporações multinacionais. O pai. A autoridade. O que manda na sua vida. Concretiza materialmente trabalhando com método e organização. O líder.

✳ Desconectado de suas emoções, rejeita seu lado feminino; viciado em trabalho, dinheiro e poder, frio, autoritário, tenso e agressivo, teme mostrar suas "fraquezas". Traços de caráter psicopático.

05 – O Hierofante (O Papa). O Princípio da Transcendência Espiritual.
O Mestre Iluminado. A procura espiritual ou de conhecimentos. O Mestre Interior. A capacidade de integrar o lado espiritual no cotidiano e/ou de passar conhecimentos para os outros. O Poder Ideológico, as ideologias e os meios de comunicação.

✳ Identificação com instituições, doutrinas, seitas, ideologias partidárias, etc., vivendo em função de princípios morais ou ideológicos importados.

06 – Os Amantes. O Princípio da Polaridade.
O processo de criação do Universo pela interação dos Princípios Feminino e Masculino. O Amor como agente criativo e evolutivo em todos os níveis. Reconhecimento e desenvolvimento das polaridades internas feminino & masculino. Percepção do caminho de vida onde a pessoa é fiel a si mesma.

✳ Projeção de um lado da polaridade no outro, que leva à dependência, à anulação, e identificação com o papel vivido dentro de um relacionamento. Ilusões a respeito do casamento. Dificuldade para escolher.

07 – O Carro. O Princípio do Desapego.
Largando o peso morto para fechar um ciclo e abrir outro. Tornando-se independente dos condicionamentos externos.
Iniciação
✳ Medo de envolver-se escondido atrás uma máscara de autossuficiência e independência. Foge dos compromissos e é alérgico às obrigações. Dificuldade para desapegar-se e passar para outra.

08 – O Ajustamento (A Justiça) O Princípio do Equilíbrio.
As Forças que ajustam e equilibram o Universo. A lei de ação e reação.
Ajustando-se com o mundo sem perder a autenticidade. Eliminando as fricções internas e externas. O caminho do meio.
✳ Se ajusta ao que imagina que os outros, a família e a sociedade esperam dele. Imagem de modelo de comportamento que teme a crítica e a condena.

09 – O Ermitão. É o Princípio de ir para dentro.
A Introspeção, o autoconhecimento produto de descobrir porque as coisas lhe afetam como lhe afetam. Autoanálise.
✳ Dificuldade para se relacionar, de envolver-se e expressar as emoções. Timidez e espírito taciturno, crítico e manipulador. Pode defender o ascetismo e a castidade.

10 – A Fortuna (A Roda da Fortuna). O Princípio de ir para fora.

A Expansão Universal e o Movimento. A expansão. Crescimento através da aventura. Expansão de horizontes. Novas possibilidades.

✵ Adicto ao novo, vive na roda viva das circunstâncias e das mudanças sem centrar-se. Dispersão falta de disciplina e dificuldade para colocar limites e concretizar. Medo do desconhecido.

11 – O Tesão (A Força). A Vitalidade, Força e Brilho de todos os seres.

Representa a integração do lado animal (instintos e emoções) com o racional que gera energia transbordante, alegria, prazer, sensualidade, entusiasmo, vitalidade, magnetismo sexual, criatividade e autoestima.

✵ Reprime o lado animal, forte racionalização *versus* seduz e manipula usando seus atrativos.

12 – O Pendurado. O Princípio da Entrega.

A entrega à própria natureza do ser e como consequência a entrega à vida e ao mundo. A pleno auto aceitação independente das opiniões alheias. A dissolução do ego.

✵ Dificuldade para se aceitar. Buscando aceitação renuncia a ser ele mesmo e se torna submisso, sacrificado, vítima e manipulador.

13 – A Morte. O Princípio da Transformação.

A Transformação como produto de identificar, entender e desativar os padrões de comportamento adquiridos na infância. Crise que leva a mudanças internos. Rompimento das couraças dando lugar a manifestações da Essência do ser.

✵ Dificuldade de se transformar conscientemente. Apego aos velhos padrões de conduta.

14 – A Arte (A Temperança) El Principio de la Integración de los opuestos.

A Fusão dos Princípios Masculino e Feminino. Água Ação sem ação: O *wu wei.* Fazendo de sua diversão seu trabalho. Descansar trabalhando. O fluir. A integração das polaridades internas feminino & masculino: O Androginato Interno.

✵ Escondendo-se atrás de uma máscara de perfeccionismo e identificação com o trabalho. Teme ser rejeitada se não consegue ser um profissional "maravilhoso".

15 – O Demônio. A Energia Criativa em seu aspecto mais material.

Os instintos as forças que nos mantem vivos como indivíduos e como espécie: de defesa, sexual, de preservação e gregário.

✵ Incapacidade para viver os instintos. Repressão e/ou compulsão sexual. A carga sexual presa dando lugar à raiva, frustração e tendências para a destruição ou perversões sexuais. Negação do corpo e suas funções. O sexo como compensação e/ou autoafirmação.

16 – A Torre (A Casa Deus) O Princípio da Destruição.
Mostra a destruição das prisões externas e internas que sufocam e limitam o indivíduo.

A liberação rompendo prisões externas: vínculos profissionais, rotinas, exigências financeiras, compromissos familiares, relações ou prisões internas: o ego, com suas falsas identificações, ambições e fantasias. Contato com a realidade produto da ruptura das prisões.

✴ Incapacidade de se liberar das prisões que gera tensão e autodestruição.

17 – A Estrela. O Princípio da Renovação das Categorias.
Resgate da percepção produto de eliminar crenças caducas.

✴ Refém de crenças. Vanguardismo ou reformismo compulsivo.

18 – A Lua. O Princípio da Escuridão.
✴ O lado escuro do Universo. A sombra do inconsciente e suas manipulações. O medo a expressar a sombra. Refém de seus medos. Pavor a se envolver. Rasgos paranoicos.

19 – O Sol. O Princípio da Luz.
O lado luminoso do Universo. A consciência da individualidade e da espiritualidade. Protagonismo, lucidez, autenticidade, criatividade, visibilidade.

✴ Necessidade compulsiva de ser o centro das atenções, escondendo um senso de individualidade enfraquecido.

20 – O Eão (O Julgamento). O Princípio da Sucessão das Eras.
As mudanças no Universo quando acaba uma Era e entra outra. O amadurecimento do indivíduo produto de curar a criança ferida, lhe dando amor, atenção e apoio que assim deixa de manipular e se integra com o lado adulto.

✴ Vítima das manipulações da criança ferida, dificuldade para levar à prática a consciência. Dependência, busca compulsiva de aceitação. Apego ao que lhe dá segurança e proteção.

21 – O Universo. O Princípio da síntese final.
É a Síntese Final e a consequente transcendência. A realização pessoal. Ponto final em um capítulo da vida. Culminação de assuntos que abre uma fase de estar mais atento para fazer o que vem de dentro.

✴ Dificuldade para fechar um capítulo de vida e abrir outra consequência de não conseguir materializar. Medo a mudar. Refém de apegos, rotinas e vínculos. Extrema rigidez de caráter.

Apêndice 2 – Quadros Sinópticos

Neste apêndice estão os significados das cartas nas posições da Leitura Terapêutica da maneira mais técnica e simples possível, deixando de lado possíveis deduções ou aportes mais intuitivos que possam ser lidos nos capítulos anteriores.

(+) = por excesso. (-) = por falta. ↑ = muito, mais de 50%. ↓ = pouco, menos de 10%. F = Fogo. Ag = Água. Ar = Ar. T = Terra.

O Louco	
Significados Gerais	Princípio da Potencialidade absoluta no início da manifestação.
Momento Atual	Impulso de resgatar sua criança não programada (EPATIPIC[45]).
Âncora	(+) Síndrome de Peter Pan. Eterno adolescente. (-) Desconectado de sua criança não programada.
Infância	Sem infância. Foi "adulterado".
Relacionamentos	a) O relacionamento ajuda a contatar e desenvolver as características da criança espontânea. b) Procurando mamãe/ papai. Relacionamento paterno/filial.
Voz da Essência & Método	Desativar as dificuldades internas para resgatar sua criança não programada.
Caminho de Crescimento	Começa a se conectar e expressar sua criança não programada.
Resultado Interno	Resgatou sua criança não programada
Resultado Externo	Con esa actitud EPATIPIC encara el mundo

	O Mago	A Sacerdotisa	A Imperatriz
Significados Gerais	O Masculino Universal. A ação, a mente em ação.	O Feminino Universal. A Receptividade, a mente receptiva e silenciosa. A Meditação.	O Feminino Material. As forças da vida que nutrem, cuidam, protegem e facilitam o crescimento dos seres vivos. A Natureza. A mãe.
Momento Atual	Impulso de agitar, comunicar-se e criar intelectualmente.	Impulso de parar, de estar receptiva com o que vem de dentro e de fora.	Impulso de cuidar se e cuidar dos outros.

---

[45] EPATIPIC: Espontâneo – Presente – Alegre – Total – Inocente – Perceptivo – Imprevisível – Capaz de maravillarse

Âncora	(+) Dificuldade de parar de correr e de pensar. Identificação com a mente. Desconexão com o mundo interno. (-) Dificuldade para se mover, se comunicar e criar projetos.	(+) Dificuldade para se mover, se comunicar e se expor. (-) Dificuldade para se conectar com sua essência e ser receptiva com o mundo.	(+) Vive cuidando dos outros, superprotetora e castradora. (-) Dificuldade de se cuidar e cuidar dos outros.
Infância	Aceitação condicionada a se mostrar ativo, comunicativo e inteligente.	Aceitação condicionada a estar quieta e em silencio.	Mãe superprotetora e castradora.
Relacionamentos	a) O relacionamento ajuda a tomar iniciativas, desenvolver projetos, comunicar-se. b) Troca ideias, mas não se envolve. Máscara de ocupado e importante.	a) O relacionamento ajuda a interiorizar e ficar receptiva. b) Não se relaciona. Fachada de "eu já transcendi essas coisas".	a) Relação que a impulsiona a se cuidar e/ou a querer ter filhos. b) Cuida maternalmente de seu parceiro/a
Voz da Essência e Método	Partir para a ação. Usar os conhecimentos e habilidades. Criar intelectualmente. Vender o peixe. Comunicar-se.	Sugere parar, respirar, sentir, escutar a voz interior, ser receptiva com o que vem. Meditar.	Sugere ser contigo a mãe que você gostaria de ter tido quando era criança.
Caminho de Crescimento	Começa a desenvolver ideias, projetos, faz contatos, agitando.	Começa a se tornar receptiva com o que vem de dentro e o que vem de fora.	Começa a cuidar de si mesma.
Resultado Interno	Desativou as dificuldades para mover-se, comunicar-se e criar projetos.	Desativou as dificuldades para escutar a voz interior e ser receptiva com o que vem.	Desativa as dificuldades internas para cuidar de si mesma.
Resultado Externo	Com dinamismo e ideias criativas encara o mundo.	Encara o mundo escutando sua voz interior e ficando receptiva ao externo.	Cuidando-se, passa a cuidar de quem necessita ser cuidado.

	O Imperador	O Hierofante	Os Amantes
Significados Gerais	O Masculino Material. O Poder econômico e político. O Pai.	A transcendência espiritual.	A Polaridade criando o Universo.
Momento Atual	Impulso de mandar em sua vida, de materializar projetos.	Impulso para a espiritualidade.	Impulso de desenvolver suas polaridades masculina e feminina.
Âncora	(+) Tirano. Psicopata. (-) Projeta seu lado masculino. Dependente.	(+) Preso a doutrinas (-) Incapaz de perceber algo mais além da matéria.	Projeta uma das polaridades e depende da pessoa sobre a qual projetou. Dificuldade para fazer escolhas e tomar decisões.
Infância	Pai (ou mãe) autoritário que não deu carinho.	Adoutrinamento.	Conflitos entre os pais com a criança no meio.
Relacionamentos	a) Relação que ajuda a tomar o comando de sua vida e materializar projetos b) Fachada de poderoso e mandão. Procura vassalos.	a) Relacionamento que ajuda a abrir-se à espiritualidade. b) Fachada de mestre, guru. Procura discípulos.	a) Relacionamento que ajuda a desenvolver as polaridades internas. b) Obsessão ou idealização do casamento. Busca sua "meia laranja".
Voz da Essência e Método	Sugere ser a autoridade que manda em sua vida. Materializar seus projetos com método e organização.	Sugere aproveitar o que os verdadeiros mestres ensinaram. Conectar se com o mestre espiritual interno. Ensinar o que sabe.	Sugere perceber que o homem e a mulher de sua vida estão dentro e não fora. Assim poderá identificar o caminho de vida que signifique ser fiel consigo mesma.
Caminho de Crescimento	Para de projetar o Principio Masculino e começa a mandar em sua vida e a materializar seus projetos.	Começa a se interessar pela espiritualidade e/ou a ensinar o que sabe.	Começa a desenvolver suas polaridades, a mudar sua maneira de relacionar-se e vislumbra seu real caminho de vida.

Resultado Interno	Desativa as dificuldades para mandar em sua vida e materializar seus próprios projetos.	Desativa as dificuldades para viver sua espiritualidade e/ou ensinar o que sabe.	Desativa as dificuldades internas para desenvolver plenamente suas polaridades, avançando assim em seu caminho de vida.
Resultado Externo	Encara o mundo exercendo o mando e materializando seus próprios projetos.	Encara o mundo vivendo plenamente sua espiritualidade e/ou passando conhecimentos.	Encara o mundo desde ambas polaridades, sem expectativas nem dependências.

	O Carro	O Ajustamento	O Ermitão
Significados Gerais	A Mudança de ciclo. O Desapego.	O ajuste entre o mundo interno e o externo.	A Introspeção analítica.
Momento Atual	Impulso para largar o peso morto.	Buscando a maneira de expressar com autenticidade seus impulsos sem gerar fricções com o mundo externo.	Impulso para se conhecer melhor. Porque as coisas mexem comigo?
Âncora	(+) Máscara de desapegado. "Não necessito isso" (-) Incapaz de se desapegar.	(+) Ajusta-se ao que imagina que os outros esperam dela. Modelo de comportamento. (-) Incapaz de ajustar-se.	(+) Dificuldade para fazer contato. Se isola. Asceta. (-) Incapaz de olhar para dentro.
Infância	Foi abandonado.	Aceitação condicionada a ser um modelo de conduta.	Ambiente de tristeza, falta de presença amorosa dos pais. Solidão.

Relacionamentos	a) O relacionamento ajuda a desapegar-se daquilo que não o nutre, pode até ser do próprio relacionamento. b) Fachada de desapegado.	a) Relação que ajuda a ser mais autêntico na expressão dos impulsos sem criar conflito com o mundo externo. b) Se ajusta ao parceiro/a passando uma imagem de perfeito/a marido/esposa.	a) Relação que ajuda a olhar para dentro e entender por que as situações geram impactos. b) Não se relaciona. "Mais vale só do que mal acompanhado".
Voz da Essência e Método	Sugere abrir uma nova fase de vida largando o peso morto.	Sugere encontrar a maneira de expressar com autenticidade seus impulsos sem gerar fricções com o mundo externo.	Sugere mudar o foco. Não é o mundo cruel. Se algo afeta é porque tem uma área sensível que é necessário trabalhar.
Caminho de Crescimento	Começa a eliminar o que já não a estimula.	Entende a origem de suas fricções internas e com o mundo e começa a elimina-las.	Começa a identificar e curar as velhas feridas de maneira que vai se centrando.
Resultado Interno	Desativa as dificuldades internas para eliminar o peso morto, abrindo assim uma nova etapa de vida.	Desativa as dificuldades internas para se expressar com autenticidade sem chocar com o mundo externo, ficando assim mais equilibrado.	Desativa as dificuldades internas para mudar o foco, curou suas feridas e assim fica centrada e aberta.
Resultado Externo	Eliminado o peso morto, encara o mundo mais leve fechando uma etapa e abrindo outra.	Encara o mundo sabendo expressar seus impulsos com autenticidade e sem criar fricções com o mundo.	Curou suas feridas, as situações já não lhe afetam, encara o mundo centrada e aberta, se conhecendo a si mesma pode ajudar aos outros a se conhecer.

	A Fortuna	O Tesão	O Pendurado
Significados Gerais	A Expansão.	A Integração do lado animal com o lado racional.	A Entrega à própria natureza.
Momento Atual	Impulso para o novo e desconhecido.	Impulso de acolher o que vem do lado animal (instintos e emoções) dando-lhe uma expressão elaborada com a mente.	Impulso de auto aceitação. Percebe as consequências de não se aceitar tal e como é.
Âncora	(+) Adicto a novidade. Não fecha etapas. (-) Incapaz de se aventurar. Medo a novidade.	(+) Sedutor compulsivo. (-) Repressão do lado animal. Racionalismo exacerbado.	(+) Busca compulsivamente a aceitação fazendo o que quer que seja para os outros. (-) Incapaz de aceitar-se, tenta ser o que não é.
Infância	Mudanças geraram insegurança.	Repressão do lado animal. Ambiente familiar cheio de tabus especialmente sexuais. Invalidação da criatividade.	Aceitação condicionada a renunciar a si mesma e submeter-se as exigências familiares.
Relacionamentos	a) O relacionamento ajuda a se aventurar e abrir horizontes. b) A compulsão pelo novo impede relações profundas e duradoras. Promiscuidade.	a) O relacionamento ajuda a valorizar o lado animal, melhorando o tesão, a sensualidade e a sexualidade. b) Seduz obsessivamente	a) Relacionamento que ajuda a auto aceitar-se. b) Manipula com uma máscara de submissão que se sacrifica pelo outro.
Voz da Essência e Método	Sugere trabalhar as dificuldades internas que impedem a aventura.	Sugere trabalhar as dificuldades internas que impedem integrar a animalidade e a razão. Fazer opções criativas.	Sugere entender que o único que nos prende é a nossa natureza. tem que trabalhar as dificuldades internas que impedem a auto aceitação.

Caminho de Crescimento	Começa a abrir-se para o mundo. Descobre coisas novas e procura oportunidades de expansão.	Começa a integrar a razão e a animalidade, melhorando sua autoestima e entusiasmo pela vida.	Começa a identificar as causas de sua não-aceitação e a minimiza-las.
Resultado Interno	Supera as dificuldades para aventurar-se a encarar o desconhecido.	Desativa as dificuldades para integrar os lados animal e racional. Transborda energia, prazer, entusiasmo, autoconfiança, criatividade e autoestima.	Desativa as dificuldades para entregar-se a sua natureza e como consequência pode entregar-se a vida, a seus ideais e ao mundo.
Resultado Externo	Expandindo seu mundo. Fazendo novos contatos. Viajando.	Encara o mundo integrando seus lados animal e racional e opta por atividades onde pode expressar sua criatividade.	Sua plena auto-aceitação a leva a optar por atividades onde se entrega a seus ideais.

	A Morte	A Arte	O Demônio
Significados Gerais	A Transformação interior.	A integração dos opostos.	Os instintos: As forças que nos mantém vivos como indivíduos e como espécie.
Momento Atual	Crise: Impulso/medo de desativar velhos padrões de conduta que trazem sofrimento.	Impulso de fazer de sua diversão seu trabalho.	Impulso de aceitar e viver seus instintos: de defesa, sexual, de preservação e gregário.
Âncora	(+) Adicta a psicoterapias. (-) "Mudar? Antes a morte!"	(+) Máscara de profissional de mão cheia. Perfeccionista. (-) Dificuldade para fazer de sua diversão seu trabalho.	(+) Adicto ao sexo (-) Instintividade reprimida talvez direcionada para o poder, trabalho, atividades filantrópicas ou espiritualistas, Consumismo ou perversões.

Infância	Perda de um ser próximo. Experiência de morte.	Aceitação condicionada a absorber-se e ser perfeito em suas atividades.	Repressão instintiva e desvalorização do corpo. Nojos, vergonha.
Relacionamentos	a) Relação que ajuda a desativar padrões de conduta neuróticos. b) Psicoterapeuta de seu parceiro/a.	a) O relacionamento ajuda a pessoa a investir em atividades em que se diverte. b) Fachada de profissional de mão cheia.	a) O relacionamento ajuda a aceitar e viver os instintos com mais intensidade e consciência. b) Só quer sexo.
Voz da Essência e Método	Sugere desativar padrões de conduta que, necessários na infância para ser aceita, hoje a impedem agir a partir de sua essência. Psicoterapia corporal para romper as couraças defensivas.	Sugere fazer de sua diversão seu trabalho. Trabalhar no que faria se não necessitasse trabalhar para viver. Integrar suas polaridades masculina e feminina.	Liberar os instintos: de defesa, aprendendo a expressar a raiva; sexual, soltando a franga; de preservação, cuidando do corpo. Amolecer as tensões corporais da pélvis.
Caminho de Crescimento	Começa a eliminar os velhos padrões. Reconexão com sua essência.	Começa a optar por atividades para as quais tem talentos, dando lhe prazer e energia.	Começa a respeitar seus instintos e a expressá-los. Resgate de energia.
Resultado Interno	Desativa as dificuldades internas para eliminar plenamente os velhos padrões. Faz opções a partir de sua essência.	Desativa as dificuldades internas para se diverti trabalhando. Integra suas polaridades: Androginato Interno.	Superou as dificuldades internas que tinha para viver seus instintos. Recuperou a vitalidade e alegria.
Resultado Externo	Desativando seus padrões de conduta, trabalha para transformar sua vida e seu mundo.	Encara o mundo fazendo o que gosta, o qual facilita que ganhe dinheiro e se relacione como um doador de prazer e não como um vampiro/mendigo.	Trabalhando em atividades criativas nas quais expressa seu lado instintivo.

	A Torre	A Estrela	A Lua
Significados Gerais	A destruição das prisões: o que nos sufoca e limita.	O resgate da percepção eliminando crenças.	A sombra do Inconsciente. Os medos de mostrar o escondido.
Momento Atual	Impulso de destruir suas prisões, externas e internas.	Impulso de eliminar velhas crenças inoculadas na infância que não funcionam.	Circunstâncias mexem em aspectos negados e escondidos na sombra de maneira que, a pesar do medo que o consciente tem deles, a pessoa tem de admitir que existem e sente o impulso de integrá-los.
Âncora	(+) Autodestruição (-) Dificuldade crônica de destruir suas prisões.	(+) Contestador compulsivo. Sempre tem a razão e a ideia mais atual. (-) Dificuldade crônica para eliminar crenças.	(+) Manipulado por tudo o que esconde. Paralisado pelos medos, especialmente o de se mostrar. Personalidade "iceberg". (-) Personalidade contra fóbica.
Infância	Acidentes, guerras, enchentes, brigas entre os pais, etc. que quebraram a segurança interna da criança.	Choque de crenças dentro da família, ou entre a família e a escola.	Programação baseada no medo. Tudo era perigoso. Ameaças, chantagens.
Relacionamentos	a) O relacionamento ajuda a libertar-se das prisões. b) Qualquer vínculo é uma prisão que o sufoca e que destrói logo.	a) O relacionamento ajuda a mudar suas ideias. Abrindo sua cabeça. b) Vende uma imagem de intelectual progressista.	a) Relação que ajuda a identificar e trabalhar os medos e aceitar e integrar a sombra. b) Medo de se relacionar.

Voz da Essência e Método	Sugere dinamitar as prisões externas (exigências profissionais, familiares ou financeiras) e internas (o ego).	Identificar e eliminar crenças, princípios e valores que sustentam decisões que levam a sofrer.	Aceitar a sombra, trabalhar os medos, identificando suas origens para perceber que o que era perigoso na infância deixa de sê-lo hoje.
Caminho de Crescimento	Começa a perceber as consequências de permanecer prisioneiro e começa a destruir suas prisões.	Está percebendo que muitas de suas crenças só a levam a sofrer e está começando a mudá-las.	Começa a trabalhar seus medos e expressar sua sombra.
Resultado Interno	Superou as dificuldades internas que tinha para romper as prisões externas e a casca grossa do ego.	Superou as dificuldades internas que tinha para eliminar crenças adquiridas e assim resgata sua percepção.	Resolveu os medos e integrou a sombra.
Resultado Externo	Depois de eliminar suas prisões encara o mundo sentindo-se livre e talvez confrontando estruturas opressivas.	Depois de resgatar sua percepção questiona e desmascara crenças obsoletas.	Atrai uma situação externa que cutuca seus medos. Tempos atrás ficaria paralisada, mas agora lhe permite entender sua sombra facilitando sua integração.

	O Sol	O Eão	O Universo
Significados Gerais	A Consciência (individual e espiritual)	Amadurecer.	A Síntese Final. A realização pessoal.

286

Momento Atual	Impulso de ser mais ela mesma.	Percepção das manipulações da criança ferida, carente e insegura. Impulso para cura-la.	Impulso de fechar um ciclo de vida chegando às últimas concretizações em uma série de assuntos.
Âncora	Déficit da noção da individualidade. Quem sou eu? " (+) Busca compulsivamente a atenção dos outros mostrando-se especial. (-) Se esconde.	Lado adulto cronicamente manipulado pela necessidade de aceitação e medo a sofrer que tem sua criança ferida. Dificuldade para amadurecer.	Dificuldade de fechar ciclos . (+) Perfeccionista. (-) Dificuldade para materializar.
Infância	Foi superpaparicado ou ignorado, distorção do senso de identidade.	Aceitação condicionada a não crescer em autonomia e independência. Superprotegido.	Aceitação condicionada a fazer as coisas perfeitamente e concluir as tarefas pendentes. "Primeiro a obrigação e depois a devoção".
Relacionamentos	a) O relacionamento ajuda a pessoa a fortalecer seu senso de identidade. b) Quer satélites que inflem seu ego.	a) O relacionamento ajuda a madurecer identificando as manipulações da criança ferida. b) Da uma de boazinha e frágil para conseguir proteção e segurança. Incapaz de tomar suas próprias decisões.	a) O relacionamento ajuda a pessoa a concluir assuntos, que a levam a passar para um novo ciclo de vida. b) O casal conclui uma série de objetivos e abrem uma nova etapa de vida em que tem a oportunidade de fazer o que realmente vem de dentro.

Voz da Essência e Método	Sugere trabalhar as dificuldades internas para fortalecer o senso de identidade, viver mais em função de si mesma, mostrar-se com autenticidade, optar por atividades criativas.	Sugere dar atenção e carinho a essa criança carente e insegura para que cresça e se integre com o adulto.	Sugere concluir assuntos, construindo um trampolim para uma nova etapa.
Caminho de Crescimento	Começa a desenvolver sua individualidade.	Identifica as manipulações da criança ferida e começa a nutri-la.	Percebe a necessidade de fechar um ciclo na sua vida, concluindo assuntos, para abrir outro.
Resultado Interno	Desativa as dificuldades para ser protagonista de sua vida, desenvolver seus talentos, expressar-se com autenticidade e criatividade, fortalecendo a consciência de sua individualidade.	Desativa as dificuldades para cuidar e ajudar a crescer a sua criança ferida integrando-a.	Identificou e desativou as dificuldades internas que lhe impediam de concluir um ciclo de vida e iniciar outro caraterizado por estar mais atenta ao que vem de dentro.
Resultado Externo	Encara o mundo sendo o centro de seu universo, irradiando energia e luz, dedicada a atividades criativas.	Encara o mundo fazendo, curando e integrando a sua criança ferida e livre de suas manipulações podendo levar a prática sua consciência.	Recolhendo os frutos de seu trabalho que lhe possibilitam iniciar uma nova etapa mais livre de condicionamentos para poder fazer o que vem de dentro.

Apêndice 3 - Introdução à Árvore da Vida

"Tudo o que existe na superfície da Terra possui sua duplicata espiritual no alto, e não existe nada neste mundo que não esteja associado a algo e que não dependa de algo."

Assim escrevem os doutores da Cabala.

O Princípio Criador não pode ser percebido, pensado, imaginado nem descrito pelo ser humano. Foi provavelmente Isaac, o cego, cabalista francês que de 1160 a 1180 ensinou na Provença, considerado o pai da Cabala, que designou essa dimensão infinita e impensável com o nome de Ain Soph. Ele é a origem não-criada do Universo.

AIN SOPH (O VAZIO SEM LIMITES, A NADA ILIMITADA)

É um estado indiferenciado que, por não ter limites, nada existe fora dele, escondido é a raiz da polaridade.

É o Princípio Criador, que anterior à manifestação, permeia a manifestação.

Ain Soph não é isto ou aquilo. Não é um ser, mas um não-ser. Isso não implica uma ausência de existência infinita não-manifestada.

Três níveis ou véus formam os graus intrínsecos de Ain Soph:

Ain Soph Aur, a Luz Vazia e Ilimitada. É vazio, luminoso, imóvel, inodoro e sem som.

Ain Soph, propriamente dito, imaginado como um círculo sem circunferência cujo centro está em todo lugar.

Ain, a Nada. "O Horror sem nome" frente ao qual a mente humana é derrubada.

Ain, retirando-se "de si mesmo em si mesmo" gerou em seu seio um espaço para o Universo. Espaço que do ponto de vista do absoluto é infinitesimal, mas do ponto de vista da criação representa todo o espaço cósmico. Neste retirar-se é gerado Ain Soph.

No último limite do não-criado, Ain Soph Aur, a Luz Vazia e Ilimitada, tomou a forma de um raio que, cruzando o espaço cósmico, deu lugar a dez emanações de si mesma, chamadas sephiroth (esferas), umas após as outras, e, em conseqüência, nosso Universo. Assim, o caminho percorrido pelo raio representa o próprio processo da manifestação que aparece inicialmente através de um ponto ou 1ª esfera: Kether (A Coroa), o lugar de condensação que permite à luz de Ain Soph se enraizar e garantir a colocação dos fundamentos a partir dos quais o mundo ainda não manifestado vai se desenvolver. A partir de Kether (A Coroa), emanam as outras esferas em um movimento de oscilação do raio, da direita para a esquerda, da esquerda para a direita, revelando como o processo de criação está marcado pela polaridade. Polaridade que reencontramos em todos os níveis de nosso Universo.

Para os cabalistas, existem dois mundos divinos. O primeiro, ininteligível, que só pode ser imaginado por meio de uma palavra: Ain Soph; e o segundo é o mundo das sephiroth pela qual é possível aproximar-se de uma compreensão do Princípio Criador. Na realidade, os dois mundos são um só, unidos como o carvão e a chama. Para a tradição hebraica, o limite até onde o ser humano pode conceder o Princípio Criador é o Elohim (Deus em plural), aquele que se revelou a Moisés no Sinai e que deu a lei ao povo de Israel.

Vejam a concordância con o capítulo I do Tao Te Ching, que vimos na seção Número do Louco.

ÁRVORE DA VIDA

Sendo diferentes, as sephiroth estão estreitamente unidas. Cada uma delas é um aspecto de Kether (A Coroa) e se desenvolvem em degraus.

Elas se organizam segundo uma estrutura bem definida chamada Árvore da Vida. Esta árvore representa de cima para baixo o processo de manifestação do Universo, e de baixo para cima, os caminhos da espiritualização do ser humano. O estudo da Árvore é um meio de aproximar-se ao Princípio Criador presente na manifestação. O movimento do raio nos mostra que uma sephirah pertencente a um dos lados da Árvore só pode transmitir suas qualidades à sephirah inferior que se encontra no mesmo lado, passando pela sephirah oposta e complementar do outro lado da Árvore.

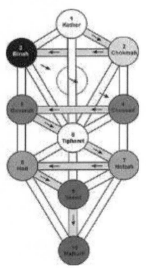

COLUNAS

As sephiroth na Árvore da Vida estão dispostas em três colunas ou pilares:

A coluna central está formada por quatro sephiroth: Kether (A Coroa) unindo Jokmah (A Sabedoria) e Binah (o Entendimento), Tiphareth (A Beleza) unindo Jesed (A Misericórdia) e Gueburah (A Severidade), Yesod (o Fundamento) unindo Netzah (A Vitória) e Hod (A Glória) e, finalmente, Malkuth (o Reino) recebendo todas as emanações sephiróticas.

Sob o governo de Kether, esta coluna equilibra, harmoniza e reconcilia todas as oposições existentes no seio da manifestação. É considerada como um símbolo do próprio

Princípio Criador animando e estruturando o Universo permanentemente.

A coluna da direita formada pelas esferas Jokmah, Jesed e Netzah, regida por Jokmah, encarna o pólo masculino e ativo da manifestação. Chamado "Pilar da Misericórdia, porque guarda em ele mesmo a vida e a clemência", prefiro chamar de "Coluna da Força". Corresponde-se con Jakin – pilar do Templo no vestíbulo do Santuário, vermelha e solar.

A coluna da esquerda formada pelas esferas Binah, Gueburah e Hod representa o pólo feminino e passivo da criação. Às vezes chamada "Pilar do Rigor porque encarna todas as formas de juicio e rigor". Se corresponde con Boaz – pilar do Templo, branca e lunar. É o pilar da forma, na qual os impulsos vão sendo restringidos e tomam forma.

AS SEPHITOTH SOMBRIAS

Para cada emanação sephirótica temos uma obscuridade que procede de uma radiação excessiva ou insuficiente da correspondente sephirah. Os cabalistas afirmam que as sephiroth sombrias não são princípios que pertencem à ordem cósmica, mas aspectos desequilibrados desses princípios. Assim, não existem duas árvores sephiroticas, mas uma só que tem ao mesmo tempo uma forma luminosa e outra escura.

OS 32 CAMINHOS DA SABEDORIA

As 10 sephiroth e os 22 cineroth (sendeiros que unem e equilibram as sephiroth e que se correspondem con as 22 letras e os 22 arcanos maiores) formam os 32 caminhos da sabedoria.

Analisemos o 32. Cada letra hebraica está associada a um número. O Três no plano das dezenas (isto é 30) se corresponde com letra Lamed, e o Dois no plano das unidades se corresponde com Beth.

A Torah (A Lei), composta pelos cinco primeiros livros do Antigo Testamento: Gênesis, Êxodo, Número, Levítico e Deuteronômio, começa pela letra Beth (de Bereshit, primeira palavra do Gênesis) e acaba con Lamed (de Israel, última palavra do Deuteronômio). Se a Torah, como afirmam os cabalistas, tem as chaves da manifestação e nos revela a ordem do mundo a partir do Princípio Criador, o número 32, no qual as duas letras estão invertidas, traz um retorno ao Princípio Criador, a via que conduz o mundo do múltiplo ou manifestado para sua reintegração no mundo do único ou não manifestado. Lamed e Beth formam a palavra Leb que significa coração. Podemos afirmar então que os 32 caminhos conduzem o ser humano até os mistérios do não manifestado pela via do coração. É interessante constatar que a maioria das tradições religiosas consideram o coração como o trono da Divindade, a partir do qual Ela se expressa. Os 32 caminhos levam o ser humano a acordar seu coração por meio de uma aproximação ao Princípio Criador presente no centro de seu ser.

Associados às 10 sephiroth, temos os 10 primeiros caminhos que se correspondem com experiências espirituais que levam o ser humano a se aproximar da energia divina. Nesse sentido, podemos dizer que cada sephiroth encarna ao mesmo tempo um estado de manifestação (enquanto sephiroth) e um processo de crescimento espiritual (enquanto sendeiro).

Embora os 22 caminhos correspondentes con os cineroth – que ligam as sephiroth entre elas – sejam os caminhos mais ativos, a sephirah é também nela mesma um lugar privilegiado de integração e de desenvolvimento interior.

KETHER (A COROA)

Chamada também "A Causa das causas" e "A Raiz das raízes", é a primeira emanação da Nada Ilimitada, a fonte primordial de toda a manifestação, vida e organização. Dela, surgem todas as outras sephiroth e as 22 letras correspondentes aos caminhos. É o ponto supremo de onde emanam todas as realidades inteligíveis. Nela as polaridades ainda não estão dissociadas. Em Kether ainda não existe nenhuma manifestação propriamente dita, mas os primeiros hálitos da manifestação: o Tao con nome. É atribuída ao Primum Móbile (Primeiro Motor) ou a Netuno, embora tem autores que o atribuem a Plutão.

JOKMAH (A SABEDORIA)

É a primeira esfera de divisão da dualidade, o poder irradiante e emergente do Princípio Criador aparece sob seu aspecto dinâmico. Se Kether era a "Causa das causas", Jokmah é a "Causa atuante" da qual procedem todas as realidades, é o Princípio Estimulante da Evolução. Atribuída à totalidade do Zodíaco ou a Urano, representa o Princípio Masculino por excelência e é conhecida como "O Grande Pai". Também pode ser atribuído a Netuno.

BINAH (O ENTENDIMENTO)

Em oposição a Jokmah, Binah é a esfera da contrição, da forma, no topo da coluna feminina ou Pilar da Severidade. É a "Grande Mãe", a Potência feminina do Universo, o útero arquetípico que dá a primeira forma, ainda muito sutil, ao impulso de Jokmah. Binah, atribuída a Saturno, discerne no impulso luminoso de Chohmah todas as potencialidades de manifestação. Nesse sentido, é considerado a essência da matéria cuja expressão plena só será atingida em Malkuth.

JESED (A MISERICÓRDIA)

Aqui o abstrato começa a concretizar-se, formulando-se as primeiras ideias arquetípicas. Hod, em um nível inferior mais denso, organiza e cuida de tudo o que Jokmah impulsou. Organiza, constrói e edifica. Aqui se manifesta o amor do Princípio Criador, como benevolência, bondade e misericórdia. Essa esfera vivifica e alegra a manifestação até a plenitude de sua medida.

No meio do Pilar da Força ou Misericórdia, opõe-se a Geburah, a esfera da força e da severidade, ambas sendo equilibradas por Tipharet. Atribuída a Júpiter, aqui estão os atributos da construção, do perdão e da soberania filosófica. Aqui se encontram a proteção, a sorte e a jovialidade. É a esfera da expansão, sendo a regente dos movimentos de massas e das filosofias.

GUEBURAH (A SEVERIDADE)

Gueburah é o poder de retificação. Aqui as potencialidades que ficaram plenamente efetivadas em Jesed são depuradas, isto é, avaliadas e ajustadas ao impulso original. É a destruição, encontrando-se no meio do Pilar da severidade. Equilibrando-se con Jesed, formam a força motriz da realidade manifesta. Atribuída a Marte, encontram-se aqui tudo o relativo ao que o termo "marcial" pode invocar: a energia violenta, a determinação e a rígida disciplina. A força sexual é também atributo de Geburah.

TIPHARETH (A BELEZA)

A sexta sephira da árvore corresponde ao poder de unificação. Depois de avaliadas, retificadas e ajustadas as potencialidades criativas em Gueburah, aparecem em Tipharet como arquétipos que se manifestam plenamente. Cada um deles se une aos outros em perfeita harmonia conservando sempre suas especificações. Nesse sentido, Tiphareth é a sephira mediadora por excelência no qual convergem e se agrupam todas as outras emanações sephiroticas. Atribuída ao Sol, suas potencialidades são: desenvolvimento da beleza, harmonia, equilíbrio, consciência centrada, devoção, saúde, liberdade, meditação, realização, renascimento, êxtase espiritual, transcendência, totalidade.

NETZACH (A VITÓRIA)

Sétima esfera da árvore, Netzach corresponde à expressão de todas as realidades estéticas. É por meio dessa esfera que a beleza transcendente do Princípio Criador se espalha por toda a criação. Assim, tudo que fica em contato com a irradiação de Netzah vira progressivamente um reflexo vivo do esplendor divino. Nesse sentido que a Cabalah considera Netzach como a esfera do equilíbrio entre a essência e a forma. Sua natureza é a do amor e da força de atração; o poder de coesão no Universo, unindo uma coisa à outra e atuando como a inteligência instintiva entre as criaturas vivas. Também é considerada a esfera da emoção, do amor e da comunicação con os elementais e o astral. Relaciona-se con os sentidos e paixões, con a emoção de viver, con o desfrutar de paixões instintitas. Netzah, atribuída a Vênus, é na personalidade tudo o que é espontâneo e instintivo. Está na base do Pilar da Misericórdia, equilibrando-se com Hod (Mercúrio, o intelecto) no Pilar da severidade.

HOD (A GLÓRIA)

A oitava esfera se corresponde con o poder da conceitualização. Aqui o Princípio Criador se revela ao ser humano sob a forma de imagens mentais. É também uma sephirah de mediação e comunicação com os planos sutis.

Atribuída a Mercúrio, é a esfera da razão e do intelecto. É considerada a regente da magia, da fala, do comércio e da dissimulação, dos ladrões e malandros. Ligada à mente racional, é incapaz de emoções, pois o intelecto frio e astuto é seu atributo principal. Fica na base do Pilar da severidade, equilibrando-se con Netzach, pela próxima esfera, Yesod, atribuída à Lua.

YESOD (O FUNDAMENTO)

A nona esfera corresponde ao poder de coagulação e materialização garantindo a baixada da luz ao seio da substância material. Esta esfera contém as imagens pré-materiais de toda a manifestação concreta e é por meio dela que se concretiza toda a realidade. Assim, é diretamente responsável pela encarnação dos princípios espirituais no mundo concreto da matéria. Assim como a tremenda velocidade das partículas eletrônicas, assegura a estabilidade do átomo, do mesmo modo as formas fugazes e o movimento de Yesod constituem a permanência e a segurança do mundo físico. Yesod é aquele fundamento de sutil substância eletromagnética no qual todas as forças mais elevadas estão focalizadas, constituindo a base ou o modelo final sobre o qual o mundo físico é constituído.

Atribuída à Lua, relaciona-se à mente subconsciente, que é o alicerce, a fundação da personalidade, sendo também a substância etérica que é a fundação da vida. Estando entre Tiphareth e Malkuth no Pilar do meio, representa o mundo das fantasias e imaginação, como também a anima mundi, ou alma grupal. É a luz astral, impressionável e maleável.

MALKUTH (O REINO)

A décima e última sephirah corresponde ao poder de expressão no plano terrestre. Todas as outras esferas se expressam em última instância por meio de Malkuth. Ela garante a revelação material de todas as emanações sephiróticas. Atribuída ao elemento Terra, representa em forma concreta, em uma completa cristalização visível e tangível aos sentidos, todas as qualidades dos planos precedentes.

Compreenderemos melhor as sephiroth lendo este fragmento da Árvore da Vida, de Shimon Halevi: "Um exemplo da passagem do Raio Luminoso através da Árvore pode se ver no processo de escrever um livro. Kether (A Coroa) é o princípio criativo. A ideia é concebida em Jokmah. Como visão, pode ser muito poderosa, a semente de um grande romance, mas em Jokmah não é mais do que uma vaga ideia, potente mas sem forma, que depois de um tempo começará a se formular em Binah. Talvez ficasse melhor como peça de teatro? Ou talvez como roteiro cinematográfico? Ou como um conto curto e preciso? O tempo e Binah (o princípio da sephira receptiva superior) lhe darão forma, digamos, de um livro de extensão média centrado em uma situação particular na qual terão de participar determinados personagens. Nesse ponto pode permanecer durante muitos anos na mente do escritor. Mas um dia pode iniciar-se um processo novo que alguns escritores chamam "cozinhar". Esta incubação é seguida da ação da gestação de Hesed, caracterizada pelo grande crescimento e expansão. As situações vão se acumulando, fragmentos de conversas intrometem-se na consciência do escritor, os personagens se desenvolvem por si mesmos e a história chega a prYencher o copo e a transbordá-lo. É aqui, em Hesed, onde o escritor deve ter cuidado, ou perderá por dissipação mental todas as ideias que habitam em seu interior. Digamos que começa por escrever um rascunho, anotando as forças criativas presentes nele. No entanto, deve julgar e retificar repetidamente (função de Gueburah) o que Hesed lhe outorgou, pois con freqüência é mais do que o necessário, e é preciso uma edição constante do material.

O livro adquire gradualmente forma. A essência, Tiferet, começa a se ver. Talvez seja uma obra-prima, ou um destilado de experiências recolhidas em toda uma vida, talvez seja apenas um livro escolar de tema econômico, mas de qualquer maneira terá seu estilo peculiar, sua característica distintiva. Assim é como podemos distinguir um Tolstoi de um Hemingway. Em Tiferet, centra-se a síntese de forma e energia, e esta é a razão de que esta sephirah seja conhecida como a Beleza. Até aqui, apesar de tudo, neste ponto o livro é apenas um esboço, que existe mais que nada na cabeça do escritor. E se não o escrever totalmente, não passará de ser mais uma das grandes obras-primas que nunca se escreveram. As forças vitais do corpo, controladas por Hod, e os processos voluntários fazem que se deslize sobre o papel. Netzach conhece seu trabalho instintivamente, enquanto Netzach, controlado por Hod, graças a seu treinamento mental e seus reflexos físicos, estrutura o conhecimento e a linguagem em orações coerentes.

Yesod, o Fundamento, amalgama tudo o que tem acontecido, organiza a operação em um estilo pessoal e o reflete no escrito, retendo assim uma imagem na memória que serve como referência. Malkuth é o corpo e o livro em si, a manifestação física no Mundo. O céu tocou a Terra.

Todos os processos criativos do universo seguem o mesmo padrão, no entanto em termos de seu próprio nível.

OS QUATRO MUNDOS

A tradição cabalística afirma que a criação e em conseqüência a Árvore da Vida está formada por quatro mundos (ou planos de manifestação) de densidade crescente: Atzilouth, Briah, Yetizrah e Assiah.

Esses quatro níveis vibratórios, embora fundamentalmente diferentes, estão estreitamente ligados.

OLAM HÁ ATZILOUTH (O MUNDA DA EMANAÇÃO)

É o plano mais elevado e mais próximo da fonte crítica. Atzil, de onde vem Atzilouth, significa extremidade ou limite, indicando que além dele o universo criado não existe, existindo então o Ain Soph (A existência negativa). A totalidade das sephiroth em Olam Atzilouth, o mundo arquetípico, ocupa o plano mais elevado de consciência espiritual, o primeiro surgir de consciência do Ain Soph. Esse plano formado de energia pura sempre foi associado pelos cabalistas ao elemento fogo. Considerado o mais próximo do divino, é o único elemento que espontaneamente tende a elevar-se e que jamais se corrompe.

Atzilouth se corresponde com a ideia abstrata e universal que antecede a qualquer realidade concreta. Uma ideia no plano de Atz está na origem de uma infinidade de objetos concretos no plano material.

Se corresponde com a nossa essência divina.

OLAM HÁ BRIAH (O MUNDO DA CRIAÇÃO)

Na medida que os processos de evolução continuam, a ideia abstrata e universal de Atzilouth é aparentemente fragmentada, espelhada em muitas facetas e forma o mundo criativo. Nesse mundo, o plano contido na imaginação criativa do Princípio Criador é ainda mais elaborado, as centelhas ou ideias separadas e revestidas daquela condição de substância sutil apropriada a cada esfera. A ideia presente no plano de Briah pertence ao mundo do múltiplo, conservando um alto nível de abstração deixa de ser universal. A partir da ideia geral, nasce uma ideia particular revestida de características precisas. Aqui, também, uma completa Árvore da Vida é desenvolvida por meio da reflexão.

Nesse plano vibratório, constituem-se as formas-pensamento da criação. Briah vem do verbo "Bara", que significa criar. Esse plano corresponde, então, à etapa em que as forças primordiais se densificam para garantir sua concretização em posteriores planos mais densos. Esse mundo é considerado pelos cabalistas como o fundamento ou alicerce mesmo da criação.

O mundo de Briah é tradicionalmente associado ao elemento Ar, considerado uma substância sutil que atua entre o céu (o divino) e a terra (o material) como um elemento de mediação e comunhão entre os planos superiores e os mundos inferiores. Foi considerado como a primeira expressão exteriorizada e perceptível da energia divina. É um símbolo tradicional da presença do Princípio Criador na criação: o ar como o sopro que anima todas as coisas. O plano de Briah garante a vivificação do mundo.

Se corresponde com a nossa individualidade.

OLAM HÁ YETZIRAH (O PLANO DA FORMAÇÃO)

Do mundo criativo, a árvore é projetada para um terceiro plano, plano formativo, Olam Yetzirah, no qual as ideias imaginativas, as centelhas monádicas espirituais já revestidas na substância mental sutil do mundo criativo se modelam em entidades consistentes definidas: os modelos astrais que dão origem ou servem de fundamentos estáveis ao mundo físico.

No mundo da formação é onde as formas se impregnam de um desejo de realização. Nesse sentido, Yetzirah é uma dimensão de geração e de movimento. As potencialidades presentes em Atzilouth que tomaram forma em Briah são dinamizadas para sua posterior materialização em Assiah. A palavra Yetzirah vem da raiz Yatser, que dá lugar a palavras como instintos, paixões, isto é, pulsações que instauram uma dinâmica. Yetzirah é então o mundo dos desejos que contribuem para a realização de qualquer coisa, ou como disse Hegel: "Nada se executa sem paixão". Os cabalistas associam este mundo com o elemento Água, que sempre esteve relacionado com as emoções e as paixões.

Se corresponde com nossa personalidade.

OLAM HÁ ASSIAH (O MUNDO DA AÇÃO)

Corresponde a nosso plano material no qual as potencialidades de Atzilouth, que foram modeladas em Briah e dinamizadas em Yetzirah, são agora plenamente materializadas no plano concreto. O mundo físico, Olam Há Assiah, é o quarto e o último plano, e como projeção cristalizada do mundo formativo é a síntese e concreta representação de todos os mundos mais elevados.

O termo Assiah é freqüentemente associado a assah, que significa fazer. Este é, pois, o plano da ação como execução material. Esse mundo é associado ao elemento Terra, que simbolicamente representa a matéria-prima a qual permite que a forma tome corpo, encarne.

Os cabalistas afirmam que o objeto material é um símbolo que nos permite encontrar a essência primordial de onde surgiu num processo de densificação. Assim, qualquer objeto material é um lugar de retorno que conduz a consciência para as mais altas esferas do espírito.

Podemos dizer que "O espírito é a matéria em seu nível de realização mais sutil, e a matéria é o espírito em seu nível de expressão mais denso".

Se corresponde com nosso corpo físico.

Esses mundos podem ser encarados sob dois pontos distintos de análise, sendo que o primeiro coloca uma árvore em cada um dos quatro mundos.

O segundo emprega uma única árvore, sendo os quatro planos colocados sobre ela. As três primeiras sephirot Kether, Jokmah e Binah ocupam o Mundo Arquetípico ou da Emanação. As três esferas seguintes: Chesed, Guevurrá e Tipheret o Mundo da Criação. Netzach, Hod e Yesod o Mundo da Formação e Malkuth o Mundo Físico ou da Ação.

O terceiro sistema também usa só uma árvore: Kether, ocupando sozinha um plano inteiro, é o Mundo Arquetípico. A segunda e a terceira sephiroth, Jokmah e Binah, o Pai e Mãe supremos, constituem o Mundo Criativo, recebendo e executando a divina imaginação.

O terceiro plano, ou Mundo Formativo, é compreendido pelas seis sephiroth seguintes, em cujo mundo tudo é preparado para a manifestação visível. Malkuth, o reino, é o Mundo Físico.

Todas as atribuições relativas à primeira descrição dos quatro mundos são válidas para os outros métodos, salvo que estão dispostas em uma única árvore.

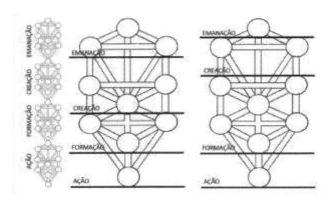

BIBLIOGRAFIA

ANTARÈS, GEORGES. El Arte de la Interpretación astrológica. 2ª ed. Barcelona, Obelisco, 1984.

ARRIEN, ANGELES. The Tarot Handbook. California, Arcus, 1997.

ARROYO, STEPHEN. Astrologia, Psicologia e os Quatro Elementos. São Paulo, Pensamento, 1984.

BRODSKY, GREG. Do Jardim do Éden à Era de Aquário. 5ª ed. São Paulo, Ground, 1995.

CAPRA, FRITJOF. O Tao da Física. São Paulo, Cultrix, 2000. ———. O Ponto de Mutação. São Paulo, Cultrix, 2001.

CHABOCHE, FRANÇOIS XAVIER. Vida e Mistério dos Números. São Paulo, Hemus, 1997.

CHEVALIER, JEAN & GHEERBRANT, Alain. Dicionário de Símbolos. 3ª ed. Rio de Janeiro, José Olympio, 1990.

COMPTON, MADONNA. Arquétipos da Árvore da Vida. São Paulo, Siciliano, 1994.

CROWLEY, ALEISTER. El Libro de Thoth. Madri, luis Cárcamo [s/d]. ——— ———. The Book of the Law. New York, Baker USA, 1990.

ESQUENAZI, ENRIQUE. El Tarot. El Arte de Adivinar. Barcelona, Obelisco, [s/d].

FORTUNE, DION. A Cabala Mística. São Paulo, Pensamento, 1984.

HOUSON, PAUL. El Tarot Explicado. Buenos Aires, Dedalo [s/d].

IGLESIAS JANEIRO, JESÚS. La Cabala de la Predicción. Buenos Aires, Kier [s/d].

LAO-TZU. TAO TE KING. São Paulo,1997.

LEVI, ELIPHAS. Dogma e Ritual de Alta Magia. 2ª ed. São Paulo, Madras, 1997.

LOWEN, ALEXANDER. Bioenergética. São Paulo, Summus Editorial, 1982. ———. Prazer: Uma abordagem criativa da vida. São Paulo, Círculo do Livro, 1993. ———. O Corpo em Terapia. 4ª ed. São Paulo, Summus Editorial, 1997.

MOTTA, MARCELO. O Equinócio dos Deuses. Rio de Janeiro, Astrum Argentum [s/d].

MOUNI, SADHU. El Tarot. Buenos Aires, Kier, [s/d].

OSHO. Vida, Amor e Riso. São Paulo, Gente, 1991. ———. Pepitas de Ouro. São Paulo, Gente, 1992.

PERADEKORDI, AMALIA. La Luna. Barcelona, Obelisco [s/d].

RIBEIRO, ANNA MARIA. Conhecimento de Astrologia. Rio de Janeiro, Novo Milênio, 1996.

ROSABIS, CAMAYSAR. Numerologia. São Paulo, Pensamento, 1999.

TRÊS INICIADOS. O Cabalion. São Paulo, Pensamento, [s/d].

VIVARTA, VEET. O Caminho do Mago. Rio de Janeiro, Francisco Alves, 1996.

WAITE, A. E. The Pictorial Key to the Tarot. New York, Barnes & Nobles, 1993.

WANG, ROBERT. O Tarô Cabalístico. 3ª ed. São Paulo, Pensamento, 1999.

WHAT, WILLIAM. Mistérios Revelados de Cabala. São Paulo, Master Book, 1996.

ZIEGLER, GERD. Tarô: O Espelho da Alma. Rio de Janeiro, J Zahar, 1993.

Made in the USA
Middletown, DE
01 December 2020